中国语言文学
一流学科建设文库

黄永林 / 著

文化遗产保护与文化产业发展论丛

中国文化产业的现代发展

ZHONGGUO WENHUA CHANYE DE
XIANDAI FAZHAN

华中师范大学出版社

新出图证(鄂)字 10 号
图书在版编目(CIP)数据

中国文化产业的现代发展/黄永林著. —武汉:华中师范大学出版社,2023.5
(文化遗产保护与文化产业发展论丛)
ISBN 978-7-5769-0085-9

Ⅰ.①中… Ⅱ.①黄… Ⅲ.①文化产业—产业发展—中国—文集 Ⅳ.①G124-53

中国国家版本馆 CIP 数据核字(2023)第 045302 号

中国文化产业的现代发展
ⓒ 黄永林 著

责任编辑:梅 杰	责任校对:童 雯　封面设计:胡 灿
编 辑 室:学术出版中心	电话:027-67863280/7792
出版发行:华中师范大学出版社有限责任公司	
社址:湖北省武汉市洪山区珞喻路 152 号	邮编:430079
电话:027-67863426(发行部)	传真:027-67863291
网址:http://press.ccnu.edu.cn	电子邮箱:press@mail.ccnu.edu.cn
印刷:湖北新华印务有限公司	督印:刘 敏
字数:260 千字	
开本:710mm×1000mm　1/16	印张:18
版次:2023 年 6 月第 1 版	印次:2023 年 6 月第 1 次印刷
定价:98.00 元	

欢迎上网查询、购书

敬告读者:欢迎举报盗版,请打举报电话 027-67867353

总　　序

浩瀚苍穹，斗转星移；苍茫大地，沧海桑田，文化照亮人类文明的前行之路。人类迄今已走过长达数百万年的历程，文明的出现所占不过6000年，文明是人类文化发展到较高阶段的产物。人类在漫长的历史长河中，从茹毛饮血到田园农耕，从工业革命到信息社会，创造了多姿多彩的文化瑰宝，书写了波澜壮阔的文明华章。传统文化是人类文明孕育诞生与演化发展的历史见证，是一个国家和民族的历史血脉、集体记忆和精神标识。我国地域辽阔，物产丰富，民族众多，历史悠久，是拥有五千年不间断文明史的古国，创造了博大精深、异彩纷呈的中华文化，为人类文明进步作出了不可磨灭的贡献。中华文化是中华民族集体智慧的结晶，积淀着中华民族最深沉的精神追求，凝聚着中华民族最根本的精神基因，体现着中华民族旺盛的生命力和伟大的创造力，是中华民族生生不息、发展壮大的丰厚滋养。中华文化既是中华民族的宝贵财富，也是全人类文明的瑰宝。

革命推动社会前进，科技铸就现代文明，传统文化在现代化进程中面临挑战。18世纪工业革命的爆发，彻底改变了延续数千年的手工劳动的绝对支配地位，推动延续了数千年传统的自给自足的自然经济逐步解体，使得建立在农业经济基础上的小生产共同体向以机械化大规模生产为条件的工业企业转变，以农业为主的农村社会逐渐向工业化和城市化社会转轨。自20世纪40年代中期计算机问世以来，在全世界范围内兴起的现代信息革命对人类社会产生了空前的影响,信息产业应运而生,人类迈向信息社会,人类文明正在由工业文明向信息文明转型。当今,互联网、大数据、云计算、人工智能、虚拟现实、区块链等新技术的新进展,为人类创造了生活新空间,带来了信息交流的新方式,使信息的传递突破了时间和空间的限制,让人与人之间的距离骤然缩短,整个地球变成了一个"地球村",实现了信息资源的共享,人类单位时间中认识世界、改造世界的能力和效率极大提高。然而,产生于自然经济和农业文明基础之上的传统文化的传承却正遭受着严峻考验,一些十分珍贵的物质文化遗产频遭破坏,许多极为宝贵的非物质文化遗产正濒临消亡的危机。

面对来自自然和社会破坏的威胁,加强文化遗产保护已成为国际共识。为加强世界文化遗产的保护,1972年11月联合国教科文组织通过了《保护世界文化和自然遗产公约》,为文化遗产保护提供了制度化保障。该公约开宗明义地指出:

> 注意到文化遗产和自然遗产越来越受到破坏的威胁,一方面因年久腐变所致,同时变化中的社会和经济条件使情况恶化,造成更加难以对付的损害和破坏现象,考虑到任何文化或自然遗产的坏变或丢失都有使全世界遗产枯竭的有害影响,考虑到国家一级保护这类遗产的工作往往不很完善,原因在于这项工作需要大量投入,而列为保护对象的财产的所在国却不具备充足的经济、科学和技术力量。本组织《组织法》规定,本组织将通过保存和维护世界遗产和建议有关国家订立必要的国际公约来维护、增进和传播知识。而现有的关于文化和自然遗产的国际公约、建议和决议表明:保护不论属于哪国人民的这类罕见且无法替代的财产,对全世界人民都很重要。考虑到部分文化或自然遗产具有突出的重要性,因而须作为全人类世界遗产的一部分加以保护;考虑到威胁这类遗产的新危险的规模和严重性,整个国际社会有责任通过提供集体性援助来参与保

护具有突出的普遍价值的文化和自然遗产，这种援助尽管不能代替有关国家采取的行动，但将成为它的有效补充；考虑到为此有必要通过采用公约形式的新规定，以便为集体保护具有突出的普遍价值的文化和自然遗产建立一个根据现代科学方法制定的永久性的有效制度。①

2003年9月，联合国教科文组织又通过了《保护非物质文化遗产公约》，将作为人类文化遗产重要组成部分的非物质文化遗产纳入保护的范围。该公约指出：

> 本公约的宗旨如下：（一）保护非物质文化遗产；（二）尊重有关社区、群体和个人的非物质文化遗产；（三）在地方、国家和国际一级提高对非物质文化遗产及其相互欣赏的重要性的意识；（四）开展国际合作及提供国际援助。②

经过半个世纪的努力，保护人类文化遗产已成为国际社会广泛的共识，世界各国积极行动，有效地保护了人类宝贵的文化遗产，促进了世界文化多样性的发展。

保护中华优秀传统文化，中国在积极行动，成就辉煌，经验宝贵，引领世界。中国是一个文化遗产大国，保护好文化遗产，事关中华文明的传承和中华民族的振兴，在保护中华优秀文化遗产方面我国作出了不懈努力，也取得了许多独特的中国经验。为加强文化遗产的保护，1982年11月，我国公布实施《中华人民共和国文物保护法》，我国文化遗产保护纳入法制化轨道。1985年12月12日，我国正式加入《保护世界文

---

① 联合国教科文组织：《保护世界文化和自然遗产公约（1972）》，https://www.ihchina.cn/zhengce_details/15725。

② 联合国教科文组织：《保护非物质文化遗产公约（2003）》，https://www.ihchina.cn/zhengce_details/11668。

化和自然遗产公约》,成为缔约国之一,这标志着我国文化遗产保护事业正式加入世界文化遗产保护事业中,是我国文化遗产保护事业国际化的里程碑。2002年10月新修订的《中华人民共和国文物保护法》确立了"保护为主、抢救第一、合理利用、加强管理"的工作方针,至今成为我国文化遗产保护事业的基本出发点和法律依据。2004年,我国加入联合国教科文组织的《保护非物质文化遗产公约》,成为缔约国之一。2005年12月,国务院发布了《关于加强文化遗产保护的通知》,这是我国第一个以文化遗产保护为对象的政策性文件,它明确指出:物质文化遗产保护要贯彻"保护为主、抢救第一、合理利用、加强管理"的方针;非物质文化遗产保护要贯彻"保护为主、抢救第一、合理利用、传承发展"的方针。2011年2月,第十一届全国人大常委会第十九次会议表决通过了《中华人民共和国非物质文化遗产法》,该法于2011年6月1日起施行。中国文化遗产保护的内容从物质文化遗产拓展到非物质文化遗产,即从对物的保护上升到对人的保护,从对物件的保护过渡到对物件制作技艺的保护。《中华人民共和国非物质文化遗产法》以国家立法的形式对非遗进行保护、传承,明确了保护与弘扬非遗的社会责任,这为非遗保护、传承提供了有效的法制保障,对非遗保护、传承、发展起到了巨大的促进作用。

党的十八大以来,以习近平同志为核心的党中央认识到文化遗产的传承、保护、利用在建设社会主义文化强国中的重要作用,高度重视弘扬中华优秀传统文化,推动中华优秀传统文化创造性转化、创新性发展。2013年8月9日,习近平在全国宣传思想工作会议上的讲话中指出:在建设社会主义文化强国中,"中华优秀传统文化是中华民族的突出优势,是我们最深厚的文化软实力"[1]。2013年12月30日,习近平在主持中共中央政治局第十二次集体学习时特别指出,"在5000多年文明发展进程

---

[1] 习近平:《把宣传思想工作做得更好》,《习近平谈治国理政》(第一卷),北京:外文出版社2018年版,第155页。

中，中华民族创造了博大精深的灿烂文化","要系统梳理传统文化资源,让收藏在禁宫里的文物、陈列在广阔大地上的遗产、书写在古籍里的文字都活起来"①。2016年,习近平总书记对文物工作做出重要指示,强调要"切实加大文物保护力度,推进文物合理适度利用,使文物保护成果更多惠及人民群众……努力走出一条符合国情的文物保护利用之路"②。2017年1月,中共中央办公厅、国务院办公厅印发《关于实施中华优秀传统文化传承发展工程的意见》,强调要"不断增强中华优秀传统文化的生命力和影响力,创造中华文化新辉煌"③。2021年8月,中共中央办公厅、国务院办公厅印发《关于进一步加强非物质文化遗产保护工作的意见》④,强调非遗保护工作要"贯彻'保护为主、抢救第一、合理利用、传承发展'的工作方针,深入实施非物质文化遗产传承发展工程,切实提升非物质文化遗产系统性保护水平,为全面建设社会主义现代化国家提供精神力量"。党的二十大报告再次提出,"繁荣发展文化事业和文化产业","加大文物和文化遗产保护力度","推进文化和旅游深度融合发展","坚守中华文化立场,提炼展示中华文明的精神标识和文化精髓,加快构建中国话语和中国叙事体系"⑤。2022年12月,习近平对非物质文化遗产保护工作作出重要指示:"要扎实做好非物质文化遗产的系统性保护,更好满足人民日益增长的精神文化需求,推进文化自信自强。要推动中华优秀传统文化创造性转化、创新性发展,不断增强

---

① 习近平:《提高国家文化软实力》,《习近平谈治国理政》(第一卷),北京:外文出版社2018年版,第161页。
② 中共中央文献研究室:《习近平关于社会主义文化建设论述摘编》,北京:中央文献出版社2017年版,第190页。
③《中共中央办公厅 国务院办公厅印发〈关于实施中华优秀传统文化传承发展工程的意见〉》,2017年1月25日,http://www.gov.cn/gongbao/content/2017/content_5171322.htm。
④ 中共中央办公厅、国务院办公厅:《关于进一步加强非物质文化遗产保护工作的意见》,《中华人民共和国国务院公报》2021年8月30日。
⑤ 习近平:《高举中国特色社会主义伟大旗帜 为全面建设社会主义现代化国家而团结奋斗——在中国共产党第二十次全国代表大会上的报告》,本书编写组编著:《党的二十大报告辅导读本》,北京:人民出版社2022年版,第40—41页。

中华民族凝聚力和中华文化影响力，深化文明交流互鉴，讲好中华优秀传统文化故事，推动中华文化更好走向世界。"①

新中国成立以来，我国文化遗产保护事业从艰难起步、快速发展到高质量发展，从抢救性保护到保护与利用并重，保护理念深刻变革，体制机制不断创新，不断优化调整工作思路和主要任务，在攻坚克难中开拓进取，取得了辉煌成就。目前，中国已有56项世界文化和自然遗产列入《世界遗产名录》，其中世界文化遗产33项、世界文化景观遗产5项、世界文化与自然双重遗产4项、世界自然遗产14项；共有43个项目列入联合国教科文组织非物质文化遗产名录、名册，居世界第一。

当今时代，中国社会正在悄然发生着一场继承和发扬中华优秀传统文化的"二次革命"，中华优秀传统文化的保护利用已进入高质量发展新阶段。在传统与现代交融的文化发展新背景下，我们应如何对这些优秀传统文化的价值进行充分发掘和弘扬？如何让这些博大精深的文化遗产为新时代中国特色社会主义文化建设发挥更大作用？这是我们必须迫切回答的问题。我们要以习近平总书记提出的"文化两创"为引领，深化对中华优秀传统文化重要性的认识，加强对中华优秀传统文化的历史价值、社会价值、文化价值、艺术价值、科技价值、经济价值等进行深入挖掘，为推动中华优秀传统文化创造性转化和创新性发展提供理论支撑与实践方案，让中华优秀传统文化在当代生活中迸发出发展新动力。

研究中国传统文化，推动文化产业发展，华中师范大学师生身先士卒，成绩显著。华中师范大学十分重视作为中华优秀传统文化重要组成部分的中国民间文化的学术研究和人才培养，早在20世纪50年代，即紧跟北京师范大学钟敬文先生，在中文系开设民间文学课程，1985年开

---

① 《习近平对非物质文化遗产保护工作作出重要指示强调　扎实做好非物质文化遗产的系统性保护　推动中华文化更好走向世界》，2022年12月12日，http://cpc.people.com.cn/shipin/n1/2022/1213/c243247-32586031.html。

始招收民间文学硕士研究生。经国家学位委员会批准，学校于1987年建立民间文学硕士点，2003年建立民间文学博士点。1996年，我主编的《民间文学导论》获国家教委高校优秀教材一等奖。1997年，"民间文学教学改革研究"获湖北省政府教学成果一等奖。2006年，学校整合学科资源成立全国高校第一个非物质文化遗产研究中心，并于2007年获得"文化部非物质文化遗产保护工作先进集体"称号。2006年，以黄永林教授为主任的华中师范大学国家文化产业研究中心被文化部命名为国家级文化产业研究中心。2011年，经教育部批准，我校国家文化产业研究中心以中国语言文学、中国史、公共管理、管理科学与工程四个一级学科为支撑，成立了新兴交叉学科"文化资源与文化产业"，成为国内首个在该交叉学科招收硕士、博士研究生以及博士后研究人员的单位。2012年，由黄永林教授主持的国家"211工程"三期建设项目"中华民族文化保护、创意与数字化工程"荣获第四届文化部创新奖；由华中师范大学国家文化产业研究中心和湖北九通电子音像出版社合作拍摄制作的《荆楚国家级非物质文化遗产精粹》，2020年获湖北省政府出版奖，2023年获第八届中华优秀出版物提名奖。

勇于探索，不断创新，出版丛书，展示成果，推动中华优秀传统文化创新发展。这套由黄永林教授主编的"文化遗产保护与文化产业发展论丛"，是华中师范大学"中国语言文学一流学科建设""中华文化传承创新项目"具有开拓性、代表性成果的展现，是我校师生在党和国家实施中华优秀传统文化传承发展工程，推动中华优秀传统文化创造性转化、创新性发展，扎实推进文化事业和文化产业繁荣发展，实施国家文化数字化战略，建设社会主义文化强国的背景下，开展的以文化遗产保护与文化产业发展为主题研究的重要成果展示。这一丛书的出版，体现了高校的学术功能、学者的时代担当和出版社的社会责任。

本丛书第一批推出的成果包括《中国传统文化的现代阐释》《中国文化产业的现代发展》《中国非物质文化遗产的保护利用》《数字技术时代的非遗保护与经济文化发展》《文化与文化产业发展研究报告——基

于湖北的调研》，是作者近几年围绕中国文化遗产保护传承利用、文化产业高质量发展、数字技术与文化发展以及区域文化发展等重要领域进行研究的重要成果。丛书五卷一体，每卷自成体系，各有重点，独具特色。《中国传统文化的现代阐释》聚焦历史文物、民间文学、民俗文化、城市建筑文化和乡村地域文化等的产生发展、功能价值、传承保护和资源转化等进行现代阐释，力图通过一些个案，梳理中国传统文化的历史脉络，探索中华文化基因、文化特征和特殊价值，该研究为当今开展的中华优秀传统文化保护弘扬和利用发展提供了一定的理论支撑。《中国文化产业的现代发展》聚焦中国文化产业的发展历史、基本理论和资源利用、科技创新与产业发展等重大问题，探讨了我国现代文化产业发展的历史脉络、成绩与经验、问题与成因，分析了文化资源、文化创意、科技创新与文化产业发展的相互关系等，为推动我国文化产业高质量发展提供了一些理论思考和实践方案。《中国非物质文化遗产的保护利用》聚焦中国非物质文化遗产保护利用的重大理论与实践问题进行系统研究，利用文化经济学理论研究非物质文化遗产资源的经济价值，利用文化生态学理论分析非物质文化遗产保护利用的文化生态意义，利用文化传承理论分析非物质文化遗产传承人保护路径，并对非物质文化遗产学科建设和学派建构，以及加强非物质文化遗产教育提出了建设性意见，书中关于非物质文化遗产保护的中国经验的总结和非物质文化遗产"创造性转化和创新性发展"实现路径的深入探索，具有很强的理论价值和现实意义。《数字技术时代的非遗保护与经济文化发展》聚焦数字技术对非物质文化遗产传承和文化产业发展的巨大影响问题，重点论述了数字化与非遗保护传播、产业经济发展、新媒体建设等方面的问题，并关注数字技术、数字经济和数字文化等热点问题，进行了许多具有前沿性和前瞻性的理论思考和实践探讨，对提升我国非物质文化遗产保护传播水平和推动文化产业高质量发展具有建设性意义。《文化与文化产业发展研究报告——基于湖北的调研》选录了 2019 年至 2021 年间作者主持开展的湖北文化与文化产业调研项目的代表性成果。这些调研报告包括加强基层文化建设（"两个中心"建设），打造新媒体平台，基于现代科技提升文化产业竞争力，应对新冠肺炎疫情对文化产业的巨大冲击，大力发展区域文化产业等内容。这些报告通过实地调研、问卷访谈、纵向历史分析和横向区域比较研究，既总结成绩经验，又分析问题及原因，同时提出了具体的改革发展建议。有的调研报告内容已被湖北省委、省政府和武汉市委、市政府及有关部门采纳，有的还被省市主要领导肯定和被全国重要媒体报道转发，对湖北省和武汉市文化建设与文化产业发展起到了积极的推动作用。总体来看，这些研究成果以保护和弘扬中华优秀传统文化与推动创造性转化和创新性发展为宗旨，深入探讨文化遗产保护的理论与方法，大力挖掘文化遗产资源的内涵与价值，积极探索文化遗产资源利用应遵循的文化保护原则、现代产业理念和市场经济法则等，大胆提出加强文化与现代生活、现代经济、现代科技深度融合，通过创造性转化和创新性发展，实现文化保护与经济发展的相互促进。

本丛书首批五本集结的主要是作者主持的国家文化科技提升计划项目、国家社科基金重点项目、教育部人文社会科学重点研究基地重大项目等国家与省部级重大和重点项目的研究成果，其研究坚持理论与实践相结合的原则，既注重理论探讨，也重视实践研究，力求通过系统的理论研究为实践提供指导，通过深入的实践调查为理论建构奠定基础。其中绝大多数成果曾在国内外重要报刊上发表，有些还被《新华文摘》、《中国社会科学文摘》、人大复印报刊资料、人民智库等媒体全文转载，得到学界广泛关注和好评。出版该丛书对于加深对中华优秀传统文化保护传承与利用发展重要意义的理解，增强文化遗产作为战略性资源重要性的认识，对于持续推动文化遗产主动服务国家战略，融入现代生活，融合现代科技、文化创意、文化产业发展，切实发挥文化遗产在促进经济发展、社会治理、满足人民群众美好生活需要等方面的积极作用，推进社会主义文化强国建设具有一定的理论意义和积极的实践价值。

新时代、新征程、新起点，以新的成绩为推进中华民族伟大复兴作出新贡献。党的二十大报告提出，从现在起，中国共产党的中心任务就是团结带领全国各族人民全面建成社会主义现代化强国、实现第二个百年奋斗目标，以中国式现代化全面推进中华民族伟大复兴。中国式现代化深深植根于中华优秀传统文化，是对中华文明价值理念和智慧的继承创新，是以鲜明的中国特色创造的人类文明新形态。在新的历史时期，我们希望通过出版这类以"文化遗产和文化产业"为主题研究的丛书，来动员更多的人关心、支持和投入文化遗产保护利用事业，激发更多的文化工作者深入研究中华优秀传统文化的积极性，从中华优秀传统文化中寻找源头活水，把蕴含其中的价值充分挖掘出来并发扬光大，为坚持以中国式现代化全面推进中华民族伟大复兴提供强大的价值引导力、文化凝聚力、精神推动力。

探索无止境，创新没尽头。希望作者在未来的学术研究中沿着这条探索创新之路继续前行，以更多更高质量的优秀成果为中华优秀传统文化的保护利用和中国文化产业发展作出新贡献。

是为序。

刘守华

2023 年 3 月 18 日于中国科学技术大学

（刘守华教授是"中国文联终身成就民间文艺家"荣誉称号获得者，现任华中师范大学非物质文化遗产研究中心主任、博士生导师。）

我国文化产业何以从弱到强（前言）[*]

改革开放40年来，我国文化产业从小到大、从弱到强，走出了一条具有中国特色的文化产业发展之路。特别是党的十八大以来，文化企业日渐壮大，文化产业增速远远高于同期GDP增速。总结我国文化产业快速发展的经验，以下三个方面尤为重要。

通过文化体制改革理顺文化管理体制，大力培育文化市场主体。党的十一届三中全会后，随着思想的不断解放和经济的持续发展，文化领域突破原有认识，在强调文化意识形态属性的同时，确认了文化的商品经济属性，并在政治和法律层面肯定"文化经济"和"文化市场"的地位，这为文化产业发展奠定了最重要的基础。我国启动文化体制改革后，不断深化的文化体制改革为文化产业发展提供了强大动力。一方面，通过理顺管理体制，服务文化市场主体。改革的目的就是要消除文化发展体制机制方面的障碍。按照政企分开、政事分开原则，政府部门由办文化向管文化转变。在发展文化产业方面，文化管理职能部门努力为文化产业发展创造良好环境，不直接干预企业经营活动。通过文化体制改革，政府部门把管理重心放在管导向、管原则、管规划、管布局、管市场、管秩序上。在深化文化体制改革的同时，国家配套出台了一系列支持文化产业发展的经济政策，对文化产业发展起到了重要的扶持、激励、引导和调控作用。另一方面，推进转企改制，培育文化市场主体。在文化

---

* 原载《人民日报》2018年9月16日。

产业领域，文化体制改革的重点是遵循市场运行规律，创新体制、转换机制，面向市场、增强活力，通过公司制、股份制改造，形成一批真正意义上的文化企业，培育一批文化市场主体。

通过经济体制改革提升文化产业地位，构建现代文化市场体系。随着改革开放的深入和经济社会的发展，人民生活水平不断提高，文化消费需求不断扩大，这使文化产业发展的内生动力不断增强，文化产业在我国经济社会发展中的作用日益突出。2000年10月，党的十五届五中全会通过的《中共中央关于制定国民经济和社会发展第十个五年计划的建议》明确提出，"完善文化产业政策，加强文化市场建设和管理，推动有关文化产业发展"。这是首次在五年计划中提出"文化产业"概念，将文化产业纳入国民经济发展体系，使其成为国民经济和社会发展的重要产业门类。为建立现代文化市场体系，激发文化产业创造活力，我国采取一系列措施打破文化市场条块分割、地区封锁、城乡分离的状况，完善文化市场准入和退出机制，鼓励各类市场主体公平竞争、优胜劣汰；建立有文化特色的现代企业制度，推行公司制、股份制改造，完善法人治理结构；探索符合现代企业制度要求、体现文化产业特点的资产组织形式和经营管理模式等。现代文化市场主体、文化市场体系以及文化市场管理模式的建立，大大激发了文化产业创造活力，提高了文化产业规模化、集约化、专业化水平，有力推动了文化产业发展。

通过全面深化改革把握文化发展方向，促进文化产业融合发展。党的十八大后，为贯彻落实全面深化改革的要求，中央全面深化改革领导小组第二次会议审议通过了《深化文化体制改革实施方案》，中共中央办公厅、国务院办公厅印发了《国家"十三五"时期文化发展改革规划纲要》，增强了改革的系统性、整体性、协同性，为加快文化产业发展指明了前进方向，注入了新的动力。其一，深化文化体制改革，把握文化产业发展方向。我国文化体制改革始终做到：坚持社会主义先进文化前进方向，坚持中国特色社会主义文化发展道路，坚持以人民为中心的工作导向。这确保了我国社会主义意识形态安全和文化产业健康有序发展。其二，推进文化科技创新，增强文化产业发展动力。为推进文化和科技深度融合发展，有关部门出台了《国家文化科技创新工程纲要》等文件，文化产业成为科技应用最广泛、科技创新最活跃的产业之一。科技为文化产业发展植入了更多的创新基因，带来文化产业生产方式新革命。当前，以科技为核心竞争力的一大批新兴文化业态应运而生、大放异彩。其三，推动文化跨界融合，拓展文化产业发展领域。近年来，文化产业和其他经济部门之间的联系越来越紧密。为推动文化产业与其他产业融合协调发展，国务院印发了《关于推进文化创意和设计服务与相关产业融合发展的若干意见》等文件，使文化产业对接"互联网+"战略、实施"文化+"行动，推动文化与科技、信息、旅游、教育、体育、建筑设计及相关制造业等深度融合发展。当前，文化产业不再仅仅是一种单纯的产业现象，而是一种与新时代相适应的新生发展范式，成为催生新业态、提供新产品、拓展新领域的重要动力。

目 录

第一章 中国文化产业发展历史 …………………………………… 1

  第一节 改革开放转型促进文化经济发展（1978—1992 年）……… 1

  第二节 市场经济转轨推动文化产业发展（1992—2002 年）……… 5

  第三节 小康社会建设加快文化产业发展（2002—2012 年）……… 9

  第四节 中国文化产业发展战略选择的基本原则和经验………… 14

  第五节 党的十八大以来我国文化产业政策引导成效及未来发展

        方略 …………………………………………………………… 22

第二章 文化产业的核心要素与文化消费 …………………………… 40

  第一节 文化产业核心要素 ……………………………………………… 40

  第二节 文化消费 ………………………………………………………… 47

第三章 文化与旅游融合发展 ………………………………………… 60

  第一节 文化与旅游融合的目的 ………………………………………… 60

  第二节 文化与旅游融合的动力 ………………………………………… 64

  第三节 文化与旅游融合的重点 ………………………………………… 66

  第四节 文化与旅游融合的关键 ………………………………………… 69

第四章　民间文学资源与国产动漫的发展 …… 74

第一节　民间文学资源的动漫化 …… 74
第二节　国产动漫的民族化之道 …… 84

第五章　科技创新与文化产业 …… 95

第一节　科技进步引领文化产业发展 …… 95
第二节　科学创新推动文化产业发展 …… 101
第三节　现代科技促进文化产业发展 …… 110
第四节　运用科技加速文化产业发展 …… 113

第六章　文化和科技融合创新与文化产业发展 …… 117

第一节　科技创新对文化产业发展的推动作用 …… 117
第二节　文化对科技和文化产业发展的重要作用 …… 123
第三节　推进文化与科技融合发展文化产业的措施 …… 126

第七章　互联网众筹对中国音乐产业发展的影响与作用 …… 130

第一节　众筹的起源及在国外音乐中的运用 …… 130
第二节　众筹模式在中国音乐产业中的发展 …… 134
第三节　众筹模式在中国音乐产业未来发展的反思 …… 145

第八章　推动湖北互联网、大数据和人工智能与文化产业深度融合研究报告 …… 148

第一节　我国文化科技创新与文化产业融合发展情况分析 …… 149
第二节　湖北文化科技创新与文化产业融合发展情况分析 …… 155
第三节　湖北文化科技与文化产业融合发展指标的全国比较 …… 166
第四节　湖北文化企业与文化产业融合发展现状调研分析 …… 170
第五节　湖北互联网、大数据和人工智能与文化产业融合的问题分析 …… 180

第六节 推动湖北互联网、大数据和人工智能与文化产业深度融合的对策措施 …… 188

附录1： 推动新时代文化产业高质量发展 …… 219

附录2： 文化与文化产业
——学习《文化强国之路——文化体制改革的探索与实践》的体会 …… 224

附录3： "泛娱乐"战略让知识产权跨界增值 …… 231

附录4： 黄永林主要学术成果目录（1985—2022年）…… 235

第一章　中国文化产业发展历史[*]

文化产业发展战略，是指国家从文化产业发展的全局高度，在对文化产业的发展做出总体谋划的基础上，以国家法律和产业政策等宏观调控手段，推动文化产业发展的战略规划，集中体现了国家在文化产业方面的发展方略和政策取向。改革开放40多年来，中国实施了一系列重大方针政策和战略措施，推动文化体制改革，加快文化产业发展，文化产业呈现出良好的发展态势，正逐步成为经济发展新的增长点和国民经济的支柱产业。中国文化产业国家战略从无到有，依据我国文化产业不同时期的发展状况，不断调整完善，对引导产业发展方向，推动文化产业快速健康发展起到了重要的指导与支撑作用。

第一节　改革开放转型促进文化经济发展（1978—1992年）[①]

改革开放战略决策是"文革"后多种因素综合作用的历史必然，既

---

[*] 本文原题《中国文化产业发展战略的历史选择及其特征与经验》，原载《同济大学学报》（社会科学版）2015年第5期，本处略有修改。

[①] 韩永进：《我国文化体制改革历程的回顾与启示》，张晓明、胡惠林、章建刚编：《2005年中国文化产业发展报告》，北京：社会科学文献出版社2005年版；傅才武：《三十年来中国文化产业政策的演进》，于平、傅才武主编：《中国文化创新报告（2011）》，北京：社会科学文献出版社2011年版，第109—130页。

是国内社会主义探索演进大趋势的历史必然选择，也是国际政治经济发展变化大趋势的历史必然抉择，是改变当代中国命运的关键抉择。改革开放前的中国，在政治上，主张以阶级斗争为纲，过分强调文化为政治服务的功能，文化实际上沦为政治的工具；在经济上，实行计划经济体制，否认市场经济的作用，文化的经济属性被抹杀；在管理体制上，实行高度集中的计划经济管理体制，文化被纳入国家公共事业管理范畴，文化事业单位实际上是在物质资源极其稀缺的条件下唯一能满足人民基本文化需求的保障部门。在这样的背景下，中国既不可能有文化产业理论探讨，也不可能有文化产业生产实践，当然就更不可能有文化产业战略规划。

1978年12月，党的十一届三中全会彻底摒弃了以阶级斗争为纲的路线，确立了"解放思想、实事求是"的思想路线，作出了"改革开放"的重大决策，把党和国家的工作中心转移到经济建设上来。随着思想解放和经济发展，文化市场也开始复苏，原有固化的文化消费模式被突破，取而代之的是逐渐丰富的文艺作品以及各种娱乐消费形式。1979年广州东方宾馆开设了国内第一家营业性音乐茶座，随后营业性舞厅、卡拉OK厅、台球室、电子游戏厅等文化娱乐场所不断进入人们的文化消费生活领域，现代初级形态的文化市场开始形成。

20世纪80年代初，随着经济体制改革的逐步展开，国家改变传统的高度集中的计划经济模式，实行计划经济与市场经济并行的"双轨制"模式。在这种"双轨制"模式下，为了更好地满足人民群众对文化生活的需要，并增强文化事业单位的自身发展能力，体制内的一些文化事业单位利用各自的文化资源、知识、艺术、技术和设备等条件，相继开展了一些有偿服务，取得的收入用于补充文化事业经费的不足，提高职工福利待遇。同时，有的单位为了安置富余人员，还举办了某些与本单位业务有关的服务业或加工业的经营活动。其后，国家开始分期分批减少对部分事业单位（主要是传媒单位）的事业经费投入，实行"独立核算、自负盈亏、照章纳税、财政不予补贴"的政策，逐步结束了这些单位吃"皇粮"的历史，从而催生了广播、电视、报刊等领域中的非核心业务（主要是广告业务和发行业务）的市场化、产业化进程。随着文化发展空间的不断拓展，文化硬件制造、广告、文化服务等领域开始了具有产业特征的文化营运和文化市场活动，各种形式的以盈利为宗旨的广告公司、文化硬件生产企业、文化娱乐团体不断出现，从而形成了文化产业的雏形。

这些在当时被称作"以文补文"的经营活动，最初并不被政府和社会认可，被批评为"不务正业""一切向钱看"。政府以"管控"为指导思想，出台了针对部分发展迅速的文化外围产业或相关产业的管理文件，如 1982 年 2 月国务院颁布的《广告管理暂行条例》主要目的是规范广告业的健康发展。直到经历 1984 年天津会议的大讨论，文化部、财政部才正式承认"以文补文"活动的合法性，国家有关部门才开始研究出台相关政策。1987 年 2 月，文化部、财政部、国家工商管理局正式颁发了《文化事业单位开展有偿服务和经营活动的暂行办法》，肯定了文化事业单位开展的有偿服务和经营活动，"实践表明，这样做有利于文化事业由过去'供给制'的单纯服务型，逐步转变为有偿的经营服务型；有利于文化事业单位在加强社会主义精神文明建设中，提供多种服务，扩大服务范围，提高服务质量；有利于繁荣和发展文化艺术事业"，并提出了一系列规范管理的政策，这是国家对文化经营活动在政策上的初步松动。随着文化消费不断增长、文化经营活动迅速增加，以及文化市场空前活跃，针对出现的问题，1988 年 2 月文化部发布《关于加强文化市场管理工作的通知》，第一次提出了"文化市场"概念，规定了文化市场的管理范围、任务、原则和方针，这标志着我国"文化市场"地位得到初步认可。1989 年国务院批准文化部设置市场管理局，全国文化市场管理体系开始建立，国家开始将"文化市场"纳入政府的管理范畴。1991 年 6 月国务院批转《文化部关于文化事业若干经济政策意见的报告》，再次充分肯定了文化事业单位开展"以文补文"活动所取得的显著成效，认为"以文补文"活动"既发展了各地的文化事业，又在一定程度上减轻了财政的负担，各有关部门要继续予以支持"。值得注意的是，在这个文件中正式出现了"文化经济"的经营概念。这表明了国家对

"文化市场""文化经济"在政治和法律层面上的认可,在认识上突破文化单纯的意识形态性,承认其有商品经济属性,这是改革开放解放思想的一大成果,它为文化产业的合法存在与发展打开了空间。

随着文化制造和文化服务业的发展,以及文化企业的蓬勃兴起,1985年4月国务院办公厅转发国家统计局《关于建立第三产业统计的报告》。1992年6月16日,《中共中央国务院关于加快第三产业的决定》明确提出要以产业化为方向,加快发展包括文化生产和服务在内的第三产业,把"文化卫生"事业作为加快发展的第三产业的重点。这是我国政府首次对文化的"产业"性质予以认可。

本时期的主要特征表现为:中国的改革是以先经济后政治为策略的渐进式改革,从改革开放伊始至20世纪90年代初,在党实现以经济建设为中心取代以阶级斗争为中心,国家实行由计划经济体制向计划经济与市场经济混合型经济体制转变,以及经济领域出现"双轨制"的特定历史背景下,文化领域率先冲破政治的藩篱,利用自身文化资源,挖掘其经济潜力,从"以文补文"的文化经营活动进行突围,部分文化单位开始借鉴经济领域改革的经验,在单位内推行以经济承包经营责任制为主要内容的改革,兴办具有产业属性的文化经营实体,解决了"统得过死"和"吃大锅饭"等体制的弊端,文化事业单位开始从事业向产业转变。随着社会经济的发展和人民生活水平的不断提高,人们对文化产品消费的需求也愈来愈迫切,这促使了文化产品的商品化。文化产品商品化的实现,一方面提高了文化生产力,更好地满足了人们对文化消费的需求;另一方面又使得文化成为一种新的经济资源,得到大力开发与利用。与这种社会基础结构转型和文化改革发展实践相适应,文化消费、文化经营、文化经济、文化市场等观念在我国逐步确立,文化产品的商品化、产业化发展,为文化产业的兴起和发展奠定了坚实的基础。

但是在计划经济与市场经济混融经济体制的背景下,各种博弈充满变数与风险,使政府角色处于尴尬地位。从政府角度来说,在文化领域的自我定位为"规划、统计、调控、指导",着力于制度规范建立和管理层面。由于这一时期市场经济体制尚未完全建立,文化消费尚未成为必需，文化市场尚未形成规模，文化经营才刚刚开始，真正意义上的文化产业（尤其是核心层产业门类）尚未形成，政府对当时出现的"以文补文"活动体现的是以管理为主、支持为辅的政策特征。因此，国家通过设立文化部文化市场管理局，将文化市场纳入政府管理范畴，通过加快第三产业发展，将文化作为重点产业纳入等措施，来促进文化经营活动的开展，这都体现了政府鲜明的管理职能特征，而支持文化事业单位开展有偿服务和经营活动的有关政策，只是文化事业体制内的"政策微调"，并没有突破事业体制的总体框架，是一种过渡性质的战略选择。

第二节　市场经济转轨推动文化产业发展（1992—2002 年）

1992 年，面对东欧剧变、苏联解体，中国社会主义改革到了一个由初期到中期的关键时刻。当年，邓小平南方谈话中提出改革的"三个有利于"标准，阐述了社会主义的本质、发展的意义、市场与计划的辩证关系，他说："计划经济不等于社会主义，资本主义也有计划；市场经济不等于资本主义，社会主义也有市场。计划和市场都是经济手段。社会主义的本质，是解放生产力，发展生产力。"邓小平的南方谈话有力地促进了全党全国人民思想的进一步解放，为下一步的改革奠定了基础。

1992 年 10 月，中共十四大召开，明确提出我国经济体制改革的目标是建立社会主义市场经济体制，这是建设有中国特色社会主义理论的重要组成部分，对于我国现代化建设事业具有重大而深远的意义。1993 年 11 月，中共十四届三中全会召开，会议通过的《中共中央关于建立社会主义市场经济体制若干问题的决定》明确指出："在本世纪末初步建立起新的经济体制，是全党和全国各族人民在新时期的伟大历史任务。"其主要任务是：完善公有制为主体、多种所有制经济共同发展的基本经济制度；建立有利于逐步改变城乡二元经济结构的体制；形成促进区域经济协调发展的机制；建设统一开放竞争有序的现代市场体系；完善宏观调控体系、行政管理体制和经济法律制度；健全就业、收入分配和社会保障制度；建立促进经济社会可持续发展的机制。这标志着中国经济与生活方式将由计划经济时代转入社会主义市场经济时代。

在建设社会主义市场经济的宏观背景下，我国的文化体制改革也加紧推进。1992年10月，江泽民在中共十四大报告中明确提出"积极推进文化体制改革，完善文化事业的有关经济政策，繁荣社会主义文化"。这对后来的文化体制改革和文化事业的发展具有重要的开创性和指导性意义。1996年10月，中共十四届六中全会通过《中共中央关于加强社会主义精神文明建设若干重要问题的决议》，第一次以党的重要决议的形式强调"改革文化体制是文化事业繁荣和发展的根本出路"，确立了文化体制改革的目标、任务和一系列方针，特别强调："改革要区别情况、分类指导，理顺国家、单位、个人之间的关系，逐步形成国家保证重点、鼓励社会兴办文化事业的发展格局。文化企事业单位要深化改革，加强管理，建立健全既有竞争激励又有责任约束的机制。"1997年9月，中共十五大召开，江泽民在十五大报告中明确提出了有中国特色社会主义文化建设的任务，指明了搞好文化建设的方针和政策，强调了文化建设的重要性和紧迫性。他指出："社会主义现代化应该有繁荣的经济，也应该有繁荣的文化。我国现代化建设的进程，在很大程度上取决于国民素质的提高和人才资源的开发。面对科学技术迅猛发展和综合国力激烈竞争，面对世界范围各种思想文化相互激荡，面对小康社会人民群众日益增长的文化需求，全党必须从社会主义事业兴旺发达和民族振兴的高度，充分认识文化建设的重要性和紧迫性。有中国特色社会主义的文化，是凝聚和激励全国各族人民的重要力量，是综合国力的重要标志。"还强调要"深化文化体制改革，落实和完善文化经济政策"。这是我们党首次把社会主义文化视为综合国力的标志和因素，是对有中国特色社会主义文化建设战略地位的科学阐述和进一步提升与强调。

在推动经济体制改革、促进经济发展和推进文化体制改革繁荣社会主义文化的同时，文化管理部门加大自身的改革力度，转变职能，提高效率，加强和改进对文化事业的宏观管理，文化由政府主导开始向市场主导转变，从"直接管理"向"间接管理"，从"办文化"向"管文化",从"小文化"向"大文化"等转变。在培育文化市场、规范市场行为、完善运行机制、促进文化市场繁荣健康等方面进行了一系列探索,出台了一系列文件。这一时期,中国为加入世界贸易组织,使我国的相关法规制度与国际接轨,符合市场逻辑与国际惯例,大规模地进行了法规制度的建立与修订工作。据统计,这一时期由全国人民代表大会常务委员会、国务院和中央文化管理部门陆续制定和颁发了两百多部法律法规、政策性文件或部门规章,涵盖了舞台艺术、新闻出版、广播影视、互联网、文化经济诸多领域,主要有《中华人民共和国商标法》《中华人民共和国著作权法》《中华人民共和国专利法》《电影管理条例》《广播电视管理条例》《音像制品管理条例》《出版管理条例》《印刷管理条例》等。这为后来建构国家文化产业创新系统,从而在深度融入现代世界体系的过程中,全面推进中国文化产业的合理化进程与合理化实现奠定了思想和法制基础,也奠定了中国文化产业走向世界的基本格局。

随着改革开放的深入开展,我国经济社会发生了巨大变化,人民的收入水平大幅度提高,生活质量得到较大改善,文化消费开始成为人民日益重要的消费需求。一些文化企事业单位逐渐成为自主经营、自负盈亏、自我发展、自我约束的市场主体,经营范围不断扩展,经营自主权不断增强,文化产业特性逐步彰显。人民群众对文化精神产品需求的日益增长,文化领域改革的不断深化,文化市场的逐步形成与完善,迫使国家必须高度重视文化产业的发展趋势,提出应对措施。1998年,文化部在机构改革、编制紧缩的情况下,新设立"文化产业司",标志着国家文化主管部门对文化产业的正式认可,是我国政府对于文化产业发展所做出的一个重大决策。

2000年10月,中共十五届五中全会通过的《中共中央关于制定国民经济和社会发展第十个五年计划的建议》明确提出,"推动信息产业与有关文化产业结合","坚持把社会效益放在首位、社会效益和经济效益相统一的原则,深化文化体制改革,建立科学合理、灵活高效的管理体制和文化产品生产经营机制","完善文化产业政策,加强文化市场建设和管理,推动有关文化产业发展"。这是我国首次在中央正式文件中使用"文化产业"一词,并提出推动有关文化产业发展的任务要求。2001年3月第九届全国人民代表大会第四次会议批准的《国民经济和社会发展第十个五年计划纲要》正式将上述内容全部写入。文化产业成为国民经济和社会发展的重要产业门类,被正式纳入国家"十五"计划纲要,进入国民经济发展总体规划,这标志着文化产业从理论层面上升为国家发展战略规划层面。

2001年10月,文化部印发了《文化产业发展第十个五年计划纲要》。《纲要》指出,加快文化产业发展,有利于促进文化事业的改革和发展,有利于满足人民群众日益增长的精神文化需求,有利于扩大内需、增加就业和国民经济结构调整,对于"十五"期间国民经济发展和社会全面进步具有积极的促进作用,并将文化产业划分为文艺演出业、电影业、音像业、文化娱乐业、文化旅游业、艺术培训业、艺术品业等七大类。这是我国第一个有关文化产业的发展规划。"文化产业"的正式提出标志着我国对文化产业属性的认可,而从"文化事业若干经济政策"到"文化经济政策",再到"文化产业政策"和"文化产业发展计划",这也标志着我国文化产业战略在整个产业战略体系中获得重视,并开始作为一个独立的产业战略自成体系。

本时期的主要特征表现为:一方面,随着市场经济体制改革的启动,实现从计划经济体制向市场经济体制的转轨、多元所有制改革和现代市场体系的建构等改革措施的实施,对引导人们关注文化产业在市场经济中的作用产生了积极影响,同时也为文化产业发展提供了初步的政策与制度空间;另一方面,随着文化体制改革的深化,文化发展体制、机制方面的障碍逐渐消除,促使部分具有经营性质的文化事业单位按照市场逻辑和规律进行营运,为其后发展文化产业打下了基础。与此同时,在改革开放的推动下,随着中国经济开始起飞,大众文化消费的需求不断扩大,这也无形中使文化产业发展的内在动力不断增强。在这样的背景下,与计划经济时代转入市场经济时代的社会基础结构的转型和文化体制改革相适应,我国文化领域确立了"文化经济"观念;基于发展经济的需要,文化经济被纳入国家重要经济行业发展轨道。国家"十五"计划首次提出文化产业的概念，将文化产业纳入国民经济发展体系，成为国民经济和社会发展的重要产业门类，文化产业也从国家的战略和制度层面开始提出与文化事业分离。推动文化产业发展战略，这是一个历史性的选择，这一选择是建立社会主义市场经济体制对文化发展的必然要求，是中国特色社会主义文化发展的必然选择。

这一时期，虽然市场经济体制改革目标已经确立，但当时的经济制度和经济体制还存在不少问题，例如市场化不足、市场体系不健全、政府职能改革不到位等问题。虽然文化产业概念已经提出，但深入的理论讨论尚未展开，文化产业亟待理论系统的建构；虽然文化产业受到来自各方面的重视，但文化产业的实践没有全面开展，真正意义上的文化企业还没有出现。

第三节　小康社会建设加快文化产业发展（2002—2012年）

当今世界，文化与经济、政治相互交融，文化软实力在综合国力竞争中的地位和作用越来越突出。党的十六大以来，随着中国社会主义市场经济体制的逐步建立与完善，在小康社会建设、文化强国战略和全面深化改革的过程中，文化发展的重要位置越来越突出，文化产业的作用越来越凸显，文化产业的战略地位越来越高。

2002年11月，党的十六大提出全面建设小康社会的奋斗目标，基于"促进人的全面发展"的目的，提出"积极发展文化事业和文化产业"，"发展各类文化事业和文化产业都要贯彻发展先进文化的要求，始终把社会效益放在首位"，"发展文化产业是市场经济条件下繁荣社会主义文化、满足人民群众精神文化需求的重要途径。完善文化产业政策，支持文化产业发展，增强我国文化产业的整体实力和竞争力"。这是在党的报告中首次将文化分为公益性文化事业和经营性文化产业两部分，明确了文化产业作为文化建设的主体地位，提出发展文化产业是市场经济条件下满足人民群众文化需求的重要途径，克服了把坚持先进文化的前进方向同市场经济对立起来的错误认识，这也标志着文化产业最终获得了在中国本土发展的合法性基础，文化产业的合法性建构取得实质性突破。

为落实党的十六大积极发展文化事业和文化产业的精神，2003年8月，中共中央政治局以"世界文化产业发展状况和我国文化产业发展战略"为题安排了集体学习。胡锦涛主持会议时强调，要牢牢把握先进文化的前进方向，大力发展文化事业和文化产业，不断推进文化体制和机制创新，增强文化产业的整体实力和竞争力。2003年10月，中共十六届三中全会通过的《中共中央关于完善社会主义市场经济体制若干问题的决定》强调："经营性文化产业单位要创新体制，转换机制，面向市场，壮大实力。健全文化市场体系，建立富有活力的文化产品生产经营体制。完善文化产业政策，鼓励多渠道资金投入，促进各类文化产业共同发展，形成一批大型文化企业集团，增强文化产业的整体实力和国际竞争力。"2004年9月，中共十六届四中全会通过的《中共中央关于加强党的执政能力建设的决定》提出"促进文化事业全面繁荣和文化产业快速发展，增强我国文化的总体实力"，"加强文化发展战略研究，抓紧制定文化发展纲要和文化体制改革总体方案"。2005年10月，中共十六届五中全会通过的《中共中央关于制定国民经济和社会发展第十一个五年规划的建议》，将积极发展文化事业和文化产业，深化文化体制改革，完善文化产业政策，作为在"十一五"期间丰富人民群众精神文化生活，推进社会主义和谐社会建设的重大措施。2006年3月，《中华人民共和国国民经济和社会发展第十一个五年规划纲要》强调"鼓励农民兴办文化产业"，"积极发展文化事业和文化产业"，"完善文化产业政策，促进民族文化产业发展，引进和规范非公有制经济进入文化产业，形成以公有制为主体，多种所有制共同发展的文化产业发展格局和民族文化为主体，吸收外来有益文化的文化市场格局"。

2005年12月，中共中央、国务院颁布《关于深化文化体制改革的若干意见》，从战略高度明确了"加快文化事业和文化产业发展，是加强社会主义现代化建设的内在要求，是提升我国综合国力的迫切需要，是实现经济、政治、文化和社会协调发展,构建社会主义和谐社会的重要内容"。它是深化中国文化体制改革的纲领性文件,它的实施,对于加快发展中国文化产业具有极其重要的意义。2006年9月,中共中央办公厅、国务院办公厅印发《国家"十一五"时期文化发展规划纲要》提出:"十一五"时期,文化及相关产业增加值的年均增长速度明显高于同期经济增长速度,在国内生产总值中的比重有所增加,并确定了"十一五"时期重点发展的文化产业门类和重大文化产业推进项目等。

上述会议决议、规划纲要和政策文件都贯穿着这样的发展思路:小康社会建设必须强力推动文化建设,文化建设必须大力发展文化事业和文化产业,文化事业和文化产业的发展需要文化体制改革来保障与支撑。发展文化产业是繁荣社会主义文化、满足人民群众多样化精神文化需求、保障人民文化权益的重要途径,同时也成为提升经济、产业和产品的文化内涵和促进国民经济增长的重要引擎,对增强国家综合实力能起到十分重要的作用。

2007年11月,党的十七大从中国特色社会主义建设的总体布局出发,将"文化建设"与"经济建设""政治建设""社会建设"并列,将"文化产业占国民经济比重明显提高,国家竞争力显著增强,适应人民需要的文化产品更加丰富"列入全面建设小康社会的奋斗目标,提出了"大力发展文化产业,实施重大文化产业项目带动战略"等一系战略措施,这进一步提升了我国文化产业的战略地位,也表明我国开始注重文化产业对拉动经济和转变经济发展方式的重要作用。

2007年美国次贷危机导致全球金融危机,随着国际金融危机迅速向实体经济蔓延,导致全球经济衰退,我国经济也遭受了这场"金融风暴"的冲击。在应对金融危机过程中,文化产业发挥了不可替代的独特作用。在金融危机影响最大的2008年至2010年中,文化产业逆势上扬,年平均增长24.19%,高出同期GDP增长速度将近一倍。文化产业在金融危机时期逆势而上的表现,让人们看到了文化产业巨大的发展潜力。

2009年7月,由国务院常务会议审议通过的《文化产业振兴规划》,明确文化产业要实现五个"进一步"的目标,即文化市场主体进一步完善，文化产业结构进一步优化，文化创新能力进一步提升，现代文化市场体系进一步完善，文化产品和服务出口进一步扩大，提出了要完成的八个方面的重点任务。这是我国第一部文化产业专项规划，是继钢铁、汽车、纺织等十大产业振兴规划后出台的又一个重要的产业振兴规划。党和政府将文化产业作为主导产业类加以推动和扶持，标志着我国文化产业真正上升到国家的战略性产业层面。

2011年3月发布的《中华人民共和国国民经济和社会发展第十二个五年规划纲要》提出"加快发展文化产业"，"推动文化产业成为国民经济支柱性产业，增强文化产业整体实力和竞争力"。《纲要》为文化产业确立了国民经济支柱产业的发展目标。2011年10月，党的十七届六中全会发布《中共中央关于深化文化体制改革推动社会主义文化大发展大繁荣若干重大问题的决定》，提出了建设社会主义文化强国的战略目标。在文化强国战略的总体布局下，明确提出："加快发展文化产业，推动文化产业成为国民经济支柱性产业……推动文化产业跨越式发展，使之成为新的经济增长点、经济结构战略性调整的重要支点、转变经济发展方式的重要着力点，为推动科学发展提供重要支撑。"2012年2月，中共中央办公厅、国务院办公厅印发了《国家"十二五"时期文化改革发展规划纲要》，提出推动文化产业跨越式发展，文化产业"逐步成为国民经济支柱性产业"的目标。同时，文化部正式向社会发布了《文化部"十二五"时期文化产业倍增计划》，明确"十二五"期间，"以实现跨越式发展为主题，以优化结构布局、加快转变发展方式为主线，以培育文化企业、扩大文化消费、推进文化科技创新、发展特色文化产业为重点，加强内容引导，实施重大文化产业项目带动战略，全面提升文化产业创新能力和核心竞争力……推动文化产业成为国民经济支柱性产业"，确立了文化部门管理的文化产业增加值年平均现价增长速度高于20%，2015年比2010年至少翻一番的倍增奋斗目标，再一次把文化产业提升到社会发展和国民经济的战略地位。这表明文化产业愈加融入国民经济发展的大循环中，成为转变经济发展方式的重要支撑。

2012年11月，党的十八大提出全面建成小康社会和全面深化改革开放的目标和任务，提出"扎实推进社会主义文化强国建设"的战略方针，指出"全面建成小康社会，实现中华民族伟大复兴，必须推动社会主义文化大发展大繁荣，兴起社会主义文化建设新高潮，提高国家文化软实力"。"文化强国战略"的确立将我国文化建设与发展推到历史新起点，引导了我国文化改革与创新发展的方向。"文化产业成为国民经济支柱性产业"写入党的十八大报告，使文化产业在国家经济发展格局中的重要地位和作用更加凸显。

近几年，在加快经济发展方式转变和提升经济发展形态的背景下，国家促进文化产业发展的相关政策连续重磅出台，层级之高、范围之广、数量之多、力度之大，前所未有。这些政策各有侧重，有深化文化体制改革的，有推进相关产业融合的，有加快与科技融合的，有促进文化、金融合作的，有扶持小微文化企业的，有推进特色文化产业的，有税收优惠的，有对外文化贸易的，还有知识产权保护的……这些政策措施为国家大力发展文化产业战略的实施提供了重要支撑，有力地促进了文化产业的大发展，表明了国家强力推进文化产业成为国家支柱性产业战略的决心和信心。

进入新世纪以来，中国的经济与文化发展进入一个新的融合时期，经济的文化化与文化的经济化，使得文化与社会发展更加有效地融合在一起。一方面，社会发展始终是作为文化发展的基础而存在，推动着文化发展；另一方面，文化又是社会不断发展的动力和源泉，促进着社会发展。文化产业作为一种新的经济形式，在极大满足人们的文化需求的同时，创造着巨大的财富，推动了社会文化和经济深度融合与发展。这一时期文化产业的发展战略成为我国全面建设小康社会战略的重要内容和强大动力。全面小康社会的内涵不只是单纯的经济指数，而且是物质文明与精神文明高度统一的社会发展的综合指数。文化产业作为全面建设小康社会的新型产业，主要包括两个方面的重要内容：一是通过产业化的发展，为社会提供更多文化产品以满足小康社会人们日益增长的精神需求，"不断丰富人们的精神世界，增强人们的精神力量"；二是文化产业具有高知识性、高增值性、增值潜力大、经济增长连续和低消耗、低污染等特点，能大大提升经济运行的品质，增强国家发展的经济实力。在全面建设小康社会的过程中，文化产业必将成为国民经济中具有先导性、战略性和支柱性的朝阳产业，成为推动经济结构战略性调整的重要支点和转变经济发展方式的重要着力点，成为满足人们日益增长的精神需求的重要途径。

文化强国战略是我国最高层次的战略，是我国最高决策层基于国际国内社会发展阶段的特征所作出的科学判断和决策。这个战略目标，与中国特色社会主义事业总体布局相适应，与建设富强、民主、文明、和谐的社会主义现代化国家目标相衔接，与我国深厚的文化底蕴和丰富的文化资源相匹配，既顺应时代潮流又体现人民愿望，既符合实际又催人奋进。在文化强国战略的总体布局下，文化产业在提升经济硬实力和文化软实力方面将发挥日益重要的战略支点作用。围绕实现"文化强国"战略目标，我国明确提出："发展文化产业是社会主义市场经济条件下满足人民多样化文化需求的重要途径，也是推动经济结构调整、加快转变经济发展方式的重要抓手。"发展文化产业是推动文化大发展大繁荣的物质载体，对增强社会主义文化软实力，建设社会主义文化强国具有重大意义。实施文化强国战略、深化文化体制改革是抓手，是关键，这体现了我国以改革促发展的战略思路。将文化强国作为国家的战略，必将促进我国文化的大发展大繁荣，使我国在文化原创能力、文化综合国力等方面处于世界的前列，为实现伟大复兴的中国梦打下坚实的文化基础。

第四节 中国文化产业发展战略选择的基本原则和经验

进入 21 世纪，文化产业的发展越来越多地与经济、政治、科技等紧密结合在一起，并不断将影响力延伸到社会发展的各个领域。随着全球一体化程度的提高，文化产业发展的浪潮已经开始席卷全球，在许多发达国家，文化产业已经占据国民经济的重要位置，甚至成为国家的支柱产业之一。中国文化产业的发展虽然起步较晚,但是发展步子较快,成绩显著,为国民经济发展做出了重要贡献。自确立社会主义市场经济体制以来,尤其是以2000年党的十五届五中全会首次提出"完善文化产业政策,推动有关文化产业发展"为起点和标志,作为新兴的产业门类,文化产业获得了快速发展。2004年,我国文化产业增加值仅为3440亿元,2012年已达18071亿元,占GDP的比重从2.15%提高到3.48%,增加1.33个百分点,年均增速超过20%,8年增长了4.25倍,远高于同期GDP增速,正在向国民经济支柱性产业的方向迈进[①]。

作为21世纪的"朝阳产业",文化产业以独有的方式反映着一个国家在一定历史时期的政治、经济、文化运行状态,并对这个国家的发展起着不可替代的推动作用,它的发展战略也深刻影响着国家的发展前途。当今,文化产业在推动政治文化进步、社会经济发展等方面的作用越来越明显,文化产业发展战略更是成为引导文化产业健康发展的关键,总结中国改革开放以来文化产业战略选择的基本原则和成功经验,有利于推进中国特色社会主义文化产业发展战略的完善与实施,促进文化产业跨越式发展。

一、坚持中国特色社会主义文化产业发展道路

从中国共产党第十二次代表大会首次提出走中国特色社会主义道路以来,已经经历了三十多年的发展,建设中国特色社会主义已成为我国发展坚定不移的目标和根本要求。坚持中国特色社会主义发展道路是由我国社会制度、发展道路和党的性质、宗旨决定的。新时期我国文化发展方向和路径的选择、文化纲领和政策的制定,正是因为坚持了中国特色社会主义文化发展道路,才确保了文化建设沿着正确方向前进。文化产业发展作为中国特色社会主义文化建设的一个重要组成部分,作为推动我国文化发展的核心力量,只有始终坚持中国特色社会主义文化产业发展道路,才能获得又好又快的发展,取得一个又一个辉煌成就。

---

① 参见胡惠林:《中国文化产业发展趋势分析》,《中国文化报》2002年2月2日。

第一，坚持马克思主义在发展文化产业中的指导地位，确保文化产业始终沿着正确方向健康发展。我国社会主义制度的建设与发展是以中国化的马克思主义为指导思想，我国文化产业发展虽然具有经济属性，但它更是社会主义文化建设与经济发展的重要组成部分，因此，必须坚持马克思列宁主义、毛泽东思想、邓小平理论在文化产业发展中的指导地位，大力弘扬社会主义核心价值体系，牢牢把握社会主义文化产业的发展方向，创造出更多体现时代精神、符合人民要求的具有中国特色、中国风格、中国气派的文化产品，更好地为人民服务，为社会主义服务。

第二，既要继承和发扬中国优秀的文化传统，又要借鉴各国文化精华与成功经验，寻求和建立我国自己的文化产业的核心竞争优势。一方面，继承和发扬中华民族的优秀传统文化，不仅是我国现代文化建设的重要内容，也是发展中国特色文化产业的必经之路。中国是文明古国，拥有丰富的文化资源，这是发展中国特色文化产业的深厚根基与不竭源泉，加强对优秀传统文化思想价值的挖掘和阐发，使优秀传统文化成为建设中华民族共有精神家园的重要支撑，加强对这些特色文化资源进行充分的发掘、科学有效的利用和创新，以求在展现我国优秀传统文化魅力的同时实现其经济价值与社会价值。另一方面，积极借鉴和吸收国外文化的精华与成功经验，结合我国具体国情，加快我国特色文化与世界文化结合的进程，这是未来文化产业发展的趋势。每个国家、每个民族都有自己独特的传统文化，我国要始终以积极的态度对待外来文化，坚持辩证取舍的方法，积极吸纳、融汇各国优秀文化成果，在博采众长的基础上实现创造性转化，为发展我国社会主义文化产业所用。

第三，用体现当代社会时代精神的先进文化发展文化产业。当前，中国特色社会主义的建设与发展正处于积极上升状态之中，需要有先进文化来引领和支撑。发展文化产业同样需要以先进文化为指南，没有先进文化指引，我国文化产业发展就会迷失前进的方向。我国文化产业的发展目前仍然处于一个探索阶段，为确保在发展中少走弯路或不走弯路，迅速追赶世界发达国家的文化产业，融入世界文化产业的发展潮流之中，必须准确把握世界文化发展趋势，准确把握文化科技创新潮流，准确把握当代中国的文化时代精神，始终坚持先进文化发展的方向，在历史的进步中实现文化产业发展进步。

二、坚定不移地深化改革、扩大开放

改革开放是决定当代中国命运的关键抉择，是新的伟大革命，是发展中国特色社会主义、实现中华民族伟大复兴的必由之路。新时期最鲜明的特点就是改革开放，通过改革开放，我们实现了党的工作重心的转移，冲破了束缚生产力发展的体制障碍，极大地解放和发展了社会生产力，推动了社会主义市场经济体制的初步建立，形成了对外开放的全新格局，开辟了中国特色社会主义的伟大道路。在当前和未来一个时期，我们必须进一步解放思想，以坚定的勇气和信心深化改革，扩大开放，深入推进文化体制改革，加快实施文化"走出去"发展战略，推进文化产业跨越式发展。

其一，坚持不懈地深化文化体制改革，冲破僵化的观念和体制束缚，不断激发文化创造活力，解放和发展文化生产力。文化体制作为一个主权国家与政治、经济相联系的结构性制度体系，既包括对文化事业体制的规定性，也包括对文化产业地位、作用、发展目标、发展途径的原则规定。改革开放以来，我国文化产业发展战略以"改革发展"为主基调，以一种高度主动、高度自觉的精神，通过文化体制改革，突破束缚文化产业发展的体制障碍，推动了文化产业发展。首先把文化体制改革纳入国家整体性改革之中，让文化体制改革能够接应经济体制改革所带来的放大效应，消除两种体制改革间的政策鸿沟，从而使先进生产力的发展要求能够生动地体现在先进文化的前进方向之中，为中国先进文化的前进方向提供一种产业动力机制，体现文化与经济之间回归其应该有的一种力的同构互动关系。其次，通过文化体制改革，着力构建充满活力、富有效率、更加开放、有利于文化产业发展的体制、机制。推动政企分开、政事分开、管办分离，实现经营性文化事业单位的"转企改制"，使其成为相对独立的市场主体，并逐步走向市场，增强了文化企业的竞争力。再次，通过深化文化体制改革，使文化市场主体通过横向的市场资源配置获得了新的发展动能与空间,促进了文化市场主体跨地区、跨行业、跨所有制发展,倾力打造了一批自主经营、自负盈亏、自我发展、自我约束、有实力、有活力、有竞争力、有影响力的大型国有或国有控股文化企业和企业集团,形成了一个以国办文化为主体,社会力量参与,多种经济成分和多种经营方式并存、共同发展文化产业的新格局①。

其二,坚定不移地扩大对外开放,以更加开放的姿态面向世界,融入全球,以强大的文化产业为依托,实施"走出去"发展战略。当今世界日趋激烈的综合国力竞争,越来越突出地表现为知识力量和文化力量的竞争。文化产业始终以一种经济产业形态发挥着自己的独特作用,以文化产品和服务作为盈利手段,不断创造着巨额的物质财富,并影响和改变着世界经济竞争的格局。面对国际文化竞争日趋激烈的形势,我国要以强大的文化产业为依托实施"走出去"发展战略,增强国际文化竞争实力。首先,要以世界的眼光、全球的气魄、海纳百川的姿态虚心学习世界各国文化的优点,借鉴和吸收人类文明成果,研究和学习各国发展的有益经验,密切联系我国国情,立足我国文化产业的实践,创造性地应用外国优秀文化财富来丰富自己的文化产业,创新生产出在世界范围内广泛适用的文化产品,形成具有强大竞争力的中国特色的文化产业。其次,坚持内外并举,努力开拓国内和国际两个市场,提高我国文化产业的国际竞争力和影响力。立足于我国丰厚的文化资源,充分开发我国广阔的文化市场,并将资源优势和市场优势转化为产业优势、竞争优势,以增强我国的文化竞争实力;坚持文化走出去战略,向世界传播和展示现代中国文化产业的勃勃生机和无穷魅力,凭借自身的潜力、实力和魅力立于世界文化舞台,扩大文化国际市场占有率,赢得自身应有的世界文化地位。通过深化改革和扩大开放,使我国从文化资源大国走向文化产业强国,从文化市场大国走向文化生产强国。

---

① 参见上海交通大学国家文化产业创新与发展研究基地:《文化产业政策与制度创新研究》,文化部文化产业司:《国家文化产业课题研究报告(2007年度)》,昆明:云南大学出版社2008年版。

三、坚持社会效益和经济效益相统一

文化产业的本质是文化的经济化与经济的文化化，文化产业既具有文化的精神属性，又包含着经济的物质属性。文化产业的精神属性，反映在其作为意识形态的功能上，表现为文化传播、社会教育、政治道德等方面，能够提高消费者的认知水平、审美水平等综合素质，起到文化的价值导向和精神激励作用，社会效益是文化产业发展的根本目的和价值所在。文化产业的物质属性，反映在其作为产业经济形态的功能上，表现为市场化、商品化、盈利化等方面，能带来巨大的经济效益，经济效益是文化产业生存与发展的物质基础与保证。文化产业作为一个整体，其精神属性与物质属性不是割裂开来的，而是有效地统一在发展过程之中，没有物质基础，文化产业将无从发展；相反，如果失去发展的社会价值，文化产业也不可能创造可观的物质财富，因此，发展文化产业必须坚持把社会效益放在首位，努力实现社会效益和经济效益的统一。

一是坚持经济效益与社会效益双效的价值追求，始终把社会效益放在首位。一方面，作为具有一般商品属性的文化产品，必须面向市场，通过生产、交换、消费来实现其经济效益；另一方面，文化产品在生产、交换、消费过程中也实现其对社会精神引导和审美素质提升的文化价值，文化产品只有真正成为市场上的商品，被广大群众消费，才有可能最大限度地实现产品的文化功能，实现社会效益和经济效益的有机统一。社会效益是社会主义性质的内在要求，文化经济效益的最终目的是实现文化的社会效益，在把社会效益放在首位的前提下，力求获得更好的经济效益。当文化的经济效益和社会效益发生矛盾时，应将社会效益作为文化艺术生产和文化活动的最高原则。因此在市场经济条件下，文化产业的发展既不能只追求经济价值，而忽视文化产品深层次的、本质性的社会价值；也不能将文化价值与经济价值对立起来，只顾及社会价值而忽视经济价值，甚至是为了防止文化价值的偏离而远离市场。因此，一方面，作为经济的文化活动，文化产业要遵循市场经济发展的规律，重视经营，讲究效益；另一方面，作为意识形态的文化活动，文化产业又必

须遵循文化发展的规律，坚持把社会效益放在首位，加强对文化产品创作生产的引导，当经济效益与社会效益发生矛盾、处于冲突时，经济效益要坚决服从社会效益。

二是强化文化产品生产者的社会责任和历史责任，生产更多正能量的产品。在市场经济条件下，文化产业必然要追求经济效益，但出于竞争的压力，有些文化企业忽视了文化产业作为一种文化现象的本质，而刻意片面地去追求经济效益，造成文化产业"重物质、轻精神"，使文化产业失去了存在的精神支持力。对此我们要予以高度重视，采取坚决措施予以纠正。要教育企业，使其充分认识它们所生产的精神文化产品对人民、对社会所产生的影响，主动承担起传承文化、发展文化、繁荣文化的历史责任，生产出更多群众喜闻乐见的优秀文化产品，以优秀的产品鼓舞人、以特色的文化感召人、以高尚的情操塑造人、以先进的文化影响人，使文化正能量更加主动地引导人民群众养成健康向上的生活方式，进而影响他们的精神世界。应加快研究制定符合我国国情的文化企业社会责任标准和企业行为规范，推动企业在重视社会效益的前提下，努力做到两个效益的统一。要完善科学的标准办法，统筹好导向要求和利润指标，坚决纠正单纯以经济效益论英雄的思维方式、评价方式和发展方式。通过政府引导、法律保障、社会监督、企业自身规范等手段，建立企业履行社会责任的激励和约束机制，尤其要对那些只追求经济利益不讲社会责任的企业进行硬约束。

四、坚持全面协调可持续发展

按照联合国环境与发展委员会的定义，可持续发展指的是既要满足当代人的需要，又不对后代人满足其需要的能力构成危害的发展，也就是能实现经济、社会、资源和环境保护持续、协调的发展。社会的发展是一个长期而复杂的过程，一个国家、一个民族只有走可持续发展的道路，才能不断追求进步，实现繁荣富强。近些年，可持续发展问题在我国已得到高度重视，并成为未来我国各项事业发展所必须遵循的重要指导思想。同样，文化产业作为社会发展的重要组成部分，其发展不仅要满足当代人的需要，而且也要为后代人的生存与发展创造必要的条件，因此，只有将文化产业发展战略与社会发展的可持续性充分结合起来，走可持续发展的道路，才能真正实现文化产业的全面协调可持续发展。

一是充分认识文化产业对推动经济可持续发展的重要作用。文化作为经济运行的环境和背景，作为经济行为的道德约束和信念指引，作为现代企业的管理手段，作为生产者的素质，作为消费者的需求，越来越深入地介入经济。从文化产业与现实经济发展的关系来看，文化产业正在成为调整产业结构、转变发展方式、推动经济可持续发展的中心环节。毋庸置疑，改革开放以来，我国取得的巨大经济成就举世瞩目，但是我们也应该看到，我国经济增长很大程度上是依靠"高消耗、高排放、低效益"的粗放增长方式。对于人类来说，自然资源是有限的，但文化资源是取之不尽、用之不竭的。物质产品会由于消费应用与时间流逝而磨损和消亡，但精神文化产品反而会随着时间的推移和消费应用而得到创新性的丰富和发展，并实现其自身资源价值的增值。我国文化产业既有潜力巨大的市场空间，又有人口众多的消费群体，同时，基本属于"无污染、低消耗、高效益"的朝阳产业。因此，文化产业正在成为我国经济发展的一个新亮点，成为推动经济发展方式转变的战略性新兴产业，成为中国经济可持续发展的新增长极[①]。

二是高度重视、促进文化产业自身的可持续发展。其一，深化改革促进发展。通过继续深化改革，消除阻碍文化产业发展的体制、机制障碍，完善支持发展的政策措施，激发文化企业内生活力，调动文化生产经营的积极性。其二，转变方式优化发展。把着力点放到转变文化产业发展方式上来，着力优化文化产业发展的布局和结构，推动文化资源合理配置，增强文化产业发展后劲。其三，跨界融合协同发展。文化产业经过一个时期的积蓄能量，开始显示出外溢效应，既主动向外扩张覆盖，又积极接纳外来力量的渗透植入。在这样的背景下，我们应积极鼓励文

---

① 参见杨吉华：《改革开放以来我国文化产业政策实践的回顾与反思》，《上海行政学院学报》2006年第6期。

化产业在多领域、多层次展开跨界融合，特别是与科技、金融以及与新兴产业融合，不断提高文化产业发展的质量和效益。其四，统筹安排，协调发展。国家文化产业发展战略是一项系统工程，需要统一规划，统筹安排，协调发展。要做到国有文化企业与民营文化企业不同体制企业，大型文化企业与小微文化企业不同规模企业，东、中、西部不同地区文化产业，以及国际国内不同文化市场的统筹考虑，共同推进文化产业整体协调可持续发展。

第五节 党的十八大以来我国文化产业政策引导成效及未来发展方略

党的十八大以来，以习近平同志为核心的党中央明确了中国特色社会主义事业"五位一体"总体布局，阐明了文化建设在推进中国特色社会主义事业发展中的重要地位和作用，提出了要坚持中国特色社会主义文化发展道路，激发全民族文化创新创造活力，建设社会主义文化强国。为推动我国文化产业成为国民经济支柱性产业并高质量发展，我国出台了一系列重大政策和举措，成效显著，文化产业在促进国民经济转型升级和提质增效、满足人民精神文化生活新期待、巩固和坚定文化自信、增强中华文化影响力、建设文化强国等方面发挥了重要作用。

一、党的十八大以来我国文化产业政策的主要内容及成效

党的十八大以来，在政策引导、资金扶持、技术迭代、人才创新等多因素影响下，我国文化产业快速发展，文化产业总量规模稳步增长，产业结构逐步优化升级，新业态发展动能显著增强，产业链条进一步延伸，市场主体持续发展壮大，文化产品和服务更加丰富优质，人民群众文化消费日趋活跃，尤其是在疫情的巨大冲击下文化产业韧性得到彰显。

(一) 推动文化产业高质量发展，文化产业成为经济增长的新动能和新引擎

党的十八大提出"扎实推进社会主义文化强国建设"的战略方针，

将"文化产业成为国民经济支柱性产业"写入报告,使之成为国家文化经济发展格局中的重要一轴。2015 年 10 月,《中共中央关于制定国民经济和社会发展第十三个五年规划的建议》再次明确推动"文化产业成为国民经济支柱性产业"。2017 年 5 月,中共中央办公厅、国务院办公厅印发的《国家"十三五"时期文化发展改革规划纲要》增强了改革的系统性、整体性、协同性,强调加快发展文化产业,促进产业结构优化升级,提高规模化、集约化、专业化水平。2017 年 10 月,党的十九大报告再次提出:"推动文化事业和文化产业发展……健全现代文化产业体系和市场体系,创新生产经营机制,完善文化经济政策,培育新型文化业态。"[①] 为加快文化产业发展指明了前进方向,注入了新的动力。

2018 年 8 月 21 日,习近平总书记在全国宣传思想工作会议上的讲话中指出:"要推动文化产业高质量发展,健全现代文化产业体系和市场体系,推动各类文化市场主体发展壮大,培育新型文化业态和文化消费模式,以高质量文化供给增强人们的文化获得感、幸福感。"[②] "高质量发展"成为这一时期文化产业发展的目标。2019 年 1 月,国家发展改革委等 18 部委联合印发的《加大力度推动社会领域公共服务补短板强弱项提质量,促进形成强大国内市场的行动方案》提出任务目标:以提质量为重点,到 2020 年"现代公共文化服务体系基本建成,文化产业成为国民经济支柱性产业"。2021 年 3 月发布的《中华人民共和国国民经济和社会发展第十四个五年规划和 2035 年远景目标纲要》提出,"健全现代文化产业体系和市场体系""扩大优质文化产品供给""推动文化和旅游融合发展"。2021 年 6 月文化和旅游部发布的《"十四五"文化产业发展规划》提出,以推动文化产业高质量发展为主题,以深化供给侧结构性改革为主线,以文化创意、科技创新、产业融合催生新发展动能,提升产业链现代化水平和创新链效能,不断健全现代文化产业体系和市场体

---

① 习近平:《决胜全面建成小康社会 夺取新时代中国特色社会主义伟大胜利》,《习近平谈治国理政》(第三卷),北京:外文出版社 2020 年版,第 34 页。
② 习近平:《自觉承担起新形势下宣传思想工作的使命任务》,《习近平谈治国理政》(第三卷),北京:外文出版社 2020 年版,第 314 页。

系,促进满足人民文化需求和增强人民精神力量相统一,为社会主义文化强国建设奠定坚实基础。

党的十八大以来,我国文化产业政策从"文化产业成为国民经济支柱性产业"到"推动文化产业高质量发展",从顶层设计、战略部署到具体措施的政策支持体系的建构,形成了推动文化产业高质量发展的强大合力,激发了我国文化产业发展的蓬勃活力,文化产业发展成效显著。从2012年到2019年,我国文化及相关产业增加值从18071亿元增加到44363亿元,增长145.49%;占GDP比重由3.48%增长至4.5%,增加1.02个百分点,呈现逐年稳步上升的态势。尽管受疫情的巨大冲击,2020年全国文化及相关产业增加值仍为44945亿元,比2019年增长1.3%(未扣除价格因素,下同),占国内生产总值(GDP)的比重为4.43%。据统计,2012—2021年,全国规模以上文化企业数量从3.6万家增长到了6.5万家,年营业收入从5.6万亿元增长到11.9万亿元,市场主体持续发展壮大[①]。中国文化产业增加值年均增速明显高于GDP增速,是增长较快的行业之一,发展质量稳步提升。当前,我国文化产业已经进入经济建设的主战场,成为经济增长的新动能、新引擎。

(二)坚持正确的文化价值观,为满足人民文化需求提供更多更好精神食粮

党的十七届六中全会明确提出了建设社会主义文化强国的目标,指出"发展文化产业是社会主义市场经济条件下满足人民多样化精神文化需求的重要途径"。党的十八大以来,围绕实现"文化强国"战略目标,坚持以人民为中心的工作导向,着眼于满足人民日益增长的美好生活需要,大力发展文化事业和文化产业。习近平总书记在教育文化卫生体育领域专家代表座谈会上指出:"衡量文化产业发展质量和水平,最重要的不是看经济效益,而是看能不能提供更多既能满足人民文化需求,又

---

① 2012年、2019年、2020年、2021年文化及相关产业数据来源于国家统计局网站。

能增强人民精神力量的文化产品。"① 这体现了党和国家发展文化产业为人民服务的宗旨与目的。为保证这一宗旨和目的的实现，我国坚持党对文化的领导，坚持把社会效益放在首位、社会效益和经济效益相统一，推进文化事业和文化产业全面发展。2015年9月，中共中央办公厅、国务院办公厅发布《关于推动国有文化企业把社会效益放在首位实现社会效益和经济效益相统一的指导意见》，提出进一步完善党委领导与法人治理结构相结合的国有文化企业领导体制，健全管人管事管资产管导向相统一的国有文化资产监管机制，为文化产业发展指明了方向，提供了政治保证和组织保障。2021年3月公布的《中华人民共和国国民经济和社会发展第十四个五年规划和2035年远景目标纲要》强调，"坚持把社会效益放在首位、社会效益和经济效益相统一，健全现代文化产业体系和市场体系"。

  这一时期，中国文化产业的发展，在中国共产党的正确领导下，坚持以人民为中心，坚持把社会效益放在首位、社会效益和经济效益相统一，文化产品佳作频出、蓬勃兴旺。2021年，我国全年生产电视剧194部6736集、电视动画片78372分钟；全年生产故事影片565部，科教、纪录、动画和特种影片175部；出版各类报纸276亿份、各类期刊20亿册、图书110亿册（张）、人均图书拥有量7.76册（张）②。近年来，在电影方面，涌现出《我和我的家乡》《一点就到家》《中国医生》《长津湖》《我和我的父辈》《你好，李焕英》等诸多获得大众高口碑、高关注，在市场上叫好又叫座的佳作。特别是博纳影业集团创作完成的新中国成立70周年献礼电影"中国骄傲三部曲"《中国机长》《烈火英雄》《决胜时刻》等影片，以昂扬奋进的基调与颇具历史厚重感讲好中国故事，成为主流商业大片的精品力作。在电视剧方面，《外交风云》《绝密使命》《绝境铸剑》《觉醒年代》《跨过鸭绿江》《战狼》《红海行动》

---

① 习近平：《在教育文化卫生体育领域专家代表座谈会上的讲话》（2020年9月22日），新华社北京2020年9月22日电，https://www.ccps.gov.cn/xxsxk/zyls/202009/t20200922_143557.shtml。
② 国家统计局：《中华人民共和国2021年国民经济和社会发展统计公报》，2022年2月28日，http://www.stats.gov.cn/xxgk/sjfb/zxfb2020/202202/t20220228_1827971.html。

《山海情》《沉默的真相》《大江大河2》《在一起》《功勋》等掀起收视热潮，实现经济效益和社会效益双赢。这些文化产品更好地满足了人民文化需求、增强了人民精神力量。

（三）推进文化科技融合发展，新兴文化业态已成为文化产业发展的新动能

积极推动文化和科技深度融合发展是这一时期我国文化产业政策最鲜明的特征。2012年8月，科技部等六部委发布的《国家文化科技创新工程纲要》对我国文化科技发展提出了加强文化领域共性关键技术研究、促进传统文化产业的优化和升级、推动新兴文化产业的培育和发展、提升文化事业服务能力、加强文化科技创新发展环境建设等五项主要任务，并系统性地提出要加强文化和科技融合，创新文化产业发展模式，促进产业转型升级发展，推动文化产业成为国民经济支柱性产业。2014年4月，国家新闻出版广电总局、财政部发布的《关于推动新闻出版业数字化转型升级的指导意见》提出，加速新闻出版与科技融合，推动传统新闻出版业转型升级，提高新闻出版业在数字时代的生产力、传播力和影响力。2015年1月，国务院发布的《关于促进云计算创新发展培育信息产业新业态的意见》提出：促进云计算创新发展，培育信息产业新业态，使信息资源得到高效利用，为促进创业兴业、释放创新活力提供有力支持，为经济社会持续健康发展注入新的动力。2015年8月，国务院印发《促进大数据发展行动纲要》。2016年5月，中共中央、国务院印发《国家创新驱动发展战略纲要》；同年12月，国务院印发《"十三五"国家战略性新兴产业发展规划》，与文化产业结合紧密的数字创意产业首次被纳入国家战略性新兴产业发展规划。2016年10月，中共中央政治局就实施网络强国战略进行第三十六次集体学习，习近平总书记强调："推动互联网和实体经济深度融合，加快传统产业数字化、智能化，做大做强数字经济，拓展经济发展新空间。"[1] 2017年4月，文化部

---

[1] 《中共中央政治局就实施网络强国战略进行第三十六次集体学习》，2016年10月9日，http://www.gov.cn/xinwen/2016-10/09/content_5116444.htm。

印发《关于推动数字文化产业创新发展的指导意见》，对数字文化产业发展作出全面部署，提出建设数字文化产业创新生态体系，形成导向正确、技术先进、消费活跃、效益良好的数字文化产业发展格局。2019年8月，科技部等六部门印发的《关于促进文化和科技深度融合的指导意见》提出，"促进文化和科技深度融合，全面提升文化科技创新能力，转变文化发展方式，推动文化事业和文化产业更好更快发展"；其中还明确了贯彻国家大数据战略，加强顶层设计，加快国家文化大数据体系建设。为推动文化科技融合工作的开展，2018年3月，科技部、中宣部、中央网信办、文化和旅游部、广播电视总局发布《国家文化和科技融合示范基地认定管理办法（试行）》，开展示范基地认定和规范优化工作。迄今为止，相关部门已分四批次，合计认定了85家国家文化和科技融合示范基地。2020年10月召开的党的十九届五中全会提出，"发展数字经济，推进数字产业化和产业数字化，推动数字经济和实体经济深度融合，打造具有国际竞争力的数字产业集群"。2020年11月，文化和旅游部发布《关于推动数字文化产业高质量发展的意见》，提出实施文化产业数字化战略，并明确到2035年打造5个具有区域影响力的数字文化产业集群。2021年3月，《中华人民共和国国民经济和社会发展第十四个五年规划和2035年远景目标纲要》将打造数字经济新优势作为一章专门列出，明确提出要"充分发挥海量数据和丰富应用场景优势，促进数字技术与实体经济深度融合，赋能传统产业转型升级，催生新产业新业态新模式，壮大经济发展新引擎"。2021年6月文化和旅游部发布的《"十四五"文化产业发展规划》提出，"坚持以创新驱动文化产业发展，落实文化产业数字化战略，促进文化产业'上云用数赋智'，推进线上线下融合，推动文化产业全面转型升级，提高质量效益和核心竞争力"。2022年1月，国务院印发的《"十四五"数字经济发展规划》，从顶层设计的高度指明了未来国家数字经济发展的方向，制定了系统化的推进方案；同年5月，中共中央办公厅、国务院办公厅印发《关于推进实施国家文化数字化战略的意见》，这标志着我国文化产业数字化发展进入了一个全新的阶段。

科技与文化融合为文化产业发展植入了更多创新基因，大数据、互联网、云计算、5G、人工智能、区块链等数字技术已成为促进文化产业网络化、智能化、数字化转型的重要引擎，数字内容、动漫游戏、视频直播、视听载体、手机出版等基于互联网和移动互联网的新兴文化业态已成为文化产业发展的新动能和新增长点。据工信部统计，2021年全国软件和信息技术服务业规模以上企业超4万家，累计完成软件业务收入94994亿元，同比增长17.7%，两年复合增长率为15.5%。2021年，软件产品收入24433亿元，同比增长12.3%，占全行业收入比重为25.7%。其中，工业软件产品实现收入2414亿元，同比增长24.8%，高出全行业水平7.1个百分点。信息技术服务收入60312亿元，同比增长20.0%，占全行业收入比重为63.5%。其中，云服务、大数据服务共实现收入7768亿元，同比增长21.2%，占信息技术服务收入的12.9%；集成电路设计收入2174亿元，同比增长21.3%；电子商务平台技术服务收入10076亿元，同比增长33.0%[①]。又据国家统计局对全国6.5万家规模以上文化及相关产业企业调查，2021年尽管受疫情影响但我国上述企业文化产业核心领域营业收入仍达到73258亿元，比上年增长16.5%，两年平均增长9.9%。2021年，数字文化新业态特征较为明显的16个行业小类实现营业收入39623亿元，比上年增长18.9%；两年平均增长20.5%，高于文化企业平均水平11.6个百分点[②]。新兴数字文化产业的发展，为更好满足人民精神文化生活、增强人民群众的获得感和幸福感作出了贡献。

（四）推动创意开发多业融合，文化产业在多融合中优化结构提质增效

积极推动文化产业与相关产业融合发展，在融合中拓展空间、优化结构、提质增效。为提高文化产业创意水平和整体实力，推动文化创意

---

① 工业和信息化部运行监测协调局：《2021年软件和信息技术服务业统计公报》，https://www.miit.gov.cn/jgsj/yxj/xxfb/art/2022/art_9a36a98db9744cceb2a04b745aee746b.html。

② 国家统计局：《2021年全国规模以上文化及相关产业企业营业收入增长16.0%，两年平均增长8.9%》，2022年1月30日，http://www.stats.gov.cn/xxgk/sjfb/zxfb2020/202202/t20220208_1827252.html。

和设计服务与相关产业深度融合，2014年2月，国务院印发《关于推进文化创意和设计服务与相关产业融合发展的若干意见》；同年3月，文化部发布《关于贯彻落实〈国务院关于推进文化创意和设计服务与相关产业融合发展的若干意见〉的实施意见》。2014年8月，文化部联合财政部印发《关于推动特色文化产业发展的指导意见》，首次从国家层面对特色文化产业发展作出部署。2014年7月，文化部、工业和信息化部、财政部发布《关于大力支持小微文化企业发展的实施意见》，决定从2014年起，国家将重点支持包括演艺业、娱乐业、动漫业、游戏业、文化旅游业、艺术品业、工艺美术业、文化会展业、创意设计业、网络文化业、数字文化服务业等行业及从事非物质文化遗产生产性保护的企业中的小型和微型企业发展。2014年9月，中共中央办公厅、国务院办公厅印发《关于推动传统媒体和新兴媒体融合发展的指导意见》。2016年5月，国务院办公厅转发文化部等四部门《关于推动文化文物单位文化创意产品开发的若干意见》，确定了充分调动文化文物单位积极性、发挥各类市场主体作用、加强文化资源梳理与共享、提升文化创意产品开发水平、完善文化创意产品营销体系、加强文化创意品牌建设和保护、促进文化创意产品开发的跨界融合等七项主要任务。2017年1月24日，中共中央办公厅、国务院办公厅印发《关于实施中华优秀传统文化传承发展工程的意见》，推动中华优秀传统文化创造性转化、创新性发展。这些文件都十分重视文化资源和文化创意的重要性及其对文化及相关产业发展的先导作用，大力推动文化与相关产业全方位、深层次、宽领域的融合发展，推动文化资源的创造性转化与创新性发展。另外，国家还出台政策积极推动文化和金融融合发展，不断加大金融支持文化产业发展力度，推动符合条件的文化企业上市融资，推进文化和金融合作示范区创建。这一时期积极推动文化与相关产业融合发展的政策，有效促进了文化创意与制造、建筑、信息、金融、农业、体育、健康等产业深度融合，拓展了文化产业发展空间，实现了在融合中优化结构、提质增效。

文化与旅游有着天然的内在联系，我国十分重视文化与旅游相生共兴，相辅相成的关系，积极推动文旅融合发展。早在2009年8月，文化部和国家旅游局就共同发布了《关于促进文化与旅游结合发展的指导意见》，推动文化和旅游融合发展。把握机构改革契机，2018年文化部与国家旅游局合并组建文化和旅游部，为文化与旅游深度融合协同发展提供了组织保障。2018年3月，国务院办公厅印发《关于促进全域旅游发展的指导意见》，就推动全域旅游发展作出部署，文件提出"科学利用传统村落、文物遗迹及博物馆、纪念馆、美术馆、艺术馆、世界文化遗产、非物质文化遗产展示馆等文化场所开展文化、文物旅游，推动剧场、演艺、游乐、动漫等产业与旅游业融合开展文化体验旅游"。2021年12月，国务院印发《"十四五"旅游业发展规划》，就推动文化和旅游深度融合、完善现代旅游产业体系、加快旅游强国建设作出部署，明确"以文塑旅、以旅彰文，系统观念、筑牢防线，旅游为民、旅游带动，创新驱动、优质发展，生态优先、科学利用"的原则。

在党和政府对文化与旅游融合的高度重视和大力推动下，旅游成为我国国内经济发展的重要推动力量。2021年全年国内游客32.5亿人次，比上年增长12.8%。其中，城镇居民游客23.4亿人次，增长13.4%；农村居民游客9.0亿人次，增长11.1%。国内旅游收入29191亿元，增长31.0%。其中，城镇居民游客花费23644亿元，增长31.6%；农村居民游客花费5547亿元，增长28.4%[①]。在后疫情时代，我国强化数字文旅体验和线上线下互动，将文化内容与数字娱乐充分融合，将文化场馆、旅游景区植入网络游戏、动漫、电影、直播等数字娱乐场景之中，采取"游戏+虚拟游""动漫+云展""电影+沉浸式体验"等方式，构建数字"虚拟文化空间"，带动由虚拟体验形成的周边产品消费。线上游、数字游大大促进了传统旅游方式与业态的转型发展。

（五）积极引导居民文化消费，城乡居民文化消费需求数量增加和质量提高

习近平总书记在党的十九大报告中指出，中国特色社会主义进入新

---

① 国家统计局：《中华人民共和国2021年国民经济和社会发展统计公报》，2022年2月28日，http://www.stats.gov.cn/tjsj/zxfb/202202/t20220227_1827960.html。

时代，我国社会主要矛盾转化为人民日益增长的美好生活需要和不平衡不充分的发展之间的矛盾①。人民日益广泛、多元的"美好生活需要"对当今消费升级提出了新需求。随着我国经济快速发展，国家综合实力不断增强，居民收入水平稳步增长，生活水平显著提高。在物质生活不断丰富和完善的基础上，人们开始越来越多地追求精神和文化生活，文化消费已经成为人们关注的消费新热点，这催生了文化消费升级的新需求。

党的十八大以来，党和国家采取正确的消费引导政策，激活消费热情，释放消费潜力，使消费在推动经济发展中发挥了基础作用。2014年10月，国务院常务会议提出重点推进六大领域消费，文体消费名列其中。为贯彻落实党中央、国务院关于促进文化消费的重要部署，2016年4月，文化部联合财政部印发《关于开展引导城乡居民扩大文化消费试点工作的通知》，并先后确定了45个国家文化消费试点城市，在全国范围内开展引导城乡居民扩大文化消费试点工作，具体包括支持大中城市建设文化娱乐综合体，支持艺术街区、特色书店和小剧场建设，鼓励有条件的地方适当补贴居民文化消费。各试点城市根据自身经济发展水平因地施策、积极作为，使试点工作取得了预期的成效。2017年，扩大"文化消费"被正式写入《文化部"十三五"时期文化发展改革规划》。2018年11月，文化和旅游部、财政部共同印发《关于文化领域推广政府和社会资本合作模式的指导意见》，进一步推动政府职能转变，创新文化供给机制，鼓励和引导社会资本进入文化领域，以高质量文化供给增强人民群众的文化获得感幸福感。2018年，中共中央、国务院印发了《关于完善促进消费体制机制 进一步激发居民消费潜力的若干意见》，国务院办公厅印发了《完善促进消费体制机制实施方案（2018—2020年）》，均将促进文化消费作为重点强调内容之一，实施国家文化消费试点城市奖励计划，统筹推进文化和旅游消费工作，进一步激发居民文

---

① 习近平：《决胜全面建成小康社会 夺取新时代中国特色社会主义伟大胜利》（2017年10月18日），《习近平谈治国理政（第三卷）》，北京：外文出版社2020年版，第9页。

化消费潜力。2019年8月,国务院办公厅印发《关于进一步激发文化和旅游消费潜力的意见》,推出消费惠民、提高消费便捷程度、丰富产品供给、促进产业融合发展等硬核举措,进一步激发文化和旅游消费潜力。2020年10月,文化和旅游部、国家发展改革委、财政部发布《关于开展文化和旅游消费试点示范工作的通知》,决定开展文化和旅游消费试点示范工作,启动第一批国家文化和旅游消费试点城市、国家文化和旅游消费示范城市申报评选工作。面对新冠肺炎疫情的冲击,2022年4月,国务院办公厅印发《关于进一步释放消费潜力促进消费持续恢复的意见》,提出加强商业、文化、旅游、体育、健康、交通等消费跨界融合,持续拓展文化和旅游消费。

随着我国经济持续快速发展,在国家消费战略和消费政策的促进下,近年来我国居民文化消费潜力持续释放,文化创造活力激情迸发,文化消费进入需求持续增长、消费结构加快升级、消费质量不断提高、消费拉动经济作用明显增强的重要阶段。国家统计局发布的有关数据显示,2012—2021年,我国居民人均消费支出由12054元增加到24100元,增长99.93%,其中人均教育文化娱乐支出由1262元增加到2599元,增长105.94%;城镇居民人均消费支出由17107元增加到30307元,增长77.16%,其中人均教育文化娱乐支出由1810元增加到3322元,增长83.54%;农村居民人均消费支出由6667元增加到15916元,增长138.73%;其中人均教育文化娱乐支出由677元增加到1646元,增长143.13%[1]。2018年,城镇居民人均教育文化娱乐支出为2974元,占消费支出的比重为11.4%;农村居民人均教育文化娱乐支出为1302元,占消费支出的比重为10.7%[2]。2018年,全国居民用于文化娱乐的人均消费支出为827元,比2013年增长43.4%。2014—2018年年均增长

---

[1] 2012年—2021年全国居民(其中:城镇居民、农村居民)人均消费支出、人均教育文化娱乐支出的数据来源于国家统计局网站国家数据: https://data.stats.gov.cn/easyquery.htm?cn=C01&zb=A0A05&sj。

[2]《文化事业繁荣兴盛 文化产业快速发展——新中国成立70周年经济社会发展成就系列报告之八》,2019年7月25日,http://www.stats.gov.cn/ztjc/zthd/bwcxljsm/70znxc/201907/t20190724_1681392.html。

7.5%，文化娱乐支出占全部消费支出的比重为 4.2%[①]。2021 年，居民人均消费支出 24100 元，其中全国居民人均教育文化娱乐消费支出 2599 元，比 2020 年增长 27.9%，占人均消费支出的比重为 10.8%[②]。文化消费的增加带动了文化及相关产业的发展，进而不断增强对经济增长的拉动作用。

（六）大力推动对外文化贸易，更多中华文化特色产品走向国际市场

党的十八大提出全面建成小康社会的宏伟目标中，关于文化奋斗目标的表述有："文化软实力显著增强。社会主义核心价值体系深入人心，公民文明素质和社会文明程度明显提高。文化产品更加丰富，公共文化服务体系基本建成，文化产业成为国民经济支柱性产业，中华文化走出去迈出更大步伐，社会主义文化强国建设基础更加坚实。"伴随世界经济的发展，文化产业在各国经济中的地位愈来愈重要。在中国，发展文化产业是坚定民族文化自信、提升文化软实力的必然选择。文化软实力对内表现为深厚的文化自信，是铸就中华民族共同体意识的重要凝聚力；对外则表现为中国文化走出去，是展示大国形象与构建人类命运共同体的必要前提。

党的十八大以来，国家出台一批政策措施大力促进对外文化贸易发展，推动中国文化"走出去"。2014 年 3 月，国务院印发《关于加快发展对外文化贸易的意见》，分总体要求、政策措施、组织领导三个部分提出了加快发展对外文化贸易的意见，主要政策措施有：明确支持重点、加大财税支持、强化金融服务、完善服务保障。2016 年 12 月，文化部印发《"一带一路"文化发展行动计划（2016—2020 年）》，提出加强与"一带一路"沿线国家和地区的文化交流合作，鼓励发展对外文化贸

---

① 《文化事业繁荣兴盛 文化产业快速发展——新中国成立 70 周年经济社会发展成就系列报告之八》，2019 年 7 月 25 日，http://www.stats.gov.cn/ztjc/zthd/bwcxljsm/70znxc/201907/t20190724_1681392.html。

② 《2021 年居民收入和消费支出情况》，2022 年 1 月 17 日，http://www.stats.gov.cn/tjsj/zxfb/202201/t20220117_1826403.html。

易,让更多体现中华文化特色、具有较强竞争力的文化产品走向国际市场。2021年3月发布的《国民经济和社会发展第十四个五年规划和2035年远景目标纲要》中提出"积极发展对外文化贸易,开拓海外文化市场"。2022年7月,商务部等27部门联合发布《关于推进对外文化贸易高质量发展的意见》,提出以推进对外文化贸易高质量发展为主题,着力加强顶层设计和统筹协调,着力推动体制机制改革和内容形式创新,着力促进文化贸易规模增长和结构优化,增强我国文化产品和服务的国际竞争力,向世界阐释推介更多中华优秀文化,提升国家文化软实力和中华文化影响力,并从7个方面提出28项具体任务举措。近些年,为加强国家文化出口基地建设,推动对外文化贸易高质量发展,全国认定了29家国家文化出口基地。为推动国产优秀文化产品进入海外主流市场,影响主流人群,有力展示中国国家形象,每年举办中国(深圳)国际文化产业博览交易会,开展文化产业领域的国际交流合作,为文化产品和服务走出去搭建平台。

党的十八大以来,我国对外文化贸易发展取得新成效,文化产品出口稳居全球第一,文化服务出口占服务出口比重持续提升,文化贸易规模稳步增长,结构不断优化,文化贸易新业态、新模式不断涌现,培育了一批具有国际竞争力的文化企业、产品和品牌,中华文化的传播力和影响力持续提升。2020年,国内疫情多点散发,全球经济复苏艰难,经济全球化遭遇逆流。尽管外部形势复杂多变,但我国对外服务贸易依然取得了亮眼成绩。2020年全年,中国知识密集型服务进出口20331.2亿元,比2019年增长8.3%,占服务进出口总额的比重达到44.5%,提升9.9个百分点。其中,知识密集型服务出口10701.4亿元,比2019年增长7.9%,占服务出口总额的比重达到55.3%,比2019年提升4.6个百分点;出口增长较快的领域是知识产权使用费、电信计算机和信息服务、保险服务，分别比2019年增长30.5%、12.8%和12.5%[①]。2021年，我国对外文化贸易总额为2000.3亿美元，同比增长38.7%；其中，文化产品进出口额1558.1亿美元，增长43.4%；文化服务进出口额442.2亿美元，增长24.3%[②]。

二、十八大以来我国文化产业政策的主要特征和未来发展方略

（一）党的十八大以来我国文化产业政策的主要着力点

回顾党的十八大以来中国文化产业政策发展历程可以看出，其主要引导着力点为推动文化产业向"高质量""数字化""深度融合""走出去"发展。

其一，从强调"支柱性产业"向注重"高质量"转型。从2012年党的十八大将"文化产业成为国民经济支柱性产业"写入报告，到2018年习近平总书记提出"推动文化产业高质量发展"，中国文化产业随着经济发展的大势，经历了从"高速度"发展向"高质量"发展的转型，"高质量"发展成为这一时期文化产业发展的主旋律，文化产业呈现出稳步快速与高质量协调的发展新趋势。

其二，从重视"文化科技融合"向聚焦"数字化"转变。从2012年提出"加强文化和科技融合"，到2016年"数字创意产业"被纳入国家战略性新兴产业发展规划；从2020年提出"推动数字文化产业高质量发展"，到2021年"实施文化产业数字化战略"被写入"十四五"规划纲要，再到2022年提出"推进实施国家文化数字化战略"，以习近平同志为核心的党中央高度重视以数字技术为代表的现代科技创新对文化产业发展的巨大影响，将文化数字化上升为国家战略，大力推动数字文化产业高质量发展，"数字文化产业"成为文化产业发展的新动能和经济发展的新增长极。

---

① 《2020年中国服务进出口总额达45642.7亿元》，2021年2月9日，http://www.gov.cn/shuju/2021-02/09/content_5586245.htm。

② 《商务部服贸司负责人解读〈商务部等27部门关于推进对外文化贸易高质量发展的意见〉》，2022年7月21日，http://fms.mofcom.gov.cn/article/jingjidongtai/202207/20220703334948.shtml。

其三，从推进"产业融合"向促进"深度融合"发展。党的十八大以来，文化产业文化科技融合发展模式经历了从一般意义上的"文化科技创新"到"促进文化和科技深度融合"，再到"推动数字文化产业创新发展"的历程。从2012年提出"文化科技创新工程"，到2014年提出"推进文化创意和设计服务与相关产业融合发展"，到积极推动文化产业与各相关行业融合发展；从2018年"推动文化与旅游融合发展"，再到2021年"推动文化和旅游深度融合"，"融合发展"成为拓展文化产业发展空间的重要抓手。尤其是习近平总书记关于"推动中华优秀传统文化创造性转化、创新性发展"新论断发表后，文化产业"融合"中"文化"的主体地位更加凸显，中华优秀传统文化的活力被焕发，文化创意的创造潜力被激活，文化与相关产业深度融合进入新境界。

其四，从鼓励"居民消费"向释放"社会消费潜力"延伸。为让文化消费提高人们的生活质量和幸福感，促进文化经济的发展，从2014年国务院将"文体消费"列入重点推进的六大领域消费，到2018年中共中央、国务院提出"进一步激发居民文化消费潜力"，再到2022年国务院办公厅强调"进一步释放消费潜力"，在不同发展阶段，在国家消费战略和消费政策的推动下，日益扩大的文化消费在满足人民日益增长的美好精神生活需要的同时，有力促进了文化产业的发展，带动了中国经济的增长。

其五，文化贸易从"产品走出去"向"中华文化走出去"提升。从2012年党的十八大报告提出"中华文化走出去迈出更大步伐"的目标，到2014年国家提出"加快发展对外文化贸易"，到2016年实施"一带一路"文化发展行动计划，再到2022年"推进对外文化贸易高质量发展""提升国家文化软实力和中华文化影响力"，我国的"文化走出去战略"在对外文化贸易中得到有效实施。文化贸易规模的稳步增长和质量的持续提高，对中华文化影响力提升起到了十分重要的作用。

总之，党的十八大以来，在文化强国战略的总体布局下，在党和国家文化产业政策的积极引导和推动下，中国文化产业在加快产业结构调整和经济发展方式转变、促进文化发展和繁荣等方面发挥着越来越重要的作用，在提升经济硬实力和文化软实力方面正发挥日益重要的战略支点作用。

(二) 新发展阶段我国文化产业发展的基本方略

习近平总书记指出："统筹推进'五位一体'总体布局、协调推进'四个全面'战略布局，文化是重要内容；推动高质量发展，文化是重要支点；满足人民日益增长的美好生活需要，文化是重要因素；战胜前进道路上各种风险挑战，文化是重要力量源泉。'十四五'时期，我们要把文化建设放在全局工作的突出位置，切实抓紧抓好。"[①] 中国特色社会主义是全面发展、全面进步的伟大事业，没有社会主义文化繁荣发展，就没有社会主义现代化。在新发展阶段，我们要坚持以习近平新时代中国特色社会主义思想为指导，扎实推进社会主义文化强国建设，推动文化产业高质量发展。

一是坚持中国共产党的领导，走中国特色社会主义文化发展道路。推动文化产业高质量发展，必须坚持中国共产党的领导，党的领导是中国特色社会主义最本质的特征，是社会主义文化强国建设最根本的保障。必须坚持中国特色社会主义文化发展道路，坚持以社会主义核心价值观引领文化建设，从我国基本国情出发，紧紧围绕举旗帜、聚民心、育新人、兴文化、展形象的使命任务，发挥文化引领风尚、教育人民、服务社会、推动发展的作用。必须坚持把社会效益放在首位、社会效益和经济效益相统一，坚守中华文化立场，大力弘扬中华优秀传统文化，增强中华文化影响力，不断提高国家文化软实力，建设社会主义文化强国，为民族复兴提供精神支撑。

二是坚持以人民为中心的导向，让文化产业发展成果惠及全体人民。推动文化产业高质量发展，必须坚持以人民为中心的导向。习近平总书记指出："人民既是历史的创造者，也是历史的见证者；既是历史的

---

① 习近平：《在教育文化卫生体育领域专家代表座谈会上的讲话》，《人民日报》2020年9月20日。

'剧中人',也是历史的'剧作者'。"① 新时代我国社会主要矛盾发生了变化,要围绕满足人民日益增长的文化需要,推动文化产业高质量发展。必须坚持发展文化产业为了人民、依靠人民、造福人民,以保障人民根本权益为出发点和落脚点,推出更多满足人民文化需求、增强人民精神力量的优秀产品和服务,把人民满意不满意作为检验文化产业发展成效的最高标准。要尊重人民群众主体地位,充分尊重人民群众意愿和首创精神,构建人民群众广泛参与的文化创作、生产、传播、评价机制,不断激发全民族文化创新创造活力。必须把满足人民文化需求和增强人民精神力量统一起来,以文立心、以文弘业,固本培元、培根铸魂,为实现中华民族伟大复兴的中国梦凝聚精神力量。

三是坚持文化科技融合发展,不断开辟中国文化产业发展新空间。推动文化产业高质量发展,必须坚持文化科技融合发展。要抓住数字化时代数据处理云端化、数据显示本地化、数据应用分布化发展趋势,全面参与国家文化数字化战略,用数字化推动文化产业高质量发展。首先,推动文化资源的数字化转化。把文化资源的价值内容与数字技术的新形式新要素结合好,用数字化手段深入挖掘中华优秀传统文化蕴含的文化精髓和时代价值,让更多文化资源和文化元素融入产业链,融入现代经济体系。其次,推动数字技术在文化产业中的创新应用。积极推动5G、大数据、云计算、人工智能、物联网、区块链等共性技术在文化产业领域的集成应用和创新,推动传统文化产业加快数字化转型,借助数字技术实现内容、模式和业态创新。运用数字技术创新表达和呈现方式,推动文化产业与数字经济、实体经济深度融合。再次,发挥文化企业在文化数字化中的主体作用。实施文化产业数字化战略,加快发展新型文化企业、文化业态,打造一批数字文化产业新平台,培育一批具有影响力的数字文化品牌,开辟文化产业发展新空间。面对文化产业数字化发展趋势,要持续将创新科技与文化产业进行深度融合,共赢发展机遇,共创科技与文化产业融合发展的美好未来。

---

① 习近平:《在文艺工作座谈会上的讲话(2014年10月15日)》,《人民日报》2015年10月15日。

四是坚持文化走出去的战略，在国际交流合作中提升文化软实力。推动文化产业高质量发展，必须坚持文化走出去的战略。习近平总书记在主持中央政治局第三十次集体学习时强调："要更好地推动中华文化走出去，以文载道、以文传声、以文化人，向世界阐释推介更多具有中国特色、体现中国精神、蕴藏中国智慧的优秀文化。"[①] 发展对外文化贸易是中华文化走出去、提升中国文化软实力和国际影响力的重要途径。文化贸易是促进文化交流与传播的重要方式，是实现中外民心相通的重要纽带。要深入研究国外不同受众的文化传统、价值取向、思维习惯，切实做到因人制宜、因地制宜、因时制宜，开发富有表现力和感染力的文化产品。有序放宽文化领域限制性措施，推动中外文化双向互动，在高水平市场竞争与合作中促进我国文化产业转型升级，在交流互鉴中提升中华文化的亲和力、吸引力、辐射力。坚持守正创新，坚守中华文化立场，坚持以中华文化作为塑造品牌核心价值的活力源泉，构筑中华文化品牌的核心竞争力，让中华文化中具有中国特色、世界意义的文化精髓走向世界，在中外文明交流互鉴中展示中华文化独特魅力。

---

① 《习近平主持中共中央政治局第三十次集体学习并讲话》，2021年6月1日，http://www.gov.cn/xinwen/2021-06/01/content_5614684.htm。

第二章 文化产业的核心要素与文化消费

第一节 文化产业核心要素[*]

随着社会经济文化的快速发展，文化产业在各国经济发展中的地位越来越重要，如今已成为世界公认的"朝阳产业"。2010年7月23日，中共中央政治局就深化我国文化体制改革研究问题进行第22次集体学习，胡锦涛总书记在主持学习时强调："文化是民族凝聚力和创造力的重要源泉，是综合国力竞争的重要因素，是经济社会发展的重要支撑……推动文化建设和经济建设、政治建设、社会建设协调发展，已成为实现科学发展的必然要求。"2011年3月发布的《中华人民共和国国民经济和社会发展第十二个五年规划纲要》中提出"加快发展文化产业"，"推动文化产业成为国民经济支柱性产业，增强文化产业整体实力和竞争力"。这是我们党和政府科学分析判断经济社会发展形势，对文化产业做出的新定位、新部署和新要求。文化产业是以文化资源为重要基础，文化创意为基本前提，文化科技为强大动力，文化园区为主要平台，充分发挥人的智慧，进而创造财富与就业机会的新兴产业。因此，研究文化资源、文化创意、文化科技和文化园区等核心要素与文化产业

---

[*] 本节原题《文化产业发展核心要素关系研究》（与罗忻合作），原载《社会主义研究》2011年第5期，此处有所删节。

发展的关系，对于促进文化产业的发展具有十分重要的意义。

一、文化资源：文化产业发展的重要基础

文化是民族的灵魂和血脉，文化资源是文化产业发展的基础。世界各个民族因不同的地理条件、生活环境、文化发展程度及经济发展状况，从而形成了不同的民族文化传统。一个民族的文化，集中反映了这个民族的思维方式和精神追求，蕴藏着这个民族的智慧、创造力和生命力。胡锦涛总书记2006年4月在美国耶鲁大学的讲演中对民族文化有一段十分深刻的论述，他说："一个民族的文化，往往凝聚着这个民族对世界和生命的历史认知和现实感受，也往往积淀着这个民族最深层的精神追求和行为准则。"① 文化产业是在一定的民族文化背景下进行的，如果没有丰富的文化资源和深厚的文化底蕴作基础，文化产业就会成为无源之水，无本之木。因此，各民族文化中丰富而宝贵的人文资源，不仅有着重要的科学研究价值，而且更具有多方面的潜在经济开发价值，它们是大力发展特色文化产业的重要资源。

根据文化、创意和科技在文化产业中依赖程度的高低，可以将文化产业分为传统历史类文化产业、新兴科技类文化产业和现代创意类文化产业。而发展文化产业，文化资源是基础，历史文化资源和民族文化资源是文化资源的主体。几千年来，各族人民相互依存、相互联系、相互交流、相互促进，形成了以汉文化为主体、多种少数民族文化并存的多元一体的大中华民族文化格局。多彩多姿的民族文化丰富了中华民族文化的内涵，形成了中华民族文化的多样性。源远流长、博大精深的中华民族文化，已深深融入中华民族的血脉之中，滋养了一代又一代国民的心灵、铸造了中华民族的精神乃至灵魂，成为中华民族共同的精神记忆和中华文明特有的文化基因。对于刚刚兴起的中国文化产业来说，这些积淀深厚、丰富多彩的中华民族文化是其取之不尽、用之不竭的宝贵资源，是当今文化产业发展的深厚的土壤和根基。中华民族文化不仅可以

---

① 胡锦涛：《在美国耶鲁大学的演讲》，新华社纽黑文（美国）2006年4月21日。

为中国的文化产品赋予鲜明的民族、思想、内容、形式和美学特色,而且能给中国文化产品以特殊的文化魅力和市场竞争力,从而产生良好的社会效益和创造巨大的经济效益。我们要正确认识中华民族文化资源的历史意义和现实价值,根据取其精华、去其糟粕的原则,合理利用这些宝贵的民族文化资源,与时俱进,不断创新,挖掘其中符合时代发展要求的内容,汲取合理的思想内核,赋予新的时代内涵,创造出富于时代气息,满足现代人,包括现代中国人和外国人审美情趣的优秀文化艺术产品,形成具有中华民族特色的文化产业,这将是我国文化产业未来发展的方向。

二、文化创意:文化产业发展的基本前提

文化产业具有知识产权经济的特征。知识产权的客体是一种精神财富,是一种存在于知识和智慧中的无形利益,故称之为无形财产。它与有形财产一样能为权利所有人带来经济收益。"文化创意产业的发展对于提升产业水平、优化产业结构具有不可低估的作用"[①],当今社会,经济的知识取向日益强烈,创意推动文化资源转化为财富。随着知识的经济功能日益增强,"知识的经济化"和"经济的知识化"这两种趋势的合流形成为当今的知识经济。文化产业是知识经济时代的高端产业,是智能化、知识化的智慧型产业,它以文化内容和创意成果的转换为核心,其本质就是把文化思想、知识技能、创造力综合起来,形成新的产品、新的市场,提供新的服务,创造新的就业机会。它的知识密集性、高附加值和技术整合性,对于增强产业的综合竞争力、提升产业发展水平、优化产业结构具有日益重要的作用。因此,文化产业不能仅仅重视文化资源的积累和投入,而是应更注重人力资本的投入及人力资源的开发。文化产业又被称为创意产业,或文化创意产业。创意是一种创造性的思维活动,是一切创新活动得以展开的前提和基础。文化创意产业推崇创新和个人创造力,强调文化对经济的支持和推动。从文化资源到文化财

---

① 陈俊东:《文化创意:文化产业勃兴的点睛之笔》,《江汉论坛》2006年第1期。

富的实现,创意是核心,没有创意,就没有文化产业。它以内容创意为核心,综合产品的制造、营销和推广,形成文化品牌优势,带动后续产品开发,形成上下联动、左右衔接、一次投入、多次产出的链条。发展文化产业需要从创意开始,以形成核心竞争力、实现文化产业的可持续发展为目的。从文化产业实现的过程来看,文化资源仅仅是文化产业实现的重要基础与条件,要真正实现文化资源到文化资本再到文化产业的转化,还必须经过创意的提升和技术的实现两大过程。

挖掘中华民族文化资本,需要用创意打造中国文化产业品牌。中国文化产业的发展必须走将中华民族文化资源转化为与当代社会消费需求相适应的文化产品的创新之路。挖掘本民族文化资源中最能代表本民族文化性格的差异化特征,用创意建立起本民族文化资源的符号表达体系,即文化品牌的确立。这既关涉能否集聚起本民族的文化资本,又关涉将来中华民族文化软实力的核心竞争力。纵观近年轰动全国的广西桂林的大型实景表演《印象刘三姐》、云南的大型表演艺术《云南映象》等等,都以各自新颖、独特的创意独树一帜、先声夺人,创造了一个新的艺术形式,令观众耳目一新,给人一种革命性的文化、艺术、感官冲击,受到国内外观众的欢迎,获得了很好的社会效益和经济效益。它们的成功在于把握住了本民族原生态的文化元素,在于激活了那些积淀在民间生活中的文化符号。正如皇甫晓涛教授在他著的《文化资本论》一书中所说的那样:"而今的文化创新,则从文艺自觉的民族原创力走向科技文化综合国力建设的全球博弈,形成内容再生产的文化与博弈力国家创新体系,走向伟大民族文化复兴的审美文化创造与文化创意产业、创意城市、创意经济的新历程。"[①] 由于文化产业是知识产业和创意产业,知识产权是创新的基本条件和根本基础,因此,在发展中华民族文化产业的过程中,要高度重视知识产权的保护。中国要建设一个创新型社会,保护知识产权再也不是外国人对中国人的要求和压力,而是一种民族自觉,是保护我们自己的智慧力、原创力、可持续发展动力的关键手段,是保

---

① 皇甫晓涛:《文化资本论》,北京:人民日报出版社2009年版,第183页。

护我们民族未来的根本途径。

三、文化科技：文化产业发展的强大动力

现代科技是提升文化产业竞争力的重要手段。知识经济是建立在以现代科学技术为先导、文化创新为基础、知识资源优化配置、合理使用与有效消费基础上的经济形态。因此，知识与经济、科技、文化相互渗透、相互促进、相互交融成为当代经济社会发展的一个突出特征。文化产业强调产业的价值源于文化积累和科技发展所激发的创意，从本质上说，富于创新精神和知识含量的文化产业，与不断进步的科学技术有着天然的亲和力。在当今文化科技大发展的时代，文化产业是科技与文化高度交融的产物，科技已成为文化创作、传播的主要载体和主要驱动力，是提升文化产业核心竞争力的重要手段。当前科技对于文化产业是多层次渗透、全方位介入。其一，文化产品生产手段的创新。就文化产品生产而言，一个好的文化资源或优秀创意要转化为相应的文化产品，必须借助一定的手段实现。现代科技创新不断激发着文化生产者的创新意识和创新思维，打破了以往传统表现手法的障碍，为那些美好创意的实现提供了强大的技术支持和手段，使创意思维中的无限想象转化为丰富的现实情境，极大地拓展了创意空间，催生出更多丰富而具有想象力的产品的文化表达方式。其二，文化产品流通方式的创新。现代科技对文化产品的流通也起着革命性的作用，当以现代科学为基础的高新技术加入到文化产品流通环节后，特别是传播技术的发展，如印刷技术的进步，广播、电影、电视、网络空间技术等的诞生，使文化产业流通表现出空间立体化、时间快速化和手段现代化等特征，使文化产业的流通空间变得更大更广，流通速度更快，周期更短。其三，文化资本市场优化的创新。在科学技术的推动下，知识资本成为创造文化产品价值的实际推动力，科学技术、文化产业与资本协同运作的强大能量，往往会带来意想不到的经济效益。在现代信息技术的影响下，文化市场优化了资本的流动规则，资本对技术的依赖逐渐增强，资本决策者希望能在最广阔、最深入的领域里作最充分的选择，以找到最理想的投资方向，而资本总是

倾向于流向有创新和文化含量、有核心竞争能力的新型产业。

文化科技创新是推动文化产业发展不竭的动力。现代文化产业作为知识密集、信息密集、技术密集的新兴产业，创意是促使其发展的原动力，科技是支撑其发展的推动力，因此，科技竞争力必然是文化产业核心竞争力的重要组成部分。作为21世纪的"朝阳产业"，高新技术产业和文化产业有着同等的地位，而以高新技术手段来发展文化产业，已经提升至国家战略层面。文化产业已经成为体现各国核心竞争力的重要内容，而是否有高新科技支撑，又成为检验各国文化产业的发展质量、发展规模和发展前景的一个重要指标。从发达国家文化产业的发展经验来看，科技进步对提升国家文化产业的竞争力起到了巨大的积极作用。现在我们提出文化与科技融合，就是要关注高新科技发展的前沿动态，充分运用文化资源、创意思维、高新技术促进文化产业创新，把"中国制造"变成"中国创造"，从而提高我国文化产业的核心竞争力和综合国力。

四、文化园区：文化产业发展的重要平台

所谓产业集聚，是指在一个特定的区域内，以一个主导产业为核心，大量彼此联系密切的企业群和相关服务机构在空间上高度密集地集聚在一起。产业的空间集聚形式能够发挥很强的群体竞争优势和集聚发展的规模效益，进而极大地促进产业的形成和壮大，提升区域竞争力。文化产业的集聚形成了各具特色的文化产业园区，园区化也成为文化产业发展的一个显著特征和重要趋势。文化园区基本的前提是文化生产与消费活动的呈现，文化产业的核心内容是创意，而创意灵感的获得往往来自与其他同行相互接触的刺激，在众多的活动中特别是多样化文化聚会地点的出现，通常能充分提供人们之间的相互交流以获取灵感。因此，集聚地点的设置通常被考虑到文化产业园区的发展策略中。文化产业园区正被很多国家看作是城市复兴的有力工具。一个地区若有了众多的文化产业园区，便可形成巨大的文化产业动力。文化产业的核心竞争力的提升不仅有着重大的经济价值，更具有深远的社会意义和民族价值。作为

文化产业发展重要内容的文化产业集聚，不仅在文化产业核心竞争力提升过程中发挥巨大作用，对区域乃至国家竞争优势的形成也将发挥非常重要的作用。同时，文化产业园区的建设，推动了文化企业成为发展文化产业的主体，这是我国文化市场健康发展的有力保障。长久以来，我国政府承担了太多的文化产业多重角色，文化产业投资主体、文化产业建设主体、文化产业管理主体，这严重影响了文化市场的健康秩序，并阻碍了我国建设公共服务型政府的目标。

文化产业的集聚形成了各具特色的文化产业园区，园区化也成为文化产业发展的一个显著特征和重要趋势。文化产业园区的建设具有以下重要作用：一是促进资源整合，优化资源配置。文化产业园区将市场化和产业化的机制引入到文化资源的传承与开掘中，这些机制极大地提高了文化资源的整合程度，提高了资源利用率，实现了资源的高效配置，从而促成独具特色的文化资源在产业化过程中不断迸发出新的生命力。二是集聚形成规模，竞争推动创新。文化产业园区在实现科技、人才、企业等多方面要素集聚上有着先天的优势，在龙头企业的引领作用下，带来了"前锋加速—后续跟进"的巨大压力，但这种压力是良性的，有助于提升以创新为核心的文化产业竞争力。文化产业园区的建设为文化企业的兼并、收购、联合、重组创造了有利的条件；为组建跨地域、跨行业、跨媒介的文化产业集团提供了便利；为开创龙头企业带动、大中小企业联合发展的格局开辟了路径。三是营造良好环境，塑造文化品牌。企业品牌的形成需要良好的生存环境，好的生存环境也能加速企业品牌的形成。文化产业园区具有人力科技资源丰富、园区企业集聚发展、服务平台建设完备等显著特点，能发挥"加强分工协作，共享降低成本；服务吸引企业，叠加提升品牌；传递文化传统，根植人文精神"等作用。文化产业园区通过设置有效的企业集聚机制，提供完备的服务体系，打造适宜各类文化机构生存、发展的"文化生态链"，为园区内企业的成长壮大、品牌的塑造创造了良好的环境。园区内企业总体力量的汇聚，将有利于"乘数效应"的形成，产生"1+1>2"的效果。园区企业的合力更有利于打造极具影响力的区域特色文化品牌，形成"区位品牌"

效应。

自国家颁布《文化产业振兴规划》后,各地纷纷开始设立各种"文化创意产业园区",发展影视制作、出版发行、广告、演艺、文化会展、艺术品交易、数字内容和动漫游戏产业等。如北京市已有文化产业集聚区21个,上海市有75个,江苏建成或在建的园区超过60个,据初步估算,全国各地各种名义的文化产业园区数量加起来应不少于500个。目前,仅文化部认定的国家级文化产业示范基地(园区)就多达134家,这些文化产业园区最终将为促进区域经济社会的可持续发展做出独特贡献①。

第二节 文化消费*

文化消费是文化产业链上的终端环节,它既是文化产品创作和生产的目的,因为文化产品和文化服务只有通过文化消费,才能实现其价值;它又是文化创作和再创作、生产和再生产不可缺少的条件,因为文化消费水平直接影响甚至决定着文化产品生产能力和流通效率。近年来,随着我国文化消费的快速发展,文化消费领域出现了许多新现象、新情况和新问题。如何对待当前文化消费领域存在的问题、怎样加强对文化消费的引导,采取何种措施努力提供更为丰富多彩的高质量的文化产品和服务,以满足人民群众日益多样化、多层次、多方面的文化消费需求,这些都是需要从理论和实践上加以研究和解决的重大课题。

一、目前我国文化消费存在的主要问题

当前,人们的文化消费正从过去的封闭、内向,向开放、交流和互动发展,从过去的求同、求稳,向求新、求变、求时尚演进,在促进人的全面发展、提高社会文明程度中发挥着积极作用。但不可否认,目前

---

① 陆敏:《文化产业园区建设要快更要好》,《经济日报》2011年1月16日。
* 本节原标题为《我国文化消费存在的问题及引导对策研究》(与罗忻合作),原载《兰州大学学报》(社会科学版)2013年第1期。

我国的文化消费也存在一些不容忽视的问题。

(一) 文化产品品位不高，妨碍了文化消费积极引导

其一，主流文化价值体现不够。崇高、牺牲、奉献、勇敢、诚实、守法等积极价值导向有被疏远的倾向，对精神世界和价值意义的追求有被消解的态势。其二，庸俗、低俗、媚俗的文化消费还不同程度存在。一些人为满足感官刺激和低级趣味，自觉不自觉地消费那些低俗、粗糙、无聊的所谓文化产品，甚至是淫秽、色情等有害内容的产品。其三，有一些人热衷于消费那些伪科学文化，更有一些人沉溺于赌博、迷信等有害活动。其四，文化消费中娱乐性、享受性、消遣性的精神文化消费所占比例偏大，相对严肃、高雅的文化消费则严重不足。许多文化消费停留在快餐式、浏览式、游戏式、休闲式等浅层面上，缺乏思考、感悟、欣赏、理解、接受等较高层次的文化体验。这些品位不高、结构单一、层次偏低的文化消费产品，严重妨碍了对广大消费者积极的文化引导。

(二) 文化消费观念落后，抑制了文化消费潜力发挥

按马斯洛消费层次理论，人们总是在满足温饱或基本生活需求之后，才会考虑较高层次的文化需求。多年来理论界所预测的"当人均生产总值接近或超过5000美元时，会出现文化消费的倍增态势"的现实图景在中国并没有出现[①]。再加上金融危机的冲击，经济下滑，收入预期不确定，这在一定程度上消减了群众对文化消费的热情。据有关调查显示，2010年，有41.6%的居民对文化消费采取谨慎态度，家中一份报纸、杂志都没有订的接近24%，订阅一种杂志的有35%；过去一年，偶尔去和没有去过电影院的占75%，经常去和只在放大片时去的占25%[②]。这些都反映了中国民众目前在消费观念上的相对保守。

[①] 赵卫东：《制约我国文化消费增长的因素》，《人民日报》2009年7月6日第11版。
[②] 张文珍：《提高大众文化消费能力》，《人民日报》2010年1月22日。人民论坛"千人问卷"调查组：《中国居民文化消费倾向》，《人民论坛》2009年第20期。

(三) 文化产品价格偏高，限制了文化消费需求增长

目前，我国文化整体消费定价水平高于大部分普通民众的心理预期，文化产品针对高收入群体的较多，面向大量低收入群众的则较少。然而与高收入者相比，低收入者对文化消费增长的潜在贡献更大。此外，居民收入水平偏低也影响了文化消费。改革开放以来，我国经济虽然快速发展，但居民总体收入水平还不高，这是我国文化市场潜在需求不能转化为现实消费的重要原因。有调查表明，在所有影响文化消费的诸多因素中，价格占据重要位置。在阻碍民众进行文化产品消费的主要因素问题上，61.4%的人选择生活压力大、文化消费过于昂贵[①]。在推动文化产业发展哪些措施比较得力的问题上，城镇居民选择降低文化产品价格者有25.2%，乡村居民选择提供补贴的比例高达60.2%。居民收入低和文化消费费用高成为制约文化消费的重要因素[②]。

(四) 农村文化消费乏力，抑制了整体文化消费增长

农村经济还不发达，农民收入相对偏低，抑制了文化消费需求增长。虽然近几年农民收入增速较快，但主要还是用于提升自身的物质生活水平，其文化消费相反有所下降。数据显示，2000—2009年，全国乡村人均文化消费与人均产值的比例由2.38%下降到1.33%；占人均收入的比重由8.29%降至6.61%；占人均总消费的比重由11.2%降至8.53%[③]。当前我国农村发展的滞缓，与文化上的孱弱有极强的相关性。我国农民文化程度相对偏低，制约了文化消费爱好的多样化发展。我国农村的传统文化消费观念依然相对滞后，对文化消费相对淡漠。与此同时，文化消费的地域差异化明显，收入较高的东南部地区乡村人均文化消费要远高于我国中西部地区。

(五) 文化供求矛盾突出，压抑了文化消费需求释放

随着我国经济发展和消费水平的提高，社会需求结构和消费结构发

[①] 人民论坛"千人问卷"调查组：《中国居民文化消费倾向》，《人民论坛》2009年第20期。
[②] 张文珍：《提高大众文化消费能力》，《人民日报》2010年1月22日。
[③] 温源：《文化消费：别把农村遗忘，传统与现代，如何扬弃？》，《光明日报》2012年2月9日。

生了深刻变化，文化消费由过去的结构单一、消费层次低，逐步向多样化、高层次转变。目前我国文化产品供求结构性矛盾较为突出，一方面大量文化产品难以进入市场；另一方面群众需要的文化产品又严重缺乏。从市场需求看，随着经济发展和人民生活水平提高，整个文化消费市场潜在需求巨大，特别是需要大量价格低廉、群众喜闻乐见的文化产品和服务，而我们提供的文化产品不论数量还是质量都远远不能满足群众的文化消费需求。另外，受经济条件、个性心理、文化环境等复杂因素的影响，我国居民的文化消费观念还普遍滞后，压抑了文化消费需求的释放，导致文化消费总量较低，文化消费水平总体偏低。

（六）文化创意严重不足，阻碍了市场需求潜力转化

纵观人类社会发展史，每次产业结构的重大变革都伴随一个或几个标志性的创新产品。在激烈的市场竞争中，成功的创新产品能开拓新的市场，为企业创造新的利润增长点。同样，创新也是文化产品的灵魂，是影响文化产品利润最重要的因素。经过引进和学习，我国文化产业的生产模式大多已与发达国家和地区较为接近，但由于原创性不足和优秀创意缺乏，不能形成有竞争力的文化产品品牌，很少拥有获得市场广泛认同的拳头产品。比如就发展空间巨大的动漫产业来说，我国的动漫企业仍以加工为主，原创作品少，优秀原创作品更少。这严重阻碍了我国文化市场潜在需求向现实需求的转化。

（七）管理体制相对滞后，影响了文化市场健康运行

我国市场经济发展历史较短，在这种背景下发展文化产业，按照市场发展规律，建立健全政府宏观调控下由市场配置资源的运行机制尤为重要，但长期以来，政府统管各项文化事业，造成角色错位、管办不分等问题。目前，仍有大量国有文化产业单位从生产到管理由政府统包统揽。这样，既割断了文化单位与市场的联系，剥夺了文化单位市场主体和法人实体地位，又无法真正反映消费者文化需求，最终造成文化产品消费者与文化产品经营者之间的分隔，造成文化产品供给与市场需求之间的不均衡。

二、加强我国文化消费引导的对策与措施

"十二五"规划纲要明确指出,"十二五"期间要加快形成消费、投资、出口协调拉动经济增长的局面,增强消费对经济增长的拉动力。这对于提高文化消费能力,引导居民文化消费乃至促进文化产业健康发展具有重要意义。

（一）加强文化消费教育,提升文化消费能力

1. 提高民众的文化消费素质

现代人对文化消费关心程度的提高,体现了人们日益增长的文化消费需求。文化消费是生产性的、有价值的,是自我实现、发挥自我能力、启发潜力的基础和源泉。要充分利用丰富的教育资源和现代大众传媒的引导,大力提高居民的文化消费素质。在全国各类学校教育、岗位教育、社会教育中融入文化消费内容,通过影视作品及图书评介、艺术品鉴赏、文化艺术讲座等形式,深入浅出地介绍文化产品的思想内容、艺术特色、价值意义、社会影响等,切实帮助人们提高文化消费素质和能力,从而使民众的文化消费由被动消费向主动消费转变,由低层次消费向高水平消费转变,由盲目消费向理性消费转变,由习惯于免费消费向适应个性化付费消费转变,从而扩大文化消费的领域、范围并提高文化消费的质量。

2. 树立健康的文化消费理念

要转变一些人把文化消费简单等同于休闲、找乐,甚至把文化消费看作是寻找感官刺激途径的片面认识,帮助人们树立有利于提高自我综合素质,有利于培养高雅情趣,有利于社会文明的文化消费理念,如"开卷有益"的理念、"终身学习"的理念、"读书益智"的理念、"知识就是力量"的理念等等,克服、摒弃那些不健康、不文明的消费心理和行为。同时要防止现代消费主义的泛滥。现代消费文化一方面最大限度地满足了消费者无止境的欲望,但另一方面极有可能发展为现代消费主义,从而导致炫耀消费、过度消费、超前消费、一次性消费等形形色色的消费形态。在这种情况下,我们应该大力倡导和谐可持续的现代消

费观念,即消费与自然承受力相当,与经济社会发展同步,物质消费与精神消费协调,其核心是提高人们的生活质量,促进人的全面发展和社会进步。

3. 引导不同层次的文化消费

社会生活的复杂性和人的社会属性的多样化,决定了人们文化消费的多层次性。文化消费具有不同的层次,需要统筹兼顾、合理引导。即使消费那些高雅经典的文化产品,如果缺乏引导,也会存在一些人理解不了、接受不了的问题;那些历史文化背景深厚、内容和形式复杂的文化产品,如果没有引导,也会影响一些人的消费、吸收;那些引进的国外文化产品,意识形态色彩浓厚,如果缺乏引导,人们就有可能分不清其中的精华与糟粕,受到不良影响;那些低俗文化产品流入市场,如果缺乏引导,一些人就可能丧失警惕,受到腐蚀侵害;即使是优秀文化产品,如果缺乏引导,也会影响其积极作用的发挥。为此,我们必须进一步加大引导力度,帮助人们提高对各类文化产品的理解力、领悟力、辨别力、接受力,帮助人们选择更有价值和意义的文化产品,加强文化消费的计划性和选择性。

(二) 增加文化消费总量,提高文化传播能力

1. 加强文化有效供给

文化产品的创作者、生产者和文化服务提供者要积极提供导向正确的为人民群众所喜闻乐见的精品力作和优质的文化服务,努力满足不同地域、不同层次、不同群体、不同年龄的人民群众日益增长的文化需求。不断创造新的文化消费热点,利用现代科技、创意和策划,着力培育文化领域战略性新兴产业,提升文化制造业发展水平,推进新闻出版、广播影视、演艺等文化资源的数字化,建设文化和媒体数字资源库。还要重点发展文化创意、文化休闲、文化旅游、文化会展等文化服务业,吸引公众投入更多的文化、体育、旅游消费,让老百姓花钱享受健康高雅文化,以此拉动内需、促进经济增长,推进社会和谐发展。要发展文化产业集群,提高文化产业规模化、集约化、专业化水平,打造集生产、供应、销售、运营、交流、体验、娱乐、服务于一体的文化产业链条,

增强文化企业的生产能力、供给能力、物流能力、营销能力、服务能力，提高文化产品附加值，推动我国文化产品和文化服务"走出去"。

2. 增强文化消费总量

增加文化消费总量，是文化产业发展的内生动力，没有活跃旺盛的文化消费能力，就不可能有强大的文化生产力与活跃的文化市场。增加文化消费总量，提高文化消费水平，必须以消费需求为导向，积极优化文化供给结构，以调动文化消费的积极性，激活文化消费市场。首先，应根据显性消费需求开拓群众性文化市场，扩大基本文化需求的生产，以企业文化拉动内需，如大力发展影视产业、演艺产业、动漫产业、文博产业、文化旅游产业等。其次，要根据潜在消费需求，以文化创意刺激内需，加大新兴产业、创意产业的发展力度，打造数字文化城市、数字文化社区，扩大电子商务、网络创作、视频艺术等生产与服务，形成新的文化消费领域。再次，进一步挖掘各地特色的文化主题，集合各地文化资源，打造文化品牌，拓展文化消费领域，培植更多的消费增长点。最后，扩大规模效益，规划建设若干个全国性和区域性的各类文化产品交易市场；积极开发以网络和移动媒体为载体的新兴文化市场；建设一批版权和其他无形文化资产交易、文化信息和技术交易市场。

3. 强化文化的传播力

在由文化生产、流通、消费构成的文化产业链中，传播是文化生产和消费的中间环节。传播是消费的必要前提，只有经过传播，文化产品才能成为现实的精神财富，为文化消费者所消费。近年来，数字技术、网络技术迅猛发展，为文化传播提供了新的载体，创造了新的形式，催生了新的文化业态。借助现代声光电技术和影视特技，使文化舞台呈现出气势磅礴、美轮美奂、精彩纷呈的舞美效果。环幕电影、球幕电影、交互电影等数码电影技术极大地丰富了电影的表现力，给人们带来前所未有的审美体验，增强了文化产品和文化服务的表现力、吸引力和感染力。运用高新技术，加快构建覆盖广泛、技术先进的文化传播体系，建设全国连锁经营、覆盖城乡的出版物发行网络、广电网络、数字电影院线和演出院线网络，不断为文化产品和文化服务搭建新的平台，从而引导和扩大文化消费，促进经济增长，推进社会和谐发展。

(三) 实施文化品牌战略，延长文化消费链条

1. 实施品牌延伸战略

随着经济持续健康发展，文化消费环境不断改善，文化消费形式层出不穷，要增加文化消费总量，必须根据市场需求进行二次创意和再度创新，开拓新的文化消费领域，打造文化品牌，形成带动效应。相对而言，我国的文化品牌影响力还不够，文化消费节点不多，不能对消费者形成持续的吸引力，致使许多文化产品在消费中成为一次性的文化快餐，限制了文化消费的规模。我国应当积极拓宽文化产业视野，在进行科学市场定位的基础上，打造文化产业品牌，并确定品牌延伸适用的范围。在大力发展趣味性、消遣性、休闲性、参与性强的大众文化、休闲旅游、网络服务、城市会展类项目的同时，加大创意力度，创造具有鲜明时代特色、符合当代时尚审美要求的原创产品，进一步扩大文化消费的市场份额，形成创意文化新品牌，增强文化消费的连续性。

2. 提供适销对路产品

现代商业社会产生并流行的文化类型是一种以现代信息传播和复制技术为手段，以工业化、模式化为生产方式，以大众传媒为主要载体，以都市消费大众为对象的娱乐性、休闲性的消费文化。随着物质财富极大的丰富，文化消费已逐渐成为人民群众追求生活质量的新标志，不仅表现在居民的消费观念已经由生存型逐步向享受型转变，消费领域从传统物质产品消费向文化产品和服务领域拓展，还表现在从单一追求功用性消费向观赏、情调、体验、服务、多样、个性等多元消费诉求发展。人们开始转向文化精神的消费与追求，把更多的时间和钱财用于休闲，费用的投向也发生了明显的变化，为娱乐身心而消费，已成为城市居民新的消费理念。适应这些消费观念和消费心理的变化，文化产业必须提供以休闲娱乐为主体的文化产品与服务。

3. 培育新的消费热点

要引导和促进文化消费就必须拓展文化消费领域和培植更多的消费增长点。这就要不断创新，立足本地区的群众口味和资源特色，挖掘传

统文化和地域文化有利资源，使传统文化产品向个性化、差异化发展，不断推出新的形式、新的内容，不断增强文化产品的吸引力，更好地满足民众增长的精神文化需求。这就要求依靠科技进步来创造新的文化资源，用市场规则来培育文化产业，用经济手段来调整文化产业结构，特别是加大"外围层""相关层"等产业的发展。进一步采取措施，积极发展新兴业态，推动网络文化服务、游戏动漫、影视娱乐、体育休闲旅游，以及广告和会展文化服务等新兴文化产业的发展，使之成为拉动居民消费和扩大内需的新亮点。

（四）健全文化消费政策，鼓励民众文化消费

1. 建立多元文化投入机制

政府要加大对文化基础设施的投入力度，合理布局文化设施和活动场所，分步骤有重点地进行实施，避免低水平的重复建设，提高投入效益。同时，动员社会各方面的力量多方投入文化，积极引进文化企业、文化团体前来投资置业，通过文化经营活动推动文化消费。

2. 降低文化产品消费价格

要扩大文化消费，就必须为民众提供价廉物美的文化服务。一是要积极发展低成本、低票价、小规模的文化消费活动，让更多人参与到文化消费中来；二是出台价格指导政策，调整定价过高的文化产品和服务的价位，形成梯级市场，让普通老百姓也消费得起；三是通过降低基础文化服务税率的方法调控文化服务价格，增强文化单位从事文化服务的积极性，吸引广大民众进行文化消费。

3. 积极增加城乡居民收入

文化消费的增长必须以居民可支配收入的持续增长为前提，提升文化消费关键着力点即在于增加城乡广大人民群众收入，提高人均收入与人均产值的比例值，健全社会保障减缓"积蓄需求"，提高人均文化消费与人均非文化消费的比例值。随着城乡居民收入的快速增加，居民对文化娱乐的消费需求也必将大大提高，文化娱乐的投资也就大幅增加，文化娱乐服务支出也将大幅上升，文化娱乐消费也将成为城乡居民消费新热点。

4. 制定文化消费促进政策

要建立健全有利于扩大文化消费的经济政策，出台对不同类型的文化市场经营者在市场准入、税收、税率等政策方面区别对待；出台通过贷款贴息、项目补贴、补充资本金等方式，对重点文化消费项目在资金、设备等方面大力扶植；出台各类社会保障政策，改善消费者的未来预期，解除消费者的后顾之忧，满足人民群众文化消费的愿望，维护群众文化权益；等等。

5. 试行发放文化消费券

文化消费能力是由多方面因素决定的，需要培育。我国文化市场目前仍处于发展的初级阶段，缺乏成熟稳定的文化消费群体，而居民收入相对较低，难以支付文化产品费用为重要原因。因此，要鼓励在有条件的地方试行发放文化消费券，一来能够满足低收入群体的文化需求，二来刺激部分人群的消费欲望。同时，通过对特定潜在文化消费群体的扶持，使其成为文化消费的稳定群体。基于以上考虑，建议目前在下岗工人、进城务工人员、在校大学生及其他低收入群体等特殊群体中发放消费券。

（五）加大农村文化事业投入，增强农村文化产品有效供给

尽管目前我国农村地区文化消费支出所占比例还很小，但是随着农村居民收入稳步增长，农村文化市场潜力渐显，未来我国农村地区文化消费需求的快速增长可以预期。

1. 加大对农村文化事业的投入

政府应加大对农村文化建设投入力度，出台奖补配套政策等，扩大奖补力度，对担负公益性任务的给予适当补助，对于经营性的项目给予优惠政策扶持。调整省、市、县资金的补助比例，调动县市对农村文化基础设施建设的热情与积极性。目前，政府特别要立足于解决"看书、看戏、看电影、看广播电视"四难问题[①]，投资建农民图书室、阅览室，订阅报纸杂志，配备一定数量的图书，人员管理固定化。积极开展送文

---

① 张莹、赵丽鹏：《如何丰富农村文化生活》，《河南日报》2010年1月27日。

化下乡活动，对专业剧团下乡演出给予经费补助。加大实施广播电视村村通工程的力度，要重视完善和发挥现有无线转播台站的作用，利用无线、有线和卫星等多种技术手段，力争使农民群众收听收看到套数更多、质量更好的广播电视节目。政府应多方统筹资金加强乡村文化设施建设，结合乡镇机构改革和站（所）合并，组建集图书阅读、广播影视、宣传教育、文艺演出、科技推广、科普培训、体育和青少年校外活动等于一体的综合性文化站，使广大农民更好地参与其中。将农村文化建设重心下沉到村，深入农民的日常生活之中，为农民群众提供更多、更好、文明、健康的公共文化服务。

2. 发挥农村传统文化的作用

在农村，蕴藏着许多原汁原味的民间文化财富，这些文化财富是农民在长期的生产生活实践中创造形成的，具有深厚的生活基础，直到今天，仍然具有巨大的感召力和影响力，我们要充分发挥这些传统文化资源的作用，要把提高农村文化生活水平与非物质文化遗产传承相结合。我国非物质文化遗产星汉灿烂，很多"非遗"项目的活体保护和传承已形成特色文化产业，它们既是农民增收的手段，也是丰富自身文化生活的领域。这样的非物质文化遗产，可以说每个县都有，是有待进一步开发的宝贵资源。要把丰富农村文化生活与历史文化名镇、名村建设结合起来，把恢复文化名镇、名村与传承历史文化相结合，与新农村建设相结合，赋予新的时代元素，为丰富农村文化生活提供众多的载体[①]。随着生产力的发展和时代的进步，我们还必须为这些传统文化注入新鲜血液和动力，只有立足于传统文化上的挖掘与创新，农村文化才会更有生命力和活力。因此，在文化产品供给结构上，应注重提升农村题材的文化产品数量和质量，用农民群众喜闻乐见的方式和方法展示，逐步在我国农村居民中兴起文化消费的热潮。

3. 鼓励农民自己办文化

农民是农村文化的消费者，也是农村文化的生产者和供给者。政府

---

① 张莹、赵丽鹏：《如何丰富农村文化生活》，《河南日报》2010年1月27日。

应制定鼓励扶持政策,在明确政府对农村文化投入主体地位的同时,使农民群众成为农村文化建设的主体。要支持农民兴办文化产业,通过民办公助、政策扶持,要鼓励各种形式的农民自办文化。培养一批文化中心户、文化大院,组建一批农民文艺创作队伍,扶持一批民间职业剧团,农村业余剧团,让农民从看演出,参加活动到自己演出,自己搞活动。每个村都要挖掘自己的文化特色,形成各村独特的文化品牌,达到"一村一品"的工作效果。各村的文化产业既要产生良好的经济效益,又要具有较好的社会效益,从而调动镇、村干部和群众的积极性,全面促进农村文化活动的蓬勃开展。特别要在加大对农村公共文化建设投入的基础上,把提高农村文化生活水平,丰富文化生活内容与发展农村旅游产业有机结合起来,大力发展以"吃农家饭、住农家屋、干农家活、享农家乐"为特征的农家乐旅游。广大农村通过发展农家乐、采摘农业、花卉农业、体验农业等融种植业、养殖业、加工业与农业观光休闲业为一体的产业,使农民成为既是农村新型文化的创造者,同时也是农村文化生活的享受者。

(六)加强文化消费监管力度,构建和谐消费环境

要扩大文化消费,构建健康和谐的文化消费环境是基本保障,为此,必须加强对文化市场的监督管理,加大执法力度,依法保护知识产权,维护生产者、经营者和消费者的合法权益[①]。

1. 依法加强监管力度

文化本身是一个有机整体,不同的文化形态之间存在着千丝万缕的联系,为适应市场管理的需要,文化从属于许多不同的条块,隶属于许多不同的部门。因此,要加强对文化市场监管的力度,只有强化管理部门的责任,才能将净化社会文化环境工作落到实处。一方面各职能部门必须明确自己的权限与职责,各司其职,认真完成自己的本职工作;另一方面各职能部门之间要加强沟通和联系,在某些需要多方参与管理的

---

① 河北省社会科学基金项目课题组:《努力提高文化消费水平》,http://news.china.com.cn/rollnews/2011-11/02/content_10945416.htm。

复杂问题上采取联合行动,加强合作。要努力形成法律规范、行政监管、行业自律、技术保障、公众监督、社会教育相结合的监督管理体系,保证广大人民群众能够消费和享用更多健康优质的文化产品和服务。

2. 净化文化消费环境

一是遏制三俗现象。近年来,我国文化市场由于注重群众文化消费权,一方面更多突出了民众文化消费色彩,产生了许多通俗化的文化产品,满足了大多数群众消费需要;另一方面为迎合少数消费者的趣味,庸俗、低俗、媚俗之风也借助电视、手机短信、互联网等平台,大举侵入人们的生活。因此,加强民众的道德文明建设,坚决遏制庸俗、低俗、媚俗之风的传播,仍然是当前一项十分重大而紧迫的任务。

二是打击封建迷信活动。坚决加强对封建迷信职业者的教育与处理,对组织、教唆、胁迫、诱骗、煽动他人从事邪教、会道门活动,或者利用邪教、会道门、迷信活动,扰乱社会秩序、损害他人身体健康的坚决予以打击;对受人蒙蔽,影响不大的迷信职业者要教育其改变好逸恶劳的习惯,勤劳致富,在社会主义新农村建设中充分发挥自己的聪明才智。

三是加强知识产权的保护。对生产者来讲,要有创建自主知识产权品牌以及保护品牌的观念;对消费者来说,要树立尊重知识产权的意识。要建立健全知识产权保护的法律法规体系,在全社会大力宣传知识产权文化,营造良好的知识产权保护环境,从自律和他律两个方面让"不生产盗版产品"和"不消费盗版产品"成为社会共识。

四是规范市场主体行为。要制定反垄断、反不正当竞争的具体措施和文化经营守则,规范文化消费市场主体行为,对那些干扰市场正常运行,置社会责任于不顾,违规操作,严重侵害了人民群众文化权益的文化生产经营者,要采取切实可行的行政和法律手段坚决予以打击。

五是完善消费投诉机制。要建立和完善文化产品消费投诉机制,发挥消费者协会等社会组织的作用,维护文化消费者的合法权益。

六是引导经营主体合理定价。加强对文化服务和文化商品市场的管理,引导经营主体合理定价,调动居民文化消费的积极性。

第三章　文化与旅游融合发展[*]

2017年9月13日,习近平总书记在致联合国世界旅游组织第22届全体大会的贺词中指出:"旅游是不同国家、不同文化交流互鉴的重要渠道,是发展经济、增加就业的有效手段,也是提高人民生活水平的重要产业。"[①] 推动文化与旅游融合发展是党中央、国务院作出的重大决策部署,是推动文化产业和旅游产业转型升级、提质增效的重要途径。文化与旅游密不可分,从"读万卷书,行万里路"的历史传统,到"身体和灵魂总有一个要在路上"的现代追求,伴随着文化和旅游部的组建,"诗与远方终于在一起了",这标志着文化和旅游进入了融合发展的新时代。文化与旅游融合发展抓住了文化与旅游的内在联系,顺应了文化产业与旅游产业相融合的规律,对积极推动我国文化产业和旅游产业的高质量协同发展具有重要意义。

第一节　文化与旅游融合的目的

旅游产业的经济性与文化性相辅相成、缺一不可。文化与旅游融合

---

[*] 本文原题《文化与旅游融合发展的文化阐释与旅游实践》,原载《学术前沿》2019年6月号。

[①] 《习近平向联合国世界旅游组织第22届全体大会致贺词》,新华社9月13日电,http://news.cnr.cn/native/gd/20170913/t20170913_523947337.shtml。

发展，是一个以文化带动旅游发展、以旅游促进文化发展的过程，是一个优势互补、相得益彰、互惠共赢的过程，推动文化与旅游融合对促进文化产业与旅游产业协同高质量发展具有十分重要意义。

一、文化旅游产业在世界经济发展中的作用越来越重要

随着现代社会的飞速发展和民众文化素质的普遍提高，文化旅游正成为一种广受大众青睐的旅游形式。世界各国政府都十分重视旅游产业的发展，尤其是发展中国家，把发展旅游业上升到国家战略的地位，作为参与国际竞争、消除贫困、改善民生的重要平台。有关数据显示，2017年世界GDP增长率从2016年的3.3%快速上升到了3.7%，提高幅度达0.4个百分点；2018年世界GDP增长率按购买力平价（PPP）计算约为3.7%，按市场汇率计算约为3.2%，全球经济增速放缓[1]。2018年全球旅游经济继续保持增长，全球旅游总人次（包括国内旅游人次和国际旅游人次），达121.0亿人次，增速为5.0%；全球旅游总收入（包括国内旅游收入和国际旅游收入）达5.34万亿美元，相当于全球GDP的6.1%，增速为3.1%。在国际旅游方面，2018年全球国际旅游人次达12.79亿人次，增速为4.0%；全球国际旅游收入为1.59万亿美元，增速为3.1%，实现连续四年增长。在国内旅游方面，全球国内旅游人次达108.2亿人次，增速为5.1%，全球国内旅游收入达3.76万亿美元，增速为3.1%[2]。世界旅游组织统计，在全球所有旅游活动中，由文化旅游拉动的占40%，在欧洲超过50%，在有些国家这一比例甚至更高[3]。在我国，旅游产业发展增速更快，文化和旅游部发布的数据显示，2018年全年国内旅游人数55.39亿人次，比上年同期增长10.8%；入出境旅游总人数2.91亿人次，同比增长7.8%；实现旅游总收入5.97万亿元，同比增长10.5%。初步测算，全年全国旅游业对GDP的综合贡献为

---

[1] 姚枝仲：《2018：世界经济增长动能减弱》，《当代世界》2019年第1期。
[2] 中国社会科学院旅游研究中心、世界旅游城市联合会：《世界旅游经济趋势报告（2019）》，2019年1月16日在北京发布。
[3] 池重庆：《推动文化产业和旅游产业融合发展》，《新疆日报》（汉）2019年1月4日。

9.94万亿元，占GDP总量的11.04%。旅游直接就业2826万人，旅游直接和间接就业7991万人，占全国就业总人口的10.29%①。以上数据表明，文化旅游产业在世界经济发展中的作用越来越重要，文化与旅游融合有着坚实的市场基础和广阔的发展前景。在我国经济发展由高速增长向高质量增长转型的新时代背景下，作为朝阳产业的文化旅游产业将为我国经济的发展带来新的活力。

二、文化与旅游融合有利于我国新型文化和旅游产业体系的构建

文化产业与旅游产业都是现代服务业中两个具有发展潜力的产业门类，尽管它们的内涵外延和功能作用具有很大的差异，但由于两者都为人们提供精神消费服务，因此具有天然的耦合性。早在2009年，原文化部和原国家旅游局就发布了《关于促进文化与旅游结合发展的指导意见》，文件提出："要从构建社会主义和谐社会的高度，以'树形象、提品质、增效益'为目标，采取积极措施加强文化与旅游结合，切实推动社会主义文化大发展大繁荣。"②

中国特色社会主义进入新时代，人民日益增长的美好生活需要越来越多体现在文化和旅游的消费方面，这对文化旅游产业的发展提出了新要求，文化旅游产业的发展进入了一个提质增效的新时期。2018年，国务院办公厅发布《关于促进全域旅游发展的指导意见》，进一步强调："旅游是发展经济、增加就业和满足人民日益增长的美好生活需要的有效手段，旅游业是提高人民生活水平的重要产业"，"推动旅游与科技、教育、文化、卫生、体育融合发展"③。发展文化旅游产业，不仅可以调节第二产业和第三产业的关系，同时还可以在传统服务产业中派生出新

---

① 裴超：《迎来新机遇 探讨2019中国出境游发展趋势》，《中国会展（中国会议）》2019年第4期；数据出自文化和旅游部：《2018年全国实现旅游总收入5.97万亿》，http：//travel.people.com.cn/n1/2019/0213/c41570-30641632.html。

② 文化部、国家旅游局：《关于促进文化与旅游结合发展的指导意见》，文市发〔2009〕34号，2009年8月31日。

③ 国务院办公厅：《关于促进全域旅游发展的指导意见》，国办发〔2018〕15号，2018年3月9日。

的门类和新的消费模式,这对相关产业资源整合利用、效益增值有促进作用,有利于传统服务产业的升级。文化与旅游融合,通过优势互补、功能重组和价值创新,可以形成涵盖文化和旅游产业核心价值的新价值链,将释放更强能量,取得"1+1>2"的产业叠加效应。

推动文化与旅游融合发展,利用丰富的自然和人文资源打造文化旅游项目,为游客提供能够体验当地自然风光、民俗文化、生产生活方式的互动式旅游服务,让人们在感受自然风景美好中陶冶情操,这不仅有利于更好地满足人民日益增长的文化旅游消费的美好生活需要,而且能给当地带来良好的经济效益和社会效益。特别是文化旅游价值的进一步挖掘与利用,为旅游业转型升级和可持续发展注入新鲜的血液,带来新的活力,有利于构建新型文化旅游产业体系,促进文化旅游产业转型升级和高质量发展。

三、文化与旅游融合有利于中华优秀传统文化弘扬和先进文化传播

随着经济社会的发展和人们需求层次的提高,人们对于旅游不再停留在过往对自然风光欣赏的游山玩水阶段,现在更多地注重精神层次的享受。文化与旅游融合,一方面文化元素融入旅游,有利于提升旅游产业的品位,促进旅游产业发展方式的转变,实现旅游产业由量到质的转变,从而推动旅游经济的全面发展;另一方面,旅游产业向文化产业的空间拓展,为文化消费创造巨大的市场空间,为文化保护传承提供有力支撑,为弘扬我国优秀的传统文化和传播现代先进文化提供了巨大机遇。

中国既是一个幅员辽阔、自然地理资源非常丰富的国家,也是一个具有悠久文化历史的文明古国。通过旅游形式,实行对中华优秀传统文化的再创新与产业化,深入挖掘中华物质文化遗产和非物质文化遗产的旅游资源价值,将更有品位的文化元素镶嵌进旅游活动中,激活传统文化资源,有利于优秀传统文化的弘扬。借助旅游载体,以弘扬社会主义核心价值观为主线,发展红色旅游,积极开发爱国主义和革命传统教育、国情教育等研学旅游产品,有利于推动现代先进文化和革命文化的传播。

文化与旅游融合，通过旅游可以让历史文化、地域文化、民族文化等多种文化更为广泛传播，也可以带动文化产业的发展，促进文化繁荣良好格局的形成。当今，文化旅游业已经成为传播中华优秀传统文化、弘扬社会主义核心价值观的重要渠道，成为促进社会文明进步和实现中华民族伟大复兴中国梦的重要力量。

值得注意的是，在文化与旅游融合发展的过程中，要做到文化保护与旅游发展的有机结合，必须坚持保护第一，做到有效保护、合理开发，确保文化旅游资源的永续利用，实现文旅产业可持续发展。

第二节　文化与旅游融合的动力

文化与旅游具有天然的互补性、强关联性、高渗透性等特点，文化是旅游发展的灵魂，旅游是文化传播的载体。文化不仅为旅游产业提供了发展动力和价值引领，更为旅游产业提供了丰富的产业资源和内容产品。

一、文化是旅游产业发展的原动力

先秦思想家墨子曾云："食必常饱，然后求美；衣必常暖，然后求丽；居必常安，然后求乐。"[①] 人在满足了生存的基本需求之后，随着收入的增长，必然追求精神层面的享受。人们对旅游享受的追求表面上看是经济发展驱动的结果，但深层次看还是人的精神满足的需求，人们选择出游的目的主要是追求精神享受。对于旅游者来说，旅游是离开家，求新、求知、求乐的一种社会活动，在旅游活动中，人们时刻都在触摸文化脉搏，感知文化神韵，汲取文化营养。因此，旅游的实质是体验文化，寻找文化差异，旅游发展的深层动力是人们对精神文化满足的需求。世界旅游组织将文化旅游定义为："人们想了解彼此的生活和思想所发生的旅行。"

---

① 刘向《说苑·反质》引《墨子》佚文。

当今，随着人们对精神生活的追求不断增长，为寻找生活的意义和更高层次的精神享受，越来越多的旅游者正跨入深度旅游阶段，他们以追求精神享受为目的，成为文化消费者。据亚太旅游组织"游客愿意支付的额外项目"调查结果，有60%的人愿意为"有机会获得更多的文化体验"买单[1]。正如有学者指出："文化性是旅游者旅游活动的本质属性。在具有了可自由支配的时间与收入的情况下，个人要成为旅游者还必须有旅游需求和旅游动机，而旅游需求与旅游动机是一定文化背景下的产物，是文化驱使的结果。旅游者出游主要出于'乐生'的需要，出于了解异地文化的动机，旅游的本质是消遣和审美，其活动需要文化的参与。同时，旅游本身是一种文化活动，是两种不同地域文化的际遇与整合。旅游活动尽管带有经济色彩，但本质上是一种文化活动，因此，我们说文化性是旅游主体活动的魅力所在。"[2]

二、文化是旅游产业发展的重要资源

旅游资源分为自然资源和人文资源。自然旅游资源包括地貌、水文、气候、生物四大类；人文旅游资源包括人文景观、文化传统、民情风俗、体育娱乐四大类[3]。人文资源为旅游业发展提供了最深厚、最持久、最具魅力的资源。丰富多彩的文化资源是人类社会活动所创造的、为社会所普遍享用的，具有强烈的大众性，为广大游客的参与提供了可能，为旅游发展提供了丰富的文化型旅游资源。当今，对旅游生产者而言，就是要把现有的文化旅游资源转化为旅游者可消费的旅游市场产品，满足人民群众物质层面的享受需求和精神层面的发展需求。

文化是人的创造物，它的存在体现在所创造的物质产品和精神产品中。文化旅游活动既是旅游者感知和体验旅游文化资源的过程，也是旅

---

[1] 池重庆：《推动文化产业和旅游产业融合发展》，《新疆日报》（汉）2019年1月4日。
[2] 转引自田发刚：《文化杂谈：鄂西旅游民俗文化讲座（二）》，http：//blog.sina.com.cn/s/blog_5de0d9f60100dl65.html。
[3] 百度百科"旅游资源"条，https：//baike.baidu.com/item/%E6%97%85%E6%B8%B8%E8%B5%84%E6%BA%90/877815?fr=aladdin。

游者通过审美创造开发旅游文化资源的过程。人文旅游资源一般都具有丰富而深邃的文化内涵，但它们只有在旅游者的欣赏与感悟，规划师、旅游商的开发与利用中才能实现其文化价值，没有人的主观创造不可能有文化价值的实现。没有人的审美创造和价值开发，任何人文旅游资源都不可能成为富有吸引力的旅游产品。许多各种自然环境、自然要素、自然物质和自然现象构成的自然景观虽然本身不具有文化属性，但它们通过人的文化层面的鉴赏、科学知识的解读，就有可能由潜在的旅游资源变为现实的旅游资源。自然美必须通过鉴赏来反映和传播，而鉴赏是一种文化活动，因此，自然旅游资源同样也具有文化性①。要知道，旅游资源开发是旅游业发展的基础，它是一种综合性的高品位的审美文化创造活动。

第三节 文化与旅游融合的重点

随着时代的发展，文化旅游越来越受到广大旅游者的青睐。文化与旅游融合的重点就是要坚持特色创新、挖掘文化内涵，走特色文化旅游发展之路，打造具有鲜明地域特色、时代特色和个性特色的文化旅游新产品和新业态，建构具有中国特色的高质量发展的文化旅游产业体系。

一、坚持民族性，建构具有地域特色的文化旅游产业体系

在人类发展过程中，受自然条件和经济社会发展程度不同等因素的影响，世界上的每个民族都形成了自己的语言、文字、艺术、道德、风俗习惯等民族文化传统，正是这种独特的文化传统，使一个民族与其他民族区别开来。这些具有浓郁的民族性、地方性和区域性的文化资源是发展文化旅游的潜力所在。提升旅游文化产业竞争力的关键是，充分发挥民族性和地域性文化资源优势，建构特色鲜明、优势互补的特色化、

---

① 李静：《文化提升大理旅游品位的点睛之笔》，《大理文化》2009 年第 3 期；尹华光、彭小舟：《文化与旅游关系探微》，《中国集体经济》2007 年第 10 期（下半月）。

差异化文化旅游产业发展体系。文化旅游"各具特色、差异化"发展体系的本质是根植于各地域范围内源远流长、独具特色、传承至今仍发挥作用的文化传统,特别是对区域的生态、民俗、传统、习惯等文化资源的综合利用,是坚持民族性和地域性原则的具体体现。

我国地大物博、民族众多、历史悠久,文化博大精深、源远流长、异彩纷呈。由于自然条件、生产方式、经济条件、生活结构等的不同,从而形成了具有强烈地域特点的文化传统,这是各地形成自己独特旅游发展品牌的重要基础。依托这些各具特色的区域和民族文化资源,将文化和旅游充分融合,挖掘深厚的文化底蕴,推出一批具有地方特色的山水文化、物质文化和非物质文化遗产旅游产品,形成以文化为灵魂、旅游为载体、具有地方文化特色的旅游发展模式。比如,深入挖掘各地非物质文化遗产资源,在尊重非物质文化遗产保护规律的基础上,探索建立非物质文化遗产保护开发和旅游产业融合发展模式。将旅游活动与民俗文化展演展示相结合,以地方重大节会活动为依托,深入挖掘传统节日文化资源,打造文化旅游节庆会展活动品牌;积极运用现代科技,引进或自行开发具有民族特色和地域特色的大型旅游演艺项目,打造高水平的特色旅游演艺品牌。通过特色文化旅游活动,提升旅游的观赏性、趣味性,增强文化旅游的内在吸引力,带动和促进文化旅游业快速发展。

二、坚持时代性,创造具有新时代特征的文化旅游形式与内容

2014年,习近平总书记在中共中央政治局第十三次集体学习时提出:"弘扬中华优秀传统文化,要处理好继承和创造性发展的关系,重点做好创造性转化和创新性发展。创造性转化,就是要按照时代特点和要求,对那些至今仍有借鉴价值的内涵和陈旧的表现形式加以改造,赋予其新的时代内涵和现代表达形式,激活其生命力。创新性发展,就是要按照时代的新进步新进展,对中华优秀传统文化的内涵加以补充、拓展、完善,增强其影响力和感召力。"[①] 文化与旅游融合发展,就是要在

---

① 《习近平总书记系列重要讲话读本》,学习出版社、人民出版社2014年版,第101页。

努力满足广大人民群众文化旅游需求的过程中，按照新时代要求，创造性转化和创新性发展中华优秀传统文化，积极打造具有新的时代内涵和表达形式的中国旅游产业体系。

要在尊重历史、尊重文化、尊重个性的基础上，大力推动传统文化和民族文化元素与现代旅游消费相融合，丰富文化旅游融合载体形式、创新文化旅游表达方式，打造当代大众所喜爱的文化旅游产品。坚持继承传统与创新发展有机结合，坚持古为今用，依托丰厚的历史文化资源，深入挖掘文化内涵，注重传统文化的当代表达、世界表述，结合现实文化旅游需求，融入现代价值观念与现代生产生活方式，不断推陈出新，促进文化创造性转化和创新性发展，将历史活化，讲好中国故事，丰富旅游内核，让文化更生动，旅游更有味。贯彻"见人见物见生活""融入现代生活、弘扬当代价值"等非物质文化遗产工作理念，创意性打造传统节庆活动、仪式典礼、民间演艺、传统工艺等文化旅游产品，推动非物质文化遗产在旅游中的创新转化。通过把民族文化元素融入新型城镇化和新农村建设，打造一批独具地域文化魅力、现代生活趣味，赢得市场广泛认可的旅游文化精品，以特色内容吸引游人，用新形式留住来客。

三、坚持人民性，提供满足人民多样化需求的文化旅游产品和服务

文化与旅游融合，必须坚持文化旅游产业发展的人民性，坚持以人民对文化旅游的美好生活需求为导向，为人民群众提供丰富的优质文化旅游产品和服务，让人民群众享受更多健康丰富的旅游文化生活，增强人民群众的文化获得感。在"用户为王、体验至上"的时代，旅游业应及时转变观念，根据旅游者的现实需求，形成特色鲜明、类型多样、可满足不同群体需求的文化旅游产品体系。

首先，要在产品的多样性上做文章。针对广大游客个性化、多样化的文化消费发展趋势，注重以游客为本，坚持品种的多样化、多层次，优先选择广受游客欢迎的旅游产品。注重发展多样化的文化旅游产品，

特别是休闲、度假、娱乐、健康类旅游产品，以及"商、养、学、闲、情、奇"等功能的开发。引进国际上受欢迎的文化旅游业态，如主题游乐、航空运动、露营地等，促进文旅产业的多元化发展①。重点打造一批特色旅游文化小镇、休闲度假区、文化体育娱乐项目，推出一批旅游休闲小吃、有特色的旅游休闲度假酒店和乡村旅馆民俗客栈，还有方便游客购物的、有地方文化特色的文化旅游街区，以及一批实景剧、滑雪场、水上乐园等文化体育娱乐产品。开发特色旅游商品，推出地方风味菜肴，建设文化主题酒店，提供特色交通服务，打造精品演艺活动，让旅游变得更丰富多彩和更有魅力。

其次，要在产品的体验性上下功夫。当今，旅游业市场正经历深刻调整，游客的消费习惯和出行方式正发生很大变化，走马观花式的观光游不再是主流的旅游方式，人们需要更深刻、更多样化的旅游体验与感觉。旅游是体验经济，最大的特点就是体验，文化与旅游融合要在增强旅游的体验性上下功夫。要在优秀传统文化资源内容与情感上深入挖掘与创意加工，为旅游体验增添故事与温度，以满足人们新的体验诉求。要注意文化与自然融合、与生态对话，开发观光、考古、探险、运动等多样化旅游项目和产品，扩大视野，放松身心，制造意外惊喜，提升游客的娱乐体验感。要创新文化传播体验方式，提升主题公园和旅游度假区的感染力和吸引力，打造一站式旅游消费和文化娱乐园区。要因地制宜地采用震撼唯美的景观化塑造、博物陈列的馆藏式展示、精彩生动的表演式展现、情景互动的活动式体验、科技支撑的智能化再现、主题文化的集聚式打造、文化延伸的商品式开发和文旅融合的产业化拓展等多种方式，形成规模性的复合型旅游产品体系，满足各个层面的游客需求。

第四节　文化与旅游融合的关键

文化与旅游融合是指文化、旅游产业及相关要素之间相互渗透、交

---

① 施俊玲：《未来文化旅游产业五大发展趋势》，2018年8月17日，https：//baijiahao.baidu.com/s?Id=1609014426973772537&wfr=spider&for=pc。

叉汇合或整合重组,逐步突破原有的产业边界或要素领域,彼此交融而形成新的共生体的现象与过程①。推进文化和旅游融合发展,旨在"以文强旅、以旅兴文",增强文化和旅游的互补性,推动文化和旅游深度融合共同发展格局的形成,实现文化和旅游两大产业转型升级、提质增效。

一、重视理念融合,打牢文化与旅游融合基础

首先,要增强推进文化旅游深度融合的自觉性和紧迫感。充分认识文化与旅游融合对文化和旅游产业发展的重大意义,树立以文促旅、以旅彰文、和合共生、一体化发展理念。必须认识到,推进文化旅游深度融合,是高质量发展文化和旅游产业的战略选择和着力点,两者融合程度越高,旅游吸引力就越强,旅游经济就越发达。从思想深处打牢文化与旅游融合发展的基础,要深刻把握文化和旅游方针政策,结合文化与旅游融合的时代特征和新要求,科学制定文化与旅游融合发展规划,凸显地域资源和文化特色,明确文化与旅游融合发展的指导思想、目标、重点和保障措施,推进文化与旅游融合规划创新和"多规融合",做好规划实施工作,为文化与旅游融合发展提供科学指导和规划依据。

其次,要增强推进文化旅游深度融合的主动性、自觉性。要推动文化与旅游的深融合、真融合,聚焦全国文化中心建设,在顶层设计上融起来;聚焦供给侧结构性改革,在高质量发展上融起来;聚焦文化旅游产品创新,在品牌塑造上融起来;聚焦构建融合发展机制,在形成合力上融起来②。要进一步强化文化与旅游一体化发展理念,不断拓展文化旅游相融合的深度和广度,在组织结构、管理体制、发展规划和政策措施上形成一体化,在理念、载体、市场等方面实现共享融通,在基础资源、生产要素、产业链各个环节实现有效融合,要将文化元素融入旅游

---

① 黄震方:《走向更有诗意的远方·文化和旅游的深度融合与协同发展(上)》,http://www.sohu.com/a/285640709_120066097。
② 李洋:《推进文旅深度融合 彰显首都魅力》,《北京日报》2018年12月31日。

"吃、住、行、游、购、娱"各环节,用独特的文化精神和文化审美诠释旅游,促进其内涵和创意提升;借助旅游产业载体保护、传承和传播特色文化,提升文化软实力①。

二、强化资源融合,优化文化与旅游资源配置

首先,要优化资源配置。资源融合是资源整合的一种重要表现形式,资源融合程度越高,产业融合的价值及意义也就越大。我国地域广阔、人文历史悠久,拥有丰富的山水林田等自然资源,文物遗址、古建筑、民间艺术、风俗习惯等人文资源以及土地、环境、人力资源和基础设施等多种公共资源等,它们都是可以成为发展文化与旅游产业的重要资源。通过资源整合、优化资源配置,实现融合协调发展。近年来,旅游企业进一步深度挖掘文化内涵,通过文创概念、现代科技、影视媒体等手段,降低了对自然资源、文化古迹的依赖,并在二次开发中盘活并提升原有资产的价值,在迎合旅游需求的同时引导和激发了消费需求②。

其次,要实行资源共享。在文化旅游产业融合发展中,要在赋予各种资源新价值的同时,实现各类文化和旅游资源的有效共享。要全面提高各类人文、自然资源的开发利用水平,实行公共休闲设施和旅游资源的对外开放,重点推动各种文化场馆和活动中心的免费开放③。在文化旅游资源的开放共享中,打通资源壁垒,把资源优势转化为文化与旅游发展的资本优势。

三、推动技术融合,转化文化与旅游发展动能

首先,用科技丰富文化旅游产品和服务。随着现代科技的快速发展,文化旅游加大了与技术融合的力度和强度,丰富了文化旅游产业的新内涵,给人们带来了新的体验和感受。如各类主题公园、遗产旅游和大型实景演出等,它们融合了科技、艺术,以及流行的传统文化,扩大了旅

---

① 庄严:《推动文化产业与旅游产业深度融合》,《经济日报》2014年9月18日。
② 郑彬:《文化+旅游"玩出新花样"》,《经济日报》2016年7月26日。
③ 池重庆:《推动文化产业和旅游产业融合发展》,《新疆日报(汉)》2019年1月4日。

游产品的影响力、渗透力、感染力和亲和力。伴随互联网技术和数字技术的不断发展，数字虚拟旅游景点和景观的出现，大大提升了旅游项目的科技含量，丰富了游客体验，提高了产品吸引力。要积极利用新能源、新材料和新科技装备，提高旅游产品的科技含量；要充分运用现代高新科技，如AR、VR、MR和人工智能等，创新文化旅游形式，提升旅游产品创意，打造让大众喜闻乐见的文化旅游新产品和新业态。

其次，要加强旅游信息化和大数据平台建设。涉旅场所实现免费Wi-Fi、通信信号、视频监控全覆盖，主要旅游消费场所实现在线预订、网上支付，主要旅游区实现智能导游、电子讲解、实时信息推送，开发建设咨询、导览、导游、导购、导航和分享评价等智能化旅游服务系统①。通过服务智能化，提升旅游服务质量和水平。

四、加强区域融合，推进全域旅游优质发展

2018年3月国务院出台《关于促进全域旅游发展的指导意见》，将全域旅游上升为国家性战略。全域旅游战略以旅游业为优势产业，通过对区域内经济社会资源，尤其是旅游资源、相关产业、生态环境、公共服务、体制机制、政策法规、文明素质等进行全方位、系统化的优化提升，实现区域资源有机整合、产业融合发展、社会共建共享、以旅游业带动和促进经济社会协调发展的一种新的区域协调发展理念和模式②。推进全域旅游优质发展，既是增强产业空间竞争能力的市场行为，也是区域经济实现最优化发展的一种选择。

全域旅游运用全域性整合思维、创新性目的地思维、融合性系统思维、优质化品质思维和参与性共享思维，推动管理体制协调化、资源整合系统化、公共服务便利化、产品供给品质化、产业发展融合化、旅游治理规范化、旅游参与社会化（全民化）、旅游效益综合化（最大化）。

---

① 国务院办公厅：《关于促进全域旅游发展的指导意见》，国办发〔2018〕15号，2018年3月9日。

② 席建超：《〈关于促进全域旅游发展的指导意见〉中"文化和旅游"解读》，http://www.sdwht.gov.cn/html/2018/whfx_0408/47019.html。

全域旅游在整合全社会资源的基础上，重新规划旅游项目、旅游接待设施和条件，使各区域旅游产业在资源整合优化配置中获得收益最大化，成为该区域经济的新增长极。

五、推动跨界融合，延伸文化与旅游产业边界

在共享经济的时代下，文化和旅游行业的发展，需要跨界融合，共荣同赢。跨界融合，是指不同产业或同一产业不同行业相互渗透、相互交叉，最终融合为一体，逐步形成新的产业或增长点的动态过程[①]。推动文化旅游产业的跨界融合，就是要以"文化+""旅游+"和"+旅游""+文化"助推文化、旅游与相关产业的融合度，从而衍生新业态，拓宽产业面，拉长产业链，构建现代文旅产业体系，谋求多元化发展。要在大力促进"文化+旅游"产业融合发展的同时，加强旅游供给侧结构性改革，推进旅游结构调整和要素配置优化，推动产业向价值链的高端发展。推进组建跨界、跨域融合的创意产业集团和产业联盟，推动工业旅游、体育旅游、康养旅游、研学旅游等"旅游+"产业跨界融合发展。大力发展体验性、参与性、交互性的文化旅游新兴业态，形成旅游与体育、娱乐、康复、餐饮、文化、传媒等融合的产业体系。让"旅游+"逐步成为旅游产业升级扩容的新动力。通过跨界融合促进文化旅游产业与相关产业的共同发展。

[①] 池重庆：《推动文化产业和旅游产业融合发展》，《新疆日报（汉）》2019年1月4日。

第四章 民间文学资源与国产动漫的发展

当下，国产动漫艺术在美、日等动漫强国的冲击下，患上了严重的"失忆症"和"失语症"，丧失了话语权力，陷入发展困境，不断遭人诟病。造成这种现状的关键性因素是国产动漫艺术偏离了民族化的发展方向，在内容创意方面背离了民俗传统，对现成的丰饶的民间文学传统文化资源开掘创新不够。美国著名动画大师华特·迪斯尼说过，"将世界伟大的童话故事、令人心动的传说、动人的民间神话变成栩栩如生的戏剧表演，并且能获得世界各地的观众的热烈响应，对我来说，已成为一种超越一切价值的体验和人生满足"①。他的话一针见血，振聋发聩，指出了包含童话故事、传说、民间神话在内的民间文学所独具的魅力和活力及其对动漫艺术创作的重要性。

第一节 民间文学资源的动漫化②

民间文学是一种口耳相传的民族文化传统，本质上是一种活态的、与时俱进的、始终保持鲜活生命力的生活文化。它作为优秀的民族传统

---

① 铁剑仙：《经典动漫理念（迪斯尼名句摘选）》，http://blog.sing.com.cn/s/blog_4ab99e91010008qh.html。
② 本节原题《论民间文学资源对于国产动漫艺术的价值》（与徐金龙合作），原载《文化遗产》2011年第3期。

文化资源,是非物质文化遗产的重要组成部分,是一座取之不尽、用之不竭、丰厚独特的资源宝库,具有文化、经济、娱乐等多重功能和价值,对于动漫艺术创新和产业开发有着现实的借鉴意义和应用价值。

一、作为文化资源彰显动漫的民族身份

季羡林曾说:"在世界上,只要有国家,就会有民间。只要有民间,几乎就都有民间文学。"[①] 民间文学是一个民族世世代代传承下来的生活文学,具有浓郁的日常生活属性。它本身是民俗生活的一种存在方式,是民俗文化传统的重要内容,记录和展演了民族历史和文化传统,具有鲜明的民族性和地方性。"与其说它是文学的,不如说它是生活的;与其说它是审美的,不如说它是文化的。"[②]

(一)传达文化史信息

1. 神话是人类早期历史的活化石,是人类原始文化的积淀,是人类文化史的第一页,是传统、历史、民间、民俗文化的一个剪影,对于了解认识和研究史前人类的社会形式、生产、生活、艺术、信仰及其他情况都有重要价值,它建构了人类文化史上最早的哲学观念,对人类文化史上的各种文化现象产生了深远影响。在现实层面,神话的文化史价值体现为对民族心理和民族精神的塑造和维护,它在许多民族中发挥了"根"的作用,有力促进了该民族的和谐统一和发展进步。如纳西族神话《祭天古歌》通过祭天这一特定的宗教祭祀活动的铺陈叙述,以黄栗树代表天神地祇,柏树代表天舅许神,石头代表阳神和阴神,从中可以窥见纳西先民关于宇宙起源、天地结构、人类繁衍、民族形成的种种认识和构想,隐含了纳西族远古宗教祭仪及相关古俗,表现了纳西族远古信仰体系集自然崇拜、祖先崇拜和木石崇拜为一体的整体民族特征,积淀着丰富深厚的文化内涵。

---

① 季羡林:《比较文学与民间文学研究相得益彰》,《比较文学与民间文学》,北京:北京大学出版社1991年版,第168页。

② 万建中:《民间文学引论》,北京:北京大学出版社2006年版,第41页。

2. 民间传说作为民众生活文化的重要组成部分，充满乡土气息，具有浓郁地方特色。如在我国很多地区尤其是东北和山东有一则流传甚广的"秃尾巴老李"的传说，在清代乾嘉时期的袁枚《子不语》卷八《秃尾龙》中就有记载，该书卷十七《忧母》还记载了龙母产秃尾巴孽龙的故事。山东省民间文艺家协会编印的《秃尾巴老李的传说》一书选入了相关作品100多篇，成为一个地方色彩鲜明的传说群。在这个民间传说文本中，感生信仰、龙崇拜、天地崇拜、祈雨和合葬习俗等民俗文化内容显而易见，"有关半人半龙的秃尾巴老李的神奇故事，不仅是华夏民族龙图腾崇拜传统民俗心理的表现，也是'山东农民为生存移民关东的历史写照，和辛勤劳作的山东大汉的智慧与力量的象征'"[1]。

3. 民间故事"是人们灵魂的忠实、率真和自发的表现形式；是人民的知心朋友，人民向它倾吐悲欢苦乐的情怀；也是人民的科学、宗教和天文知识的备忘录"[2]。其植根于民族土壤之中，内容包罗万象，涉及人类社会的文化、历史、民俗、宗教、哲学等各个领域，是一部浩大的人类文化知识的百科全书，具有多重文化的复合形态。如"老人是个宝"这一世界性的故事类型，以欧洲故事为中心的《民间故事类型》一书（1961年问世）将其归纳为981型"隐藏老人智救王国"。作者指出，该类型故事在爱尔兰、西班牙、意大利、土耳其、斯洛文尼亚、俄罗斯、印度和中国等地有异文流传[3]。美籍华人丁乃通借用AT分类法，在其《中国民间故事类型索引》中列述了中国本土的异文27篇，分列为922*"熟练的手艺人或学者防止了战争的危机"和981*"隐藏老人智救王国"[4]。该类型故事在我国盛行，在汉、朝鲜、锡伯、鄂伦春、蒙古、维吾尔、哈萨克、柯尔克孜、塔塔尔、土家、壮等民族中广泛流传。仅邻

---

[1] 刘守华：《中国民间故事史》，武汉：湖北教育出版社1999年版，第169—170页。
[2] 拉法格：《拉法格文论集》，罗大冈译，北京：人民文学出版社1979年版，第9页。
[3] "隐藏老人智救王国"：在饥荒时代，一位年轻的国王下令将所有的老人处死，一个人不忍心这么做，就将年迈的父亲藏了起来，不久年轻的国王碰到亡国亡家的疑难问题无法解答，另一位年轻人的父亲用他的智慧解开了一个又一个的难题，拯救了国家。
[4] 丁乃通：《中国民间故事类型索引》，郑建成等译，北京：中国民间文艺出版社1986年版，第287、321页。

国日本，其异文达到二十九篇之多。该类型故事基本情节以遗弃老人的风俗开始，以叙述老人的作用为中心，以废除恶俗、孝敬老人为结尾，反映了人类社会普遍存在的老人问题这一社会现象，讲述了人类早期如何从"弃老"到"敬老"这一特殊习俗的演变过程，具有鲜明的道德色彩、深厚的民俗意味和珍贵的文化价值。翻开人类社会风俗史，"弃老"风俗确实在人类早期时代存在过。刘守华在其《中国〈斗鼠记〉与日本的〈弃老山〉》《从"弃老"到"敬老"——评一组关于老人的习俗传说兼谈传说和故事的转化》《"寄死窑"探源》等多篇文章中对此做过详细论述和科学考证，指出该故事类型"反映了在丧葬习俗方面的一场重要变革"，"是对一场社会习俗大变革的真实反映，也是人类文明进一步向前发展的生动写照"[1]。《湖北日报》2001年6月9日刊登的一则新闻报道《武当山发现民俗遗址"寄死窑"》为此提供了佐证材料，介绍了刘守华在湖北武当山实地考察弃老故事和"寄死窑"遗迹的情形，随后又报道了在鄂西北其他地方也存在此类民俗文化遗迹的消息，进一步有力印证了我国民间丧葬习俗的历史演变过程。

（二）融于礼俗文化

在人生礼仪过程中，尤其是婚丧嫁娶，伴有大量的礼俗歌。如在结婚庆典仪式上唱《撒帐歌》，这种文化现象在民间很普遍，通过这一仪式传达了人们对新婚夫妇美好的祝福，表现了民众求子祈吉的文化心理。这种伴生于人生不同礼俗中的民间文学内容遍及人生过程、各种劳动生产和社会生活。

在向民间文学资源吸取文化养料方面，剪纸动画片《老鼠嫁女》文化意蕴丰富，极具代表性。它改编自中国民间老鼠嫁女的习俗传说[2]。剪纸本身就是我国民间传统文化艺术的瑰宝之一，国产动漫借鉴利用这

---

[1] 刘守华：《比较故事学论考》，哈尔滨：黑龙江人民出版社2003年版，第158—166页。
[2] 湖北西部建始县土家族故事《老鼠子嫁姑娘》，由土家族农民黄光曙讲述，大体情节如下：鼠王选定了腊月二十四嫁姑娘。办婚事那天，人们也忙着办年货，家家推磨舂碓，惊扰了鼠婚。鼠王大怒，立下规矩：今年人们扰我一天，明年我要闹他们一年。这下子人们吃亏了。从那时起，每年腊月二十四就成了鼠婚日，这一天人们禁忌推磨舂碓，该风俗相沿至今。

一形式，展现了鲜明的中国特色和民族风格。而"老鼠嫁女"风俗在我国几乎是传统岁时节日中例行其事、必不可少的民俗活动内容。老鼠嫁女的婚期全国各地不一，集中于农历腊月二十三祭灶至二月初二龙抬头之间。在民间信仰中，一说鼠为仓神，嫁鼠的意思是祈求仓神保佑粮食满仓。又一说鼠多产，敬祭鼠神是为了祈求子孙满堂，早生贵子。马昌仪搜集了我国22个省市、111个县市地区的俗例，认为"鼠婚俗信主要在汉族农业地区广泛流传，同时在壮族、土家族、仡佬族中的农业地区也可找到其踪迹。尤其以鼠患严重的华北、东南一带较为普遍。鼠婚俗信是一种以祭鼠、敬鼠、媚鼠为手段，以攘鼠、驱鼠、灭鼠与祈福避鼠患为目的的民俗活动"①。这是很有见地的。这一传说在明代的佛山年画中就已经出现，至今在当地仍然有相应风俗习惯留存下来：供祭（在鼠出没处放"鼠粮"、焚香、小儿鞋一只等）、禁忌（禁喧哗、不言鼠事、不动针线、不开衣箱、不点灯等）、祛灾（贴剪纸）等。

二、作为教育资源传扬动漫的民族精神

民间文学寓教于乐，蕴含哲理，引人入胜，发人深思，是千百年来老百姓传承下来的生活智慧的结晶，是民众进行自我教育的最方便、最形象、最普及、最常用的口头教科书。正如俄国普希金所言："我听民间故事，我想借此来矫正我受的该死的教育的缺陷。"② 民间文学的教育价值直接体现为传授各种知识包括社会知识、历史知识、文化知识、生产知识、生活知识等。间接价值主要体现在两方面：一是儿童启蒙教育，二是对社会成员的习俗养成和道德塑造，尤其是民族精神的培育。

在民间，特别是在农耕社会，民族精神的培育塑造主要就是通过民间文学的形式得以实施的，教育过程也就是民间文学的传播过程。作为最古老的文学，民间文学最具创新活力、与时俱进，在表现中华民族精

---

① 马昌仪：《鼠咬天开》，北京：社会科学文献出版社1998年版，第295—298页，转引自刘守华：《中国民间故事类型研究》，武汉：华中师范大学出版社2002年版，第72页。

② M. 阿扎多夫斯基：《普希金与民间传说》，刘锡诚译，中国民间文艺研究会研究部：《苏联民间文学论文集》，北京：作家出版社1958年版，第129页。

神方面更直接、更突出。

（一）颂扬爱国主义

爱国主义是民族存续的精神血脉、民族团结的精神纽带、民族兴盛的精神资源，它以一种深沉的忧国忧民意识和社会历史责任感贯穿历史始终，赋予了中华民族强烈的认同感和归属感，赋予了中华民族强大的凝聚力、向心力和战斗力。爱国主义或许因为历史时代的不同而具有不同的阶级内容，但作为一种民族精神，它已经超越了阶级的局限。民间流传着大量的爱国英雄的神话传说故事，他们忠君爱国，为维护本民族利益，为反抗或解除外来民族压迫而英勇抗争，具有坚贞不屈的爱国精神和民族气节，以民间传说《屈原的传说》最为典型。

（二）强调集体主义

民间文学具有鲜明的集体性特征，它往往由集体创作完成，在流传过程中经过集体加工、修改或再创作。作为一种动态的文化现象，民间文学始终是与人民群众的集体活动分不开的。这种集体性特点，使得民间文学在作品内容上呈现出浓重的集体意识，即强调集体的智慧和集体的力量，倡导重视整体利益，把国家的利益、民族的繁盛、社会的进步、人民的幸福放在个人利益、个人享受之上，最有代表性的如十兄弟各施所长、齐心协力推倒长城的《水推长城》故事。

（三）崇尚勤奋劳动

我国劳动人民历来倡导勤劳，赞扬劳动，热爱劳动，视勤劳为传家宝。在艰苦的自然条件和严酷的社会斗争中，中华民族形成了一种吃苦耐劳、艰苦奋斗、勤劳俭朴的不屈不挠的坚韧精神。在民间文学中，注重表现劳动态度和生产经验的篇章不计其数，歌颂勤劳成为永恒的主题。老百姓不管生存条件多么艰苦，都能以顽强不屈、自强不息的坚忍精神辛勤劳作，"日出则作，日落而息"，创造出自己独特的绚丽多彩的物质文明和精神文明。动画电影《小鲤鱼跳龙门》借用古老传说"鲤鱼跳龙门"，结合了我国的水利建设，既教育人们要不怕困难，力争上游，又从侧面展现了国家的新风貌。

(四) 注重道德品行

中国作为文明古国、礼仪之邦，民众在处理人际关系、人与社会关系和人与自然关系的实践中，形成了中华传统美德，这是中华民族赖以生存和发展的思想基础、道德根基、精神支柱和精神动力，其核心价值理念和基本要求主要是忠、孝、仁、义、礼、智、信等基本伦理道德规范。民间文学往往在潜移默化中陶铸人的道德性情，在文本中蕴含深刻的教育训诫意义，如强调孝道的仡佬族民间故事《记得把猪笼拿回来》，强调仁爱信义的毛南族民间传说《找幸福》等。在开启民智、提高民众素质和文化教养上，民间文学具有重大的社会作用。

不过，国产动漫过于注重道德教育，过于追求思想意义，导致说教味太浓、低幼化严重，因而裹足不前，深受诟病。民间文学往往寓教于乐，可以带动提升国产动漫艺术的思想内涵。

三、作为娱乐资源提升动漫艺术喜剧品格

民间文学寓教于乐，寓庄于谐，是民众最熟悉最喜爱的文艺形式，是最方便最普及的娱乐工具。

(一) 自身独具的表演性带有观赏性、娱乐性

美国理查德·鲍曼（Richard Bauman）的表演理论认为，所有民间文学的创作和传播，都是一个表演（Per formance）的过程。其理论核心就是把民间叙事当作一个特定语境中的表演的动态的过程，是一个实际的交流的过程。和传统的理论相比，表演理论更侧重于把民间叙事作为交流的事件，以表演为中心而不是以文本为中心，更注重考察民间叙事的口头性、现场性、即时性和创造性，更注重于个人性而不是集体性[①]。美国米尔曼·帕里（Milman Parry）和艾伯特·洛德（Albert Lord）提出的"口头程式理论"同样说道，"口传艺术与其说是记忆的复现，不如

---

① 理查德·鲍曼：《作为表演的口头艺术》，杨利慧、安德明译，桂林：广西师范大学出版社2008年版。

说是艺人在同参与的听众一起进行表演的一个过程"①。口传的内容、形式、特定的时空，口传活动的参与者包括讲者和听者，研究者与社会文化背景，共同构成一个特定的演说情境。民间文学的每一次演说讲唱，如说故事、讲笑话、猜谜语、唱山歌等，就是一次在特定情境下的表演过程，表演者在或讲或唱之中伴随夸张滑稽的形体动作、机智调侃的口头语言、惟妙惟肖的面部表情等，加上与现场欣赏者的逗乐互动，这些表演性因素本身给人带来精神满足和身心愉悦，让人开怀畅笑，甚至引发哄堂大笑。恩格斯在其《德国民间故事书》中也指出："当他辛苦地做完一天的工作，晚上回来疲惫不堪的时候，娱乐他，恢复他的精神，使他忘掉沉重的劳动，把他那贫瘠沙砾的田地变成芬芳的花园。民间故事书的使命是使一个手工者的作坊和一个疲惫不堪的学徒的楼顶小屋变成一个诗的世界和一个黄金的宫殿，而把他矫健的情人形容成美丽的公主。"② 他指明了广义上的民间故事（包含神话、传说在内）是民众娱乐生活的方式，起到了审美娱乐、情感宣泄和精神补偿的作用。

（二）文本内容尽显狂欢化、喜剧性的特色

作为民间故事四大门类之一的笑话，将喜剧性和狂欢化发挥到了极致。笑话是一种形制短小精悍、人物典型单一、情节精简集中、结构奇特巧妙、语言活泼凝炼，特别是结尾的高潮句往往出人意料而引人发笑、具有强烈喜剧艺术效果的民间口头散文叙事作品，洋溢着智性和谐趣，充盈着强烈的喜剧精神和幽默特质，"是民间文学当中一种饱含喜剧精神和富于讽刺锋芒、极具生机活力的文学样式，是喜剧艺术的轻骑兵"③。它通过喜剧性的笑来揭示一切不合理的假恶丑现象的本质，表达民众的爱憎情感、是非观念和审美理想，具有强烈的喜剧效果。

机智人物故事实际上可以看作是一系列的关于某个机智人物（正面

---

① 叶舒宪：《文化与文本》，北京：中央编译出版社1998年版，第153页。
② 恩格斯：《德国的民间故事书》，《马克思恩格斯论艺术》第4卷，北京：中国社会科学出版社1985年版，第401页。
③ 徐金龙：《雅谑与狂欢的话语盛宴——明清文人辑录笑话与当代民间口传笑话之比较》，硕士学位论文，武汉：华中师范大学2005年，第1页。

人物）的长篇笑话，同笑话一样具有强烈的喜剧性色彩。美籍华人丁乃通（Nai-tung Ting）根据《民间故事类型》编码，以国际通行的 AT 分类法，编纂而成《中国民间故事类型索引》书，就将多数机智人物故事包括巧女故事、呆女婿故事、傻子故事归在第三大类——笑话之中①。祁连体在纵观中国机智人物故事后曾总结道："中国机智人物故事，无论哪一个民族、哪一个地区的作品，大都具有比较浓郁的幽默情趣，以善于营造诙谐风趣的喜剧氛围见长。每当人们接触我国各民族机智人物故事时，就能够自然而然地领略到其中的幽默情趣，得到艺术享受的愉悦。可以肯定地说，幽默情趣是中国机智人物故事的一个重要的艺术特色，是中国机智人物故事足以抓住听众、读者，征服听众、读者，具有巨大吸引力的一个主要的因素。"②

童话也是民间故事一大门类，亦称幻想故事、魔法故事、神奇故事，它借助丰富的想象虚构出一个折射人类社会生活、寄寓人类理想愿望的奇幻世界。它约占全部流传的民间故事的一半有余。德国瓦尔特·本雅明（Walter Benjamin）在《讲故事的人》一文中说："民间故事和童话因为曾经是人类的第一位导师，所以直至今日依旧是孩子们的第一位导师。无论何时，民间故事和童话总能给我们提供好的忠告；无论在何种情况，民间故事和童话的忠告都是极有助益的。"③

民间童话充满超自然的想象，幻想色彩十分浓厚，涉及各种变形、魔法、宝物、咒语等超自然的神奇力量，编织了一个无所不能、无奇不有的光怪陆离的浪漫艺术世界。这些新奇大胆、天马行空的幻想，往往使平凡的现实生活变得奇异灵幻，利于激发和培养民众的想象力和创造力，也最适合改编为动漫艺术作品。童话"以自身特有的童年精神气质拯救并保存了人类进入理性时代后逐渐失去的他童年时代的纯真、欢乐、

---

① 丁乃通：《中国民间故事类型索引》，武汉：华中师范大学出版社 2008 年版，第 230—346 页。
② 祁连体：《试论中国各民族机智人物故事的幽默情趣》，《琼州大学学报》（社会科学版）1997 年第 2 期。
③ 瓦尔特·本雅明：《本雅明文选》，陈永国、马海良译，北京：中国社会科学出版社 1985 年版，第 309 页。

浪漫和遐想"①,不仅是儿童爱不释手,就连成年人也是百听不厌。

很多动画片实际上就是童话的翻版,如2010年出品的《爱丽丝漫游奇境记》改编自英国作家路易斯·卡洛尔同名童话,在世界动漫史上声名显赫的迪斯尼动画《白雪公主》就是改编自格林童话《白雪公主与七个小矮人》。

(三)"大团圆"的结构模式张扬民间喜剧精神

民间文学的喜剧性还在于其喜剧结构形式即"大团圆"模式,始离终合、始悲终喜、复仇雪冤、惩恶扬善。其末尾通常有一条光彩夺目、振奋人心的"光明的尾巴",老百姓用还魂、复活、圆梦、复仇、冥判、救赐、仙化等形式,实现"善有善报、恶有恶报"的果报结局或"有情人终成眷属"的团圆理想。从文化特质的角度来看,"中正平和"作为中国传统文化精神的精髓,强调多元的和谐、异质的协调与对立的消解,追求至真至善至美的中和圆融,这可以说是"大团圆"模式深层次的文化根源。从精神分析学的角度而言,民间文学具有的娱乐功能、快乐原则正好满足了老百姓本性固有的趋乐避苦的思想感情倾向,符合人们的欣赏习惯、审美期待和文化心理。如脍炙人口的中国四大传说《孟姜女》《牛郎织女》《梁祝》《白蛇传》都是以"大团圆"结局的。

民间文学是一门笑的喜剧艺术,具有活灵活现的表演特质、强烈的诙谐色彩、欢快活泼的艺术风格、独具特色的大团圆叙事模式,可以增强动漫艺术的喜剧性,充实愉悦现代人的精神世界,让人们体验生命的乐趣,自由、快乐地发挥生命创造力,为生活增加喜剧性色彩直至将生活艺术化,如木偶动画系列片《阿凡提的故事》就是一个成功的尝试。

动漫艺术的发展要以深厚的民俗传统文化资源为土壤和根基,这既是动漫艺术发展的必由之路,也是传承和创新民族文化尤其是非物质文化遗产的迫切需要。代表中华民族民俗文化传统的中国民间文学资源,作为国产动漫艺术的源头活水和智力资本,其多重功能和价值亟待动漫艺术去做应有的、足够的开发利用,真正创造激发出经济效益和产业效

---

① 方卫平:《论童话及其当代价值》,《文学评论》1998年第3期。

能，为建设社会主义先进文化和构建和谐社会服务。

第二节　国产动漫的民族化之道①

从"中国学派"的辉煌历程可见，它因民族化而起，也因民族化而兴。1956年特伟在执导《骄傲的将军》时明确提出"敲喜剧形式之门，探民族风格之路"，开始了民族风格之路的探寻，"中国学派"也因此声名鹊起。此后一直到20世纪90年代，"中国学派"将民族化作为一以贯之的创作追求，在借鉴吸收民间文学内容和民族民间艺术形式的同时，渗透了深沉厚重的中国传统文化精神，无论是内容的深度还是形式的美感都达到了相当的高度。"中国学派"的成功之道就在于其鲜明的民族特色。"何谓'民族特色'？民族特色不是一种概念化了的符号，它是一个民族文化的精髓与积淀，是一个民族所展示出来的一种境界，一种风骨，一种处世哲理和一种自信态度"②。国产动漫"中国学派"的民族特色主要体现在四个方面：一是秉承民间文学传统；二是借鉴民族艺术形式；三是凸显民俗文化底蕴；四是蕴藉传统文化精神。

一、秉承民间文学传统

"中国学派"鲜明的民族特色首先应归功于丰厚的民族民间文学的滋养。在某种意义上，"中国学派"走民族风格之路，就是在内容题材方面融合民间文学、在艺术形式方面借鉴民间艺术的创作过程。从初显"中国学派"端倪的《铁扇公主》（1941）到"中国学派"的开山之作《神笔》（1955）和《骄傲的将军》（1956），再到"中国学派"的扛鼎之作《大闹天宫》（1961—1964），以及"中国学派"的集大成之作《哪吒闹海》（1979），无一例外地深深打上了民间文学的烙印。

民间文学是动漫艺术的乳母，动漫艺术从其诞生之初便与民间文学

---

① 本节原题《民间文学与国产动漫的不解之缘》（与徐金龙合作），原载《民族艺术研究》2011年第6期。

② 彭玲：《文化心理学研究对动画文化发展的深刻影响》，《社会科学》2006年第9期。

结下了不解之缘。从世界范围来看，1937 年，美国迪斯尼制作的世界第一部动画长片《白雪公主》就是以格林童话中的《白雪公主和七个小矮人》为蓝本，开创了世界动漫的新纪元。中国动漫也不例外，它从起步阶段起就不断地从民间文学中吸取养分，如我国第一部有声动画《骆驼献舞》是根据《伊索寓言》中的一则寓言故事改编创作的，借用了他国的民间文学素材；其后的《铁扇公主》取材于妇孺皆知的《西游记》中"孙悟空三借芭蕉扇"的情节，成为我国第一部也是亚洲第一部大型动画长片。梳理国产动漫发展简史，可见国产动漫与民间文学的关系最为密切，选取神话、民间传说、民间故事（含童话、笑话、寓言）、谚语等方面题材的作品最多。这既是国产动漫的创作传统，也是世界动漫的取胜法宝。

在这些民间文学类型中，国产动漫向民间故事取材最多最广。分析心理学的创立者荣格指出，神话、童话和传说，埋藏着人类自身永恒绵延的集体无意识原型系统，如精灵、魔力、地狱、天堂和鬼怪等，这些原始意象显得陌生、超凡和怪异，尽管超越了人们的情感理解所能掌握的范围，但它们却能拨动读者的琴弦，使深藏于读者的心中的集体无意识发出响亮的回应[①]。他从心理学的角度运用集体无意识理论揭示了包含"神话、童话和传说"在内的民间文学深受欢迎的深层原因。

我国民间文学资源不仅在国产动漫民族化的进程中起过重要作用，而且也在世界范围内备受瞩目，其他国家不止一次地选用我国民间文学进行艺术创作，如日本在二战后推出的三部具有划时代意义的作品中，就有两部取材于中国民间文学，一部是《白蛇传》，另一部是《西游记》；1998 年，美国迪斯尼从我国民间传说中选取素材，制作了票房极高的动漫电影《木兰》；十年之后，美国又汲取中国民族文化元素制作了《功夫熊猫》。抛开文化霸权、文化殖民不说，单就文化的互动交流来看，民间文学的艺术魅力不可小觑，产生了深远的影响。

[①] 荣格：《心理学与文学》，冯川、苏克译，北京：生活·读书·新知三联书店 1987 年版，第 89 页。

二、借鉴民族艺术形式

国产动漫在民族化道路上始终将艺术性放在第一位，长期坚持吸收民族传统艺术中独具特色的艺术元素来完成其追求艺术形式之美的使命，特别是创造了多种具有中国特色的动漫形式如木偶动画片、剪纸动画片、水墨动画片等，在世界动漫历史上留下了浓墨重彩的一笔。具体说来，"中国学派"充分借鉴运用了传统绘画、民间音乐、传统戏曲、民间工艺等艺术形式。

1. 传统美术，特别是水墨画。中国传统美术的绘画技法对国产动漫影响深远。《除夕的故事》大胆采用了传统民间木版年画的造型样式，构图饱满，在富有装饰性的画面上密密麻麻塞满人物或其他吉祥图案，营造一种充实感和热闹的氛围：神像的眉毛被夸张成每边三条弯弯上扬的短线条，眼部造型也很有特色，胡须用几根整齐而富有装饰味的线条表现，以突出其笑容可掬、慈眉善目的神态，具有浓厚的民俗生活气息。精湛的国画艺术对国产动漫的影响不一而足，然而意义最为深远的当推水墨画，这不仅是中国民族风格形式的集中体现，也是世界动漫界的一次伟大创举。

2. 传统戏曲，特别是京剧。《骄傲的将军》似乎一部动画版的京剧表演，在人物性格的刻画上，采用京剧脸谱的造型方法，如将军是个花脸，走路的样式也借鉴了京剧中武将的走路模式，而善于阿谀奉承的食客被画上了丑角的白鼻子，无论讲话的声调还是行走时细碎的小步，都吸取了京剧丑角的元素，一看就具有独一无二的中国风格。上海美术电影制片厂的导演胡进庆等还在创作之余学习京剧，"为了琢磨《骄傲的将军》片中的身段动作，他花了几个月的时间，向京剧老前辈陈富瑞学习京剧功架。为了摄制《金色的海螺》，他向李梦云学习花旦身段"[①]。

3. 民间音乐。《三个和尚》没有对白、旁白，全靠音乐来表情达意，结构全片，该片吸取民间曲调，选用富有强烈民族色彩的民族乐器来代

[①] 孙立军、马华：《影视动画影片分析》，北京：中国宇航出版社2003年版，第54页。

表人物，板胡代表聪明、调皮的小和尚，坠胡代表狡猾贪婪的长和尚，北方管子代表憨态可掬的胖和尚，从而使得三个和尚的不同性格跃然纸上。在三个主人公先后出场时，音乐分别伴以三种不同乐器的不同音色，突出了人物的鲜明性格，充分地发挥了音乐的创造功能和符号功能，为影片增加了喜剧色彩。《山水情》把中国的民族乐器声如琴声、笛声、箫声、编钟声、梆子声、磬声等，与风雪声、溪水声、雁声、鹰声、猿猴声等自然之音结合起来，再与每一个情节交相辉映，增强影片的观赏性和感染力。

4. 皮影、剪纸、木偶、年画等民间工艺。中国剪纸动画片就是从皮影戏、与皮影相近的中国民间剪纸艺术中汲取养料研制而成的新品种，具有造型简洁、色彩鲜艳、纹样朴实、装饰性强的特点，带有浓郁的农村乡土气息。《金色的海螺》中吸取了陕西皮影戏和北方剪纸艺术，让传统的皮影艺术和窗花剪纸重新焕发光彩，并创造性地发挥了镂刻这一古老民间传统艺术的特色。特别值得一提的就是水墨剪纸动画片，如《鹬蚌相争》等，将两种传统艺术融合起来，既具有水墨动画的神韵，又有剪纸片的特色，表现空间更大。《孔雀公主》是根据傣族民间传说改编的木偶长片，该片借鉴了中国民间传统艺术之一民间木偶戏，木偶戏的造型结合了民间泥塑、民间剪纸、民间年画、民间玩具、民间刺绣、民间灯彩等民间艺术种类，地方色彩浓郁，为民众所喜闻乐见。

三、凸显民俗文化底蕴

民俗更多属于民间文化，是一个民族最根深蒂固的生活文化，是与其他民族相区别的根本性标志，说到底就是一个民族的文化生命。"民俗是在群体中自行传承或流传的程式化的不成文的规定，因此，民俗的独特性表现在它不仅仅是文化意识，而且兼有文化意识和社会生活的双重特征。"[①] "中国学派"注重对民间文学内容和民族民间艺术形式的学习借鉴，在创作中呈现出了强烈的民间倾向和深厚的民俗底蕴，蕴含着

---

① 陈勤建：《文艺民俗学导论》，上海：上海文艺出版社1991年版，第5页。

中国传统文化的精髓。

1. 选用民俗符号。剪纸动画、木偶动画等学习借鉴了中国民间艺术形式，而皮影、剪纸、年画、木偶等本身就是民俗艺术的生动展演。有些动漫作品改编利用了中国神话中的原型，有些甚至是无意识的。根据弗莱的原型批评理论，前代文人创造的文艺作品，都是远古神话原型——民俗文艺的古老样式之一，只是一种模拟和置换的变化。"优秀作品脱离传统是不敢想象的，而这种传统是一种典型的、反复出现的意象构建的原型，上挂下连，不断在文艺创作中延伸。"[①] "中国学派"大量化用充满寓意和象征色彩的民俗符号。如渔童、哪吒都是在莲花中诞生的，代表着圣洁、善良、勇敢和智慧的化身，保护百姓，为民除害。在民俗观念里，莲花象征着圣洁，莲花生子是对生命的赞美，寓意着生命的绵绵不断和美好吉祥的希望。民间年画中的"连年有余"就是取莲花、鱼的谐音寓意而来。这样极大地丰富了动画的情节，同时，对中国的习俗文化也是一种传承与发扬。

2. 展现民俗内容。有些动漫作品展露了风俗习惯和民俗心理，反映了中国独有的风土人情，这方面以民间传说中的物产传说和地方风物传说为最，如根据傣族的民间叙事诗《召树屯》改编的《孔雀公主》。"孔雀公主"的传说故事在傣族群众中广泛流传，该片再现了傣族人民的生活风貌和西双版纳的湖光山色，美丽善良的孔雀公主和英勇坚强的王子召树屯的爱情故事，感动了一代又一代。有些作品本身就是民俗内容的翻版，特别是改编自民间传说中的风俗传说的作品最为典型，客观上记录和传播了民俗文化内容，有些甚至渗透了民间禁忌的信仰，如跟我国一个古老的民间习俗传说有关的剪纸动画片《老鼠嫁女》。在民间，"老鼠娶亲"的故事深入人心，甚至还有一些传统节日，比如"老鼠嫁女节"。动画片《老鼠嫁女》借题发挥，讲述老鼠女儿出嫁而老鼠父母则拼命地要彩礼，最后断送了老鼠女婿的性命以悲剧告终的故事。以老鼠

---

① 诺斯洛普·弗莱：《神话——原型批评》，叶舒宪编译，西安：陕西师范大学出版社1987年版，第15页。

喻人，讽刺了当时社会的一些不良婚俗现象。

四、蕴藉传统文化精神

一部动漫作品的民族性不仅在于其吸收了多少本民族特色的视觉符号元素，更重要的是其主题内容与思想意蕴是否表达了民族传统和文化精神。"尽管动画是以幽默、夸张、假想作为表现的主要特征，尽管动画存在着浓重的商业色彩，但就其文化品质而言，它所承载的依旧是动画人希望传达的审美理念、行为规范和道德准绳，其文化精神依旧是创作人内在所追崇的民族文化基因。可以说，动画影片如同一个宽阔的文化精神展示舞台，为人们展示着各自的文化风采与精髓。"[①] 动漫艺术民族化的核心正是在于作品中文化精神的蕴藉与传达，这也是艺术生命力之所在。在这一点上，"中国学派"刻意追求意象化的表达，可谓形神兼具，张扬了中华文化艺术的传统精神。

我国早在魏晋南北朝时期就已经有了"意象"和"境界"说。中国绘画艺术和古典诗词一贯追求境界，注重刻画情景交融、虚实相生的诗意空间，往往在"神似"与"神不似"之间来求"神真似"，重形中之意，寓意于象，以象尽意。意境可谓是艺术的灵魂，是中国艺术精神的核心和精粹。这种写意传神的审美品性带入了动漫艺术创作领域，塑造了"中国学派"意象化的视觉文化特征，在营造虚实相生的空间中超越有限的意象而追求无限的意境，传达出了象外之意、味外之旨和韵外之致。

意象化特征在线条形式中就有所表现。"中国学派"的创作者熟谙中国绘画精神与笔法，作品中的线条常常具有独特的审美价值，成为抒情写意的重要元素。《大闹天宫》对衣服线条的处理承继中国传统人物画法，有"吴带当风"的遗韵；《哪吒闹海》勾勒山岳、祥云、水波时线条变化异常丰富，极具表现力；水墨动画更不必说，它能够发挥毛笔水墨的特长，墨趣盎然，意境深远。

[①] 彭玲：《动画导论》，上海：上海交通大学出版社2007年版，第3页。

"中国学派"致力于营造空灵的意象化情境,即意境。"中国学派"在动漫作品中的意境追求,展现了中华民族独特的"天人合一"的哲学观念和"重意尚神"的文化艺术精神,对建构民族审美意识和民族文化心理有着积极意义。水墨动画《牧笛》中,天真的牧童、潺潺流水和摇曳的竹枝充满诗情画意,达到了借景抒情、情景交融的意境,"是一幅清丽淡雅的放牧图,也是一首质朴隽永的田园诗,又是一曲娓娓动听的交响乐"①。该片结尾同样意蕴悠长:牧童骑在牛背上,吹着竹笛走在黄昏的夕照中。与周围景色和谐地融为一体,点染了"牧童归去横牛背,短笛无腔信口吹"的浓浓诗意。该片虽然没有一句话,却将含蓄细腻的感情、悠远清雅的意境,以及中国文人向往的那种田园牧歌式的生活理想表现得淋漓尽致,展现了"天人合一"的浑然境界,具有高度的艺术审美价值。《山水情》的结尾,融入了中国的道家师法自然、与世无争思想和禅宗明心见性的顿悟灵感,少年独坐崖巅手抚琴弦,悠扬深情的琴声在山川河流间回荡,老琴师却在琴声中渐渐远去,消失在云海,营造出一种"天人合一""物我两忘"的最高理想境界,堪称中国水墨动画的高峰之作。

五、启示:民族化基础上的国际化、产业化

当下,国产动漫在国家倾斜政策扶持下几经探索性的尝试,依然在迷茫之途徘徊,摇摆在民族化与现代化、本土化与全球化之间,尚未形成真正的产业化,在美、日等动漫强国的挤压冲击下,内交外困,处境尴尬,饱受诟病。20世纪90年代以来,真正意义上的"中国学派"创作已经式微、没落,国产动漫既失忆又失语。

《魔比斯环》是典型的失忆症代表。它成熟的技术代表着目前中国三维动画电影的最高水平,但是与同期上映的外国动画大片《加菲猫2》相比,《魔比斯环》的票房简直令人惨不忍睹。令人痛心和不解的并非

---

① 张松林:《独树一帜的水墨动画片》,《中国电影年鉴1982》,北京:中国电影出版社1983年版,第457页。

票房上的失利，而是中国动漫人对本民族文化自信心的严重缺失。该片败北的最主要症结所在，就是舍本逐末，为了技术放弃了艺术，缺乏中华民族的文化底蕴和民族特色，文化上的错位导致该片土不土、洋不洋、不伦不类，使得中国观众缺乏文化认同感。作为中国原创，《魔比斯环》没有中国人智慧的体现，没有中国人艺术的创造，没有中国文化的传递，更没有中国人思想的展示，根本没有让中国观众体味到中国本土文化的存在，在心理上感觉到一种文化背叛。看看美国制作的动画片《花木兰》和《功夫熊猫》，同样是瞄准国外市场，采用了国外的题材，形式上充满了国外的元素，可是骨子里还是美国的东西。再想想"中国学派"，技术要比现在落后得多，资金和人才更是少得可怜，可是当时创作的《大闹天宫》《哪吒闹海》等经典动画片，即使在今天看来依然光彩夺目、毫不逊色，个中原因值得中国动漫人好好反省和深思。曾经为《大闹天宫》配音的六小龄童，对当今动漫现状很无奈："花木兰、孙悟空这些形象都代表了中国传统文化，却被外国人当成宝贝去拍，我们的制作方忽视传统题材挖掘，而去照搬西方动画的东西，这样下去中国动画电影只会走入死胡同。"他对《魔比斯环》表示很痛心："中国人去拍西方风格的动画片，西方人却来挖中国题材找故事，国产动画片还有没有未来？"[①]

而《宝莲灯》则是典型的失语症代表。该片在题材选择上首先做出了民族化的努力，主创人员还曾远赴敦煌、西安、华山、西双版纳、宁夏等地采风和收集素材，在片中确实保留了一定的中国风格，如望月节跳的土风舞、编钟、地动仪、黄河及建筑造型，显现了浓郁的民族色彩，透射出历史的风韵。同时，该片一改传统制作方式，明显借鉴美国迪斯尼的制作模式和电脑3D的制作方法，音响效果够爆，三维电脑够爽，主题曲和插曲够劲，再加上配音演员够大腕，另外还有迪斯尼模式中必不可少的宠物小猴子，这些都符合"国际标准"，表面看来已成一派大片风范。然而艺术和商业之间的误差让人说不清楚到底是揠苗助长还是

---

① 湘明：《魔比斯环：中国动画无底之渊》，《科学大观园》2008年第12期。

在掩耳盗铃，让人扼腕叹息：它"邯郸学步"，学到了皮毛，却学不到精髓和真谛，只是全盘照搬了美日商业动漫的操作流程和运行模式之类的"硬件"，而忽略了如人物形象、性格塑造、情节设置、音画效果等"软件"，技术压过了艺术成分，而且说教的痕迹太明显了，呆板而低幼。《宝莲灯》的缺憾反映的是国产动漫的双重尴尬：既非西方，又学习西方；既非中国，又要非常中国；既尽量靠近传统追求民族风格，又要和全球接轨；既要以艺术性征服观众，又要在消费市场获得经济效应。学习他国动漫的先进之处并没有错，但是学什么和怎样学值得中国动漫人深思慎行。

由以上观之，国产动漫要正确处理好民族化与国际化的关系问题，在产业化道路上实现经济价值和文化效益的双赢。

"中国学派"的成功经验告诉我们，"越是民族的就越是世界的"，"只有民族的，才是世界的"，民族化在任何时候都应摆在第一位，在此基础上才能谈国际化。民族化不是闭门造车，民族化的内核至少涵盖了三方面内容，一个是赋予动漫以民族特色；第二个是借鉴外来的先进经验；第三个是传达民族与时俱进的时代精神。国产动漫要用现代眼光审视并整合创新博大精深的中华传统文化资源，与时俱进，批判地继承发扬，将那些具有深度和广度的，具有广泛基础和普遍性的精华要素吸收进来。在民族化和现代化的基础上，"化"他国的先进技术和成功经验为我所用，融入我们的民族文化中，将动漫做得好看、耐看、有艺术性的同时，在价值观念、地域色彩、风俗习惯、审美品位等方面凸显出中华民族独特的东方魅力，然后再走国际化产业化发展道路。

然而，当前国产动漫的产业化现状令人揪心，充其量是很不成熟、很不规范的产业化初级阶段，处于一个有产无业的举步维艰的发展困境。"有作品无产品，有精品无商品，有行业而无产业，有失业而无企业"。国产动漫缺乏具有深厚的民族文化传统底蕴的创意品牌，缺乏具有国际竞争力的动漫制作机构，缺乏适应全球化竞争的产业化营销网络，缺乏艺术和技术兼备的高素质复合型创意人才，在发展道路上暴露出的困难和问题越来越多，愈发尖锐和复杂，在观念定位、文化创意、产业链条、创意人才、市场资金、版权保护等方面存在严重不足。

动漫产业作为一门新兴的文化产业,被誉为"21世纪创意经济中最有希望的朝阳产业"①。动漫产业依靠创意人的灵感、想象力和创造力,以深厚文化根底为基础,以现代高新科技为手段,以丰厚经济利益为旨归,对文化资源进行整合提升,把艺术、科技、传媒、出版、商业等有机地结合起来,使知识和智能产生巨大的社会经济效益。它是对传统经济发展模式的颠覆和创新,因其个性化的奇思妙想和创新体验为产品或服务提供了实用价值之外的文化附加值,从而提升产品的经济价值,体现了技术、经济和文化的交融。动漫产业作为资金密集型、科技密集型、知识密集型和劳动密集型的重要文化产业,现已发展成为一种在全球化消费社会的背景下,推崇智力创新,强调文学艺术作品的创作与传播对经济的支持与推动作用的新兴理念、思潮和实践活动。"不仅成为发达国家推动经济和社会可持续发展的新引擎,也被认为是发展中国家实现经济转型和跨越式发展的重要战略。"②

动漫还是一项文化事业,作为一门没有国界的公共文化艺术,它已不仅仅是一国大众文化和流行文化的代表,而且也是一个可以对其他国家意识形态产生影响的文化战略,尤其是能带来全球性利润的文化工业。文化全球化语境中,最为可怕的是通过文化全球化所渗透的西方发达国家的生活方式、价值观念等意识形态内容,从而导致全球文化的同质化。"全球化在技术—经济层面以无限发展为目标,趋向于整体化;在文化—精神层面,其根本意义是消解地域内涵和本土属性。这就必然造成弱势民族在面对强势文化冲击时产生的自我认同的危机。"③ 不发达国家和弱势民族在被动地接受全球化所带来的异质文化渗透侵蚀的同时,面临文化认同的危机,甚至不得不背弃自己原有的文化传统和价值观念,沦为发达国家进行文化侵略掠夺乃至渗透颠覆的对象。对中国动漫而言,美、日动漫的大举进入,以强势姿态掌握着话语主动权,国产动漫则一

---

① 彭玲:《动画创意产业》,上海:东方出版中心2009年版,第25页。
② 彭玲:《动画创意产业·总序》,上海:东方出版中心2009年版。
③ 肖鹰:《九十年代文学:全球化与自我认同》,《文学评论》2000年第2期。

直处于落后、被动的地位，面临着严峻的文化安全考验。社科院青少年研究专家单光鼐指出："中国加入 WTO 后，外国文化产品会携带着技术、资金和市场运作等优势一拥而入，如果我们没有应对政策，很可能就会一败涂地，让国外的卡通形象和渗透在卡通中的价值观念成为主流，我们的下一代就成了他们的俘虏。"① 国外动漫尤其是美、日商业动漫在中国年青一代中造成的广泛渗透和深刻影响，已经成为不容回避的社会现实，这直接关系到他们对民族文化的认同和民族感情的培养，长远来看关系到国家和民族的千秋大业，这不能不引起中国文化界乃至社会各界的高度警觉和重视。因此，国产动漫在文化产业化进程中不能单纯以攫取经济利益为目的，要兼顾到经济效益和文化效益的平衡，两不偏废。

要言之，国产动漫应该学习"中国学派"的成功之道，总结经验教训，以民族化为根基，以现代化和国际化为两翼，以人文化和产业化为旨归，实现动漫文化产业的经济效益和文化效益，如此才能重振雄风，再现辉煌，自立于世界动漫艺术之林。

---

① 崔晓茜：《从韩国动画业的崛起浅析中国动画市场的发展》，《中国电视》2006 年第 5 期，第 63 页。

第五章 科技创新与文化产业*

知识经济是建立在以现代科学技术为先导、文化创新为基础、知识资源优化配置、合理使用与有效消费基础上的经济形态。因此,知识与经济、科技、文化相互渗透、相互促进、相互交融的一体化成为当代经济社会发展的一个突出特征。

第一节 科技进步引领文化产业发展

科技与文化是一对孪生兄弟,一部人类文化发展史在某种意义上来说就是一部科技进步史。科学技术的每一次进步,都在很大程度上推动和促进文化的发展和繁荣。世界经济的发展很好地印证了科技在文化产业发展中的先导地位。考察科技进步与文化产业发展的关系,要从历史的角度进行审视。现代文化产业的发展主要经历了三个阶段,这三个阶段与现代科技的发展进程大致相呼应,在每个阶段的发展过程中,都伴随着新理论和新学派的产生。

一、文化的机械化技术阶段(1926—1947年)

近代工业文明以工业革命为开端,前期人们一直在进行物质生产。

---

* 原载黄永林:《从资源到产业的文化创意——中国文化产业发展现状评述》,华中师范大学出版社2012年版。

20世纪,物质生产过剩,社会进入后工业时代,工业文明由物质生产转向文化生产。在这之前,制作传统的文化产品需要很高的技巧,很难批量生产,而且价格昂贵,所以一直都是由贵族垄断的。以科技发展为基础,这种垄断被打破,艺术品不再是一次性存在的,而是可以复制传播的。科技弥补了技巧上的缺陷,文化的"自律原则"被技术的"他律原则"取代,技术逐渐取代个性创作,文化产品不再是艺术家用来表达个人审美的艺术品,而是为了满足大众审美而大批量生产的商品。这种商品具有良好的市场性,理所当然地吸引了大量的资本,逐渐形成了以文化为中心的文化产业。

现代工业机械化技术为文化产品的工业化生产和传播提供了物质和技术基础,作为生产力的文化工业快速发展,为文化产业的诞生准备了必要条件;同时文化工业的快速发展也引起学者关注,提出文化工业的概念,对传统文化观念形成强大冲击。1947年,法兰克福学派代表人物特提奥多·阿多诺(Theodor Adorno)和马克斯·霍克海默尔(Max Horkheimer)在合著的《启蒙的辩证法》一书中,为了区别"大众文化",首次使用了"文化工业(Culture Industry)"的说法,此时"文化工业"与"大众文化"的范畴十分接近,是法兰克福学派的批判对象,带贬义色彩。"Industry"在英语中既是"工业",也是"产业"。针对资本家将艺术文化等精英文化大众化、产业化的做法,法兰克福学派对之进行了强烈的批评,他们的观点主要表现在以下:

第一,文化工业所生产的文化产品,丧失了文化本该具有的批判和否定精神。在他们看来,批判是文化的内在特征和本质,大众文化却与之相去甚远。大众文化虽然打着文化的旗号,但却是一种物化的文化,它所缺乏的就是一种批判和否定精神。

第二,文化工业追求利润的最大化将无法实现艺术的超越性,降低了文化产品的艺术价值。文化工业的批量生产,满足的是消费者的消费需求,不再追求产品的艺术价值,在娱乐和消遣的背后是实现利润最大化的目标,不可能超脱世俗社会,艺术的超越性无从谈起。

第三,文化工业使人的个性趋于消亡,不可能实现自由创造。文化工业消除了人的个性，使人成为"单向度的人"，文化工业的产品，其类型、内容和风格日趋单调和雷同。文化产品生产的动力是资本，创作者只能迎合市场被动地生产，不可能实现自由创造。

第四，文化工业的商品化生产是标准化、程序化和复制性的，这会丧失传统艺术的"韵味"破坏传统民族文化既有的优美和纯洁。

第五，文化工业产品消费者的独立判断能力日渐丧失。在大众传播媒介的包围和改造下，广大受众日益弱化自己的独立思考和判断能力，逐渐缺失了自己的感情和主体意识，从而成为纯粹被动的文化消费者，一个与主体的本质相背离的物化存在。

国内学者则认为，霍克海默尔使用的"文化工业"一词，是将它看成一种控制社会意识形态和思想的力量，持批判态度，和现在常说的"文化产业"有一些区别，所以译为"工业"。直到欧洲委员会和联合国教科文组织把"Industry"的概念变成复数，用来指代文化在当代社会中的存在和作用时，它才被称为"文化产业"，成为一种广泛意义上的文化经济类型。

二、文化的电子化技术阶段（1948—1997年）

以电子技术为代表的现代科技以前所未有的速度和规模进入文化领域，催生出众多以工业生产方式制造和传播文化产品的行业，促进了文化工业向文化产业的转变和本质飞跃。正如德国社会哲学家霍克海默与阿道尔诺（即阿多诺）在阐述文化产业基本特征的同时指出的那样，"文化工业"必然要向"文化产业"转变。本雅明认识到，文化产业化是当代社会发展的必然趋势，同时带来了艺术的改变。传统的手工制作和传播方式是"时间的叙述"，现代信息社会的特点是"瞬时性"，所以现代人不再致力于耗费时间的艺术品，取而代之的是大量机器复制艺术的出现，如电影、报刊、电脑等。其共同特点是以科技为主体，大规模复制和生产为大众文化消费和享受的文化产品。他对文化工业持肯定态度，认为它"把人的创造力从艺术中解放出来，其意义不亚于16世纪科学从哲学中解放出来。"从此，法兰克福学派的观点渐渐地淡出了主流舞台，新的文化产业基础理论研究和应用理论研究开始了。1964年，伯明翰大学当代文化研究中心成立，它标志着英国文化学派（简称"伯明翰学派"）的诞生，代表人物有雷蒙德·威廉姆斯、斯图亚特·霍尔、约翰·费斯克等。英国文化学派的理论是对英国文化保守主义和法兰克福学派的批判性继承，又是在大众文化领域的独具特色的创新。

首先，英国文化学派改变了法兰克福学派过分强调现代科技对文化产业影响的理论着眼点，侧重从制度话语和权力等微观政治角度来考察和分析文化产业；法兰克福学派从意识形态批判的角度过分强调大众在文化接受过程中的被动性，英国文化学派则注意了文化产业生产和消费中的能动和解放力量。

其次，与法兰克福学派对文化产业所持的摈弃态度不同，英国文化学派主张用辩证的态度来看待高雅文化与通俗文化，甚至为大众文化高唱赞歌。因为在他们看来，大众文化的生产虽然是批量复制的，其功能却并非是单向的，而是经历了"编码/解码"的双向环节，受众对文化产品的形形色色的解读，会造成对文化工业的有力抗争。

再次，英国文化学派重新界定了"大众"的概念。法兰克福学派认为"大众"（mass）即"乌合之众"，大众化就是现代工业社会将民众非个性化、同一化的过程和结果；英国文化学派则认为大众并非是静态的、消极的和没有主体性的同质化的群体，大众的内涵和构成是相对的、动态的，会因为他们的阶级、性别、种族、年龄等因素的不同而存在差别。

此外，英国文化学派对"文化"作了新的诠释。传统的文化观是以"经典作品"或"艺术作品"为核心和评价标准的，英国文化学派则提出：文化不再以"经典"为标准。如威廉姆斯认为，文化不仅包括伟大传统中的最优秀的思想和言论，还包括了其他的知识形式、制度、风俗、习惯等。费斯克把文化定义为"意义在特定社会中的产生和流通"，"大众文化就是日常生活"，文化不是什么超越时代的永恒不变的精神，而是工业化社会中意义的生产和生活的方法，它涵盖了这种社会的人生经验的全部意义。这实际上是对文化产业的社会意义给予了认可，为后来的文化产业发展奠定了理论基础。费斯克后来成为美国文化产业理论的代表人物，正是从他开始，文化研究才真正转向"文化"与"产业化"的双重属性。

三、文化的数字化技术阶段（1998—2012年）

以互联网为代表的数字技术和信息技术，不仅极大地拓展和丰富了文化产品的表现形式和生产方式，更使文化产业获得了前所未有的大规模复制和传播的能力，形成了数字文化产业，引领着当代文化产业发展的新趋势。这种文化产业以创意为动力，将各种"文化资源"与最新数字技术相结合，融会重铸，建立了新的生产和消费方式，产生了新的产业群落，培育出新的消费人群，并以高端技术带动传统产业实现数字化更新换代，创造出了惊人的经济社会价值，已逐步成为当代社会发展中的主流产业，赋予了文化创意产业新的时代内涵。随着信息技术的推广和应用，文化产业的发展表现出"横向规模化"和"纵向一体化"趋向，单纯的数量膨胀已经难以表达文化繁荣的真正意义。一方面，同质文化产业在资本、技术等资源优势推动下得到整合，规模日益增大；另一方面，同一产业链上的异质文化产业通过不同企业的兼并改组得以重整。在现代信息技术的影响下，不管是文化产业还是文化化的产业，都有一种趋势，即试图超越地理界限，形成"全球化"态势，并且有意或无意地与意识形态联系起来，在一定程度上侵蚀他国文化。例如，以高科技为依托的美国电影的出口额在国内所有产品中雄踞第二位，仅次于航空航天产品。在日本，随着科技的发展，以电子、信息、网络等现代科技为核心的文化产业创造了一个又一个奇迹，日本在唱片业、出版业，特别是在游戏、动画、卡通、漫画等领域中拥有世界一流的竞争力，日本的文化产业产值已经超过其汽车工业产值。文化全球化的动机是商业运作的内在扩张，这种全球化现象会对地域文化产生消解效果。

伴随着数字化技术诞生的是文化产业的应用理论。文化产业的应用理论就是有关文化产品的研发、生产和营销以及文化企业管理和运作的理论。它是基于西方社会的文化产业实践发展起来的经验性操作理论。由于文化产业应用理论直接面向市场和消费者。因此，经济学、管理学和社会学就成为文化产业应用理论的必备工具。

"文化产业"一词在20世纪80年代开始在欧洲被广泛使用。20世纪80年代末，英国学者麦耶斯考夫（Myers Cough）在《英国艺术的重要性》一书中论述了"艺术与文化产业"问题，认为文化产业主要指的是艺术部门的文化活动。后来，英国的"文化、媒体和体育部"开始把文化产业称为"创意产业""版权产业"或"内容产业"。无论哪种指称，都与文化产业的"创意"特征有关。这也正是我国有些学者把某些文化产业门类称为"创意产业"的由来。20世纪90年代初，英国人尼古拉斯·迦纳姆（N. Garnham）在产业理论的应用研究方面做出了重大贡献。他认为，文化产业采用了特有的生产方式和行业法人组织来进行符号的生产和传播，这些符号的表现形式虽然不都是商品，但却都是文化商品和服务。20世纪末，查尔斯·兰蒂（Charles Landry）将"价值生产链分析法"（Value Production Chain Analysis）引入了文化产业的应用研究，从而提出了文化产业的五个阶段性环节：创意的形成、文化产品的生产、文化产品的流通、文化产品的发送机构和最终消费者的接受。

经过文化产业实践的发展和积累，西方的文化产业应用理论对文化产业的理解形成了这样一些观点：第一，文化产业主要指"大众文化"或"流行艺术"，如畅销小说、商业电影、摇滚音乐、拉丁舞、商业设计、PDP歌曲、音乐喜剧、肥皂剧、电视连续剧、连环漫画、音像制品等等。第二，文化产业主要指大众传播媒介如电视、广播、广告、流行报刊等。第三，文化产业需要把文化推向市场，使之从生产到交换再到消费都成为一种经济活动，它不仅需要按照文化艺术的规律来生产，更需要按照一般商品的生产模式来生产。第四，文化产业与其他产业部门一样，是按资本运行的逻辑进行生产的，需要追求利润的最大化，实现资本增值。第五，文化产业的发展带来了当今世界的文化存在形态、结构和格局的重大变化，导致了文化的商品化和消费化，也使传统的文化观念、文化（艺术）生产方式、文化接受和消费方式以及文化作用方式发生了重要变革。

在文化产业发展的每一个阶段，科学技术都扮演了重要角色。从本质上说，富于创新精神和知识含量的文化产业，与不断进步的科学技术有着天然的亲和力，而资本总是倾向于流向有创新和文化含量、有核心竞争能力的新型产业。现代科技对文化产品的流通起了革命性的作用，当以现代科学为基础的高新技术加入到文化产品流通环节后，特别是传播技术的发展，如印刷技术的进步，广播、电影、电视、电脑网络空间技术等的诞生，使文化产业流通表现出空间立体化、时间快速化和手段现代化等特征，使文化产业的流通空间变得更大更广，流通速度更快，周期更短。在现代信息技术的影响下，文化市场优化了资本的流动规则，资本对技术的依赖逐渐增强，资本决策者希望能在最广阔、最深入的领域里作最充分的选择，以找到最理想的投资方向。值得注意的是，在科学技术的推动下，领先于时代的精神内涵往往会带来意想不到的经济效益。知识资本成为创造文化产品价值的实际推动力，显示了科学技术、文化产业与资本协同运作的强大能量。

第二节 科学创新推动文化产业发展

科学技术的不断创新，为提升文化建设的科技含量、促进文化领域的改革创新，为改造传统文化产业、培育新兴文化业态，提高文化产品服务质量，满足人民群众日益增长的精神文化需求提供了有力的支撑，对文化产业的产业构成和发展趋势具有举足轻重的作用和意义。

一、现代科技的应用和创新，提升了传统文化产业的科技含量，促进了传统产业的更新换代

人类社会发展的事实表明，每一次技术的进步，都带来了生产关系的重大变革。技术进步改变了文化产业的产业形态，促进了文化产业结构的升级换代，延伸了文化产业的产业链，提高了文化产业的盈利水平。现代科学技术影响下的文化生产与传统的生产方式有很大区别。由于应用型软件可使人们便捷地将信息转移到生产资料和生活资料中，因此，以前是人机分离的生产方式，现在则成为人机融合；以前是机械的，现

在则是智能的；以前复杂的工序，现在则变成了简单流程。过去，文化生产中有许多工匠式的劳动，比如打字、排版、扫描、送稿、置景、造型等，既费时又费钱；现如今，依托日新月异的电脑、通信和网络集成技术，艺术家、科学家、程序操作人员，可以在电脑里各司其职地制作图形、图像和音乐，生产出电子出版物、数据库，经过后期制作、包装，然后发行，并应用于有线互联网络。通过这样一个过程，文化资源积累的厚度、文化资源开发的广度、文化内容整合的力度显示出来，文化的辐射力和吸引力也得到了增强。

  当代数字技术在文化领域的广泛应用，造就了众多新奇的文化形态，为传统的文化地图开拓了大片生疏的领土，推动着传统文化产业不断迈向更高的境界。比如，在电影发展史上，从无声到有声，从黑白到彩色，从平面到立体，由胶片技术向数字技术演进，每一次创新与变革都由科技的进步所推动。又如电视的产生与发展同样是科学技术进步的产物，数字技术、网络技术、多媒体技术等多种技术的融合应用，使电视系统发生了根本变革，电视业迈进数字化和多媒体时代，电视产业成为文化产业中新生的却是成长最快的重要产业。再比如传统的图书出版业借助现代科技改变了信息的原有载体形式，将庞大的文字信息容纳进一张光盘，文字、声音和图像汇成的多媒体信息一改原来单一、乏味的信息表现形式，有效地增强了图书的感染力和可阅读性，丰富了传统图书的表现内涵以更好地应对市场变化。再如，影视剧中高难度的特技场面，随着以数字技术为核心的高科技的运用，原先的真人替身已逐渐被电脑特技所代替，而代表当今影视科技先锋的3D、4D技术大大增强了人们对于传统影视产品的感受和体验，为影视业的发展提供了更为广阔的想象空间。网络文化的出现就是典型例证。网络文化作为互联网与文化艺术相结合而产生的社会文化现象，是科技与文化创新的产物，集中体现了文化内容、表现形式和传播手段的全方位的创新。从形式上看，网络文化既有文化产品和服务在各种网络上的传播与延伸扩展，如网络电视；又有基于网络而产生的全新的文化形态，如以网络为载体的动漫游戏。其他文化创意产业，如影视制作、软件设计、信息和通信技术与服务等，也都是科技与文化紧密结合的产物。此外，我国目前正在大力推进的下一代广播电视网（NGB）也是科技改造与升级传统文化产业领域内容的典型例证。再如，将传统会展产业与网络新媒体技术相结合的网上会展业，不仅可以解决传统展会在时间、场地和费用上的限制，同时也表现出越来越强的发展独立性和自主性，目前已日益成为会展行业的主流模式。在2010年上海世博会上，科技与创意的吻合更是无处不在，如会动的"清明上河图"堪称中国馆的镇馆之宝，也是最受人们追捧的创意作品之一。科技让传统文化大放异彩，所产生的效果更是让人叹为观止。在传统的传媒产业中，报刊、广播、电视等原先各自为阵，而科技催生的数字内容产业却打破了传统媒体之间的技术界限和鸿沟，使过去由不同媒介传输的不同形态的数据、文本、声音等信息都能无差别地转换为数字形式，在同一平台上相互包容、渗透和整合，各领域的资源交流共享能力大幅提升，产业结构因此变得更为紧密。

二、以创新为动力的高新技术，将各种文化资源与信息技术有机整合，优化了文化产业的结构层次

科技创新不仅能促进传统文化产业的自我更新，更能不断构建和拓展文化产业新的发展空间，构建起新兴的文化产业链。新技术催生的文化产业中的诸多新兴产业呈现出"族群"式发展的趋势。如电脑的普及应用让电子出版、数字音乐、电脑软件服务、数字电影等新兴文化产业获得了强大的生命力，继之出现的互联网则塑造了网络游戏、网络广告、流媒体点播、音乐视频下载服务、软件服务、博客、播客等新的文化产业门类。如今正在形成热潮的则是以手机为用户终端的彩铃、彩信、WAP、移动博客、手机报纸、手机电影、短信息等产业，此外还有动漫、卡通等融合了多媒体技术的产业类型。正是因为高新技术和文化产业的高度融合，使得文化产业产品的增值能力倍增，也使得文化产业链的变化不再仅仅表现为垂直型，而是表现为垂直和水平相互交叉、相互支撑的复合型结构，是充分利用数字化网络媒介，打造多功能立体文化平台，形成高技术、集约化的现代文化产业形态。传统意义上的文化产

业如新闻、出版、广电和文化艺术，这些仍然构成了中国文化产业"核心层"。然而，当前高新技术带来的新兴文化产业类型如网络文化、数字娱乐产业等，所形成的"外围层"却出现了位居主流的趋势，其在整个文化产业的带动作用已经日益显现。尽管上述这些新媒体相关产业从数据上说有的总量尚小，但是其发展速度和带动其他产业的联动发展势头却不容忽视，随着信息社会层次的不断提高和数字化汇流的逐步深入，有些目前尚没有形成足够力量的新媒体产业类型将会逐渐壮大，同样有些可能会慢慢退出历史舞台或者被其他产业所取代，但是新媒体形成的重要部类在文化产业总体中一定会占有越来越显要的地位。

现代科技使创作思维中的无限想象转化为丰富的现实情境，极大地拓展了创意空间，催生出新的表现形式。就创作而言，一个好的文化资源或优秀创意要转化为相应的文化产品，必须借助一定的手段进行表达。现代科技的进步，清除了以往传统表现手法的障碍，为那些天马行空般创意的实现提供了强大的技术支持和手段，极大地丰富了文化产品的表现方式。同时，科技创新本身也在不断激发着文化创作者的创新意识和创新思维，催生出更多丰富而具有想象力的文化表达方式、表现形态和全新的文化媒介。总体上讲，现代技术成为促使文化产业整合、重构和产业结构升级的催化剂，它为文化产业带来的变化是深刻的，是整个文化产业生态系统的演进和更新。从发展趋势看，文化产业正逐渐成为一个将文化、创意、科技等各元素深度结合的新型产业形态，结构也随之在不断优化和完善。

风靡全球的3D电影《阿凡达》，享誉上海世博会的动感名画《清明上河图》，颠覆了文化产品技术含量低的传统认识，文化已成为新技术应用与集成最广泛的领域之一。推动文化与科技融合，广泛运用数字化和网络化等新技术，有利于丰富文化表现力、增强文化感染力、提升文化传播力。实现文化资源的数字化，可以用崭新的表现手法展示中华文明成果；实现文化生产的数字化，可以改造提升传统文化产业，催生新的文化业态，推动文化产业转型升级；实现文化传播的数字化，可以尽快形成覆盖广泛、传输便捷的现代传播体系；实现文化消费的数字化，可以使文化消费更加便利，有效需求规模迅速扩大。文化数字化建设为我国文化产业赶超发达国家提供了难得的机遇，也可为打破地区封锁和行业壁垒开辟新途径。

在现代技术条件下，传承和传播文化的载体，早已跨越了单一的纸张时代，文化载体的多元化、多样性，把多业态的文化产业与制造业、旅游业、建筑装饰业、信息业、包装业等相关产业紧紧地联结在一起。随着立体视觉产业的兴起，立体视频的采集、制作、播映、显示所需的摄像机、电视机、计算机、手机、银幕等设备必然面临更新换代，对制造业的拉动作用将是巨大的。如果将民族文化元素或符号，经过创意设计植入建筑、装饰和包装材料及旅游纪念品，将会提高物质产品的文化含量和附加值。

三、科技创新有效地引导和开发出新的文化产品和消费需求，培育了新的文化产业业态和文化消费群体

科技与文化的交融日益深化，两者在相互促进、交融的过程中支撑和引领文化产业发生着一场前所未有的变革，不仅使得传统文化产业在产品生产环节发生脱胎换骨的变化，焕发出新的生机和活力，拓展出新的文化品种，而且对文化产品的接受和消费方式产生深刻影响，有效地引导和开发出新的文化消费需求，培育起新的文化消费群体。以互联网、数字化等传播科技为依托而形成的数字内容产业就是其中之一，作为生产和传播数字内容为主的新兴文化产业，由于数字内容产品具有同类传统文化产品不具备的交互性、虚拟性和个性化等特性，受到了广大消费者的青睐。例如，当人们正在思考未来文化产品与存储技术如何完美融合的时候，苹果公司推出的 iPAD 产品抛给世人一个更深刻的命题——我们是否还需要纸质书刊？随着 iPAD 产品的推广，越来越多的人开始冷落纸质书刊，一场阅读革命悄然兴起。人们正改变着阅读的习惯，文化产业也在顺应着人们的需求而改变。现代高新科技与文化结合，使电视媒体实现了从传统媒体向现代新媒体的重大转型——传播渠道从无线、有线网扩大到直播卫星、通信网、互联网、物联网；传播载体从传统电

视机扩大到电脑、手机,出现了网络电视、手机电视、IP电视、移动电视、高清电视、付费电视等多种业务形态……像电视一样,手机也被赋予了更多的文化功能。为了满足人们随时随地能接受信息、能娱乐的愿望,手机不再是个简单的通话机,而是综合集成,被开发成为一个多媒体娱乐机,能读报纸、看新闻,能看电视、听音乐,还能玩游戏……最新数据显示,2010年第3季度中国手机阅读市场总营业收入达7.99亿元,环比增长17.56%。手机阅读的内容涵盖资讯、娱乐、财经、体育、图书等,仅中国移动的手机报用户就已经突破了4000万。手机媒体化已经成为不可阻挡的趋势,这既是技术进步的必然发展,也是文化产业作为内容提供的机遇。移动电子技术在文化产业终端上的应用已经成为文化产业发展的新亮点。

一方面,新技术直接地为消费者消费文化产品、进行体验式消费提供软件和硬件支持,如电脑、电视(高清电视、流媒体电视等)、手机、PDA等终端设施和视频软件、网络流媒体软件等;另一方面,新技术创造了为消费者尽可能全面、深入送达文化产品和服务信息的平台,为消费者进行选择提供充足的信息;更为重要的是,新媒体技术也为消费者消费所有文化产品和文化服务创造接受技术、信息支持与服务的便捷渠道。例如,当前已经开始使用互联网和手机交互的付款方式,消费者可以通过互联网来了解某部电影的梗概,通过手机报获取当天的新闻,有投诉的需要也可以在网上进行投诉……总之,新媒体技术是构建信息社会的重要技术门类,每一个生活在当前社会的消费者都可以通过新媒体技术搭建的平台来消费文化产品和接受服务。

四、现代科技创新增加了文化产品的时效性、附加值和市场竞争力,促使文化产业获得持续发展的动力和潜能

高新技术进入文化产业,催生新的文化产品,提高了文化产业的竞争力,使文化产业发展的速度和规模大大超过了其他产业。在文化产品的生产管理、传播和销售等环节,由于现代科技特别是数字存储技术和网络技术的应用及创新,为文化产品提供了前所未有的大规模传播的能

力，缩短了文化产品从创意到实现所需的时间，使生产管理、传播和销售变得更为迅捷简便。在极大地降低了这些环节的成本，充分发挥出文化产品资源的应有效益的同时，使得文化产品比以往更加具有时效性。文化产业主要通过提供文化产品来取得其收益。从文化产品的内涵和价值附加上，可以把它分为初级文化产品和高技术含量、高附加值文化产品。具有高技术含量、高附加值的文化产品往往能够为使用者提供更丰富、更多元、更持久的使用体验和消费享受。新技术贯通了文化产业的整个价值链条，同时为文化资源的充分开发利用和产业链条的延伸带来了更大的空间。当前世界领先的文化产业企业，如美国在线——时代华纳、贝塔斯曼、维亚康姆、维旺迪等，都将经营的产业从单一媒体向多媒体——尤其是新媒体领域转变，同时也将业务延展到娱乐、主题乐园、度假胜地、服饰、玩具等多种产业。在带动相关产业联动方面，新媒体更体现了极大的潜力。有关统计表明，高技术文化产业品种年增长在60%以上，年产值增加的幅度在35%以上。一些新型的领域实现了年年翻番。文化产品增加了科技的附加值，在提高其单位售价的同时也增强了其市场竞争力。文化产业的附加值主要来源于其文化价值和知识产权。一件印有北京奥运会标志的文化衫，制造成本不过区区几十元，售价却可高达170元。高科技产品同样具有高附加值性，一张没有内容的CD光盘，成本不到1元，而赋予了数字和多媒体内容的光盘，售价就是其成本的数十倍甚至更高。科技和文化的融合，大大增加了文化产业的附加值，文化产业在整个产业中的地位不断得到增强。美国以影视为代表的文化产业产值已经占到了其GDP的20%。美国电影业所拥有的高科技水准，使美国在世界电影产业市场上一直处于优势地位，产业发展速度和规模因此得到提升；日本则领跑全球游戏、动画、卡通、漫画市场，目前已成为世界第二大文化产业强国，其文化产业产值已经超过其汽车工业产值，占其GDP的20%；以动漫游戏和影视为主要出口产品的韩国文化产业已占其GDP的15%左右，其强劲的文化旋风还成为韩国旅游业、韩餐韩食的开路先锋。从我国近年来文化产业发展情况看，在高科技与文化产业的结合上，我们与发达国家客观上还存在着较大的差距：

初级文化产品多而高技术含量、高附加值的文化产品较少。只有加快科学技术在文化产业领域的广泛、深入应用，才能真正推动文化产业实现跨越式大发展。总的来说，内容引发社会需求，科技改变产品形态，资本影响市场规模，服务决定事业成败。这四大核心要素，是导致全球文化产业基本生态发生变化的直接动因。

五、现代科技创新增强了文化的传播力和影响力，加速了文化全球的"一体化"，提升了社会文化的竞争性

科技在发达国家不但推动着经济建设，而且促进着文化建设，发达国家所具有的文化优势，并不代表本国文化与他国相比的孰优孰劣，而是主要体现为文化传播力而非文化传承力的优势，体现为科技创新而非知识伦理的优势。文化产品是信息产品，西方学者德朗和弗鲁姆金在对信息产品与传统产品进行对比分析后，深刻地指出"信息产品的非传统特性极有可能对新经济的产业结构造成深远的影响"。安蒂·卡斯维奥（Antti Kasvio）在《传媒与文化产业》一文中说，现代信息社会的发展过程从科技创新开始，其"中心从信息收集与科技的传送，逐渐转向这些科技所传播的内容。在这一阶段，最大的增长期望是从信息技术产业转向传媒与文化产业"。由此看来，由于当前数字媒体技术的发展已经形成空前强大的文化产品生产、传播、发行能力，消费者多元化的个性选择，可以通过定制、点播等交互手段轻松满足，于是在有了顺畅的通信平台、多样的媒体表达方式和充足的自由选择余地的条件下，文化产业中内容的生产已经脱离了媒介技术的制约，其重要性日渐突显。如我国春节联欢晚会是全球华人的盛会，新技术使更多的华人感受到了来自祖国的问候和祝福。2010年中国网络电视台利用视频直播平台，向全球140个国家同步直播中央电视台春节晚会，并联合新浪、腾讯等多家知名网站扩大传播规模，海内外累计观看人次达7850万，比上一年增长1.3倍；同时，通过手机电视、IP电视、移动电视、楼宇电视对春晚节目进行了及时传播，仅手机电视国内外用户观看就达1200万人次；同步推出的春晚网络互动节目，参与人次超过3亿……没有网络、手机短信

等通信科技的推动,春节联欢晚会活动就不可能获得民众如此大的关注和参与,也就谈不上产生这么大的社会文化影响力。科技成就文化创意,文化创意又为科技提出新要求。满含文化和科技的大型文化活动,是一场展示中国风貌的文化庆典,也是展示高技术的科技盛会;是一个国家经济实力的体现,也是一个国家文化创意实力的体现。文化产业以其强大的传播、渗透和影响作用,成为支撑和提升国家软实力的主要产业部门。

在20世纪80年代后,"电视—全球卫星网络—电脑"形成一种相互交织的蔓延网络,文化产业的产品就在上面得以迅速传输,甚至卫星电视本身也在创造着一种全球同步的大众文化。通过全球信息系统纽结而成的传播网络,使得"地球村"各处的人们获得信息的同步性日益加强,尤其是电视直播的冲击波,不仅让全世界看到了奥运圣会的开幕式,而且见到了帕瓦罗蒂和他的流行音乐朋友们的演唱会现场。这也造成受众沉溺于技术手段营造的即时表演及创造,注重同步参与行为的当下经历感,正如本雅明所言,"现在不再是被经验,而只是被经历"。可见,大众传媒迎合了人们对感性的追求,也就是对所谓"震颤效果"(本雅明语)的追求,从而为了获得冲撞效果、即时反应和同步煽动性,导致了"距离感的销蚀"[1]。

美国通过大力发展文化产业,造就了举世公认的软实力。美国前总统里根说:"好莱坞电影走到哪里,美国的价值观就走到哪里。"近年来,美国通过高科技手段的包装,《变形金刚》《阿凡达》等影片营造了极高的视觉和听觉效果,更潜移默化地促进了美国文化观念和思想意识在全球范围的广泛传播与逐渐渗透。我国的一位文化学者也讲过,"作为国际事务中的战略资源的软实力,主要依靠文化产业。美国人十分懂得这个道理,所以他们的政府和企业都下大功夫,向全世界传播他们的电影、流行音乐、电视、快餐、时装和主题公园等"。如果说可口可乐是美国物质产品在全球攻城略地的急先锋,那么好莱坞大片就是美国软

---

[1] 刘悦笛:《美国文化产业何以雄霸全球?》,www.douban.com/note/98614558/2011-11-5。

实力的形象代表。当人们在电影院里面享受好莱坞大片带来的感官刺激时，作为美国文化和精神的体现，美国好莱坞大片也借助于商业运作和版权贸易，传播到世界各地，不仅创造巨大的经济效益，更深深地影响各国人民的价值观和审美情趣，展示出渗透力极强的软实力。

20世纪中期直至21世纪初期，在世界经济发展中以知识和文化为生产方式的新型产业集群迅速崛起，其特征是以科技创新为推动力，以数字化为载体，其外在表现是文化的经济化和经济的文化化，其趋势是科技知识和文化产业的合流发展。它反映了当代经济发展的形势和后知识经济时代的特点。研究知识经济和文化产业的合流发展以及其科技创新在推动文化产业发展中的重大作用，对我国进一步转换经济结构、改变经济增长方式、发展绿色产业，以及在金融危机背景下，增强文化产业对国民经济的贡献有着极其重要的意义。

第三节 现代科技促进文化产业发展

目前，中国文化产业发展正站在一个新的历史起点上。2009年9月，国务院出台的《文化产业振兴规划》指出，随着社会主义市场经济的深入发展和对外开放的不断扩大，文化赖以生存和发展的经济基础、体制环境和社会条件发生了深刻变化。目前文化的发展与社会经济发展有三个不适应：一是文化体制与人民群众日益增长的精神文化需求、全面建设小康社会的目标任务不相适应；二是与完善社会主义市场经济体制、进一步扩大对外开放的新形势不相适应；三是与高新技术在文化领域迅猛发展和广泛应用的趋势不相适应。世界发展的种种迹象表明，知识经济时代是一个"高技术"与"高文化"结合的时代，尤其是信息技术的发展从根本上改变了文化产品生产、传播和消费的方式。因此研究科技创新对文化产业创新的作用，以科技创新推动文化创新，是实现经济、政治、文化和社会协调发展，构建社会主义和谐社会的重要内容。

一、输入现代科学技术,提高文化产品的原创力,是增强我国文化产业生命力的有效途径

自20世纪80年代改革开放以来,从文化产业诞生、发展的历程来看,文化产品原创能力低下一直是制约我国文化产业发展的瓶颈,科学技术的发展给我们提供了改变这种状况的机会。在信息技术日益进入我们生活的各个领域并成为主导的时代,文化意义的创造,同时就有可能是它的技术表达方式的创造。数字化信息技术对文化的革命性意义在于:它在历史上第一次使得文化内容的创造有可能在一种技术形态中获得完美的实现。比如,"网络文学"具有了全新的生存形态,建筑、电影、音乐、摄影、工业设计等,已经广泛地与多媒体技术相结合,这使得文化产品的创造、质量和效率比以往任何时候都提高了许多。从世界各国利用现代科技与信息技术开发新的文化产品的实践看,应重点建设与信息技术相结合、具有先导产业性质的文化电子信息服务网络,主要包括国家文化艺术管理信息网络,国家图书馆电子信息网络,文物、博物馆电子信息网络,文化市场管理及社会服务信息网络。目前需要加快实现的是全国出版管理信息网络系统建设和出版物市场信息系统建设,同时广播影视音像业要综合运用现代高新光电技术和传播技术,进行影视、广播、广告节目的制作、播放、传输以及音像光盘制品的开发和生产。

二、以数字化技术保存和合理利用民族文化遗产,是我国文化产业发展的当务之急

从世界各国来看,"数字化文化遗产"的发展程度成为评价一个国家信息基础设施的重要标志之一。联合国将文化遗产定义为"可接触遗产"和"不可接触遗产"及其相关信息。数字化包括了所有这些种类的文化遗产。现代信息科学技术的发展给上述民族文化遗产的继承和发展提供了一种崭新的途径,就是通过最新的数字技术,如虚拟现实、三维动画以及网络等,再现、传播、保存各国的民族文化遗产。文化遗产数字化还可以将传统文化资源转化为经济资源,产生巨大的经济效益。经

过开发，许多以往被排斥在经济领域之外的文化形态，在信息科学技术的承载之下，都可以进入经济学家和投资人的视野；同时，文化学家和人类学家可以借助现代信息技术，清晰地描述一个国家的民族文化基因图谱，有助于一个民族文化的传播和发展。当前世界发达国家无不以国家政策为主导，以公共资金启动文化遗产数字化建设。总之，在全球化时代，借助于现代科技和信息技术，保护和管理好自己的文化遗产，是我们对全人类文化多元化存在，以及与后代人共享人类文化遗产所负有的义不容辞的责任。

三、以现代科技手段促进信息产业与文化产业的互动发展，是发展我国文化产业的核心任务

21世纪，人类正在走向一个以文化知识和智力资源的占有、配置、生产与消费为一体的社会，这个社会的经济增长模式应该是以知识为核心资本来创造经济利益。也就是说，生产力的核心，不再只是传统意义上的某种物质要素，而包括富有创造性的人的智力，智力在生产活动中通常表现为对科学技术的运用。这里说的科学技术，绝不仅限于自然科学，也包括社会科学。因此，能将物质生产与精神生产融为一体的现代信息产业与文化产业，从一开始便处于运用自然科学与社会科学的理念与手段的较高境界。改革开放以来，在信息技术全球化浪潮的推动下，我国的信息产业和电信业迅速从传统的基础设施领域脱颖而出，进入一个有线通信和无线通信、传统电信和计算机网络、电信产业和新闻媒体的规模"产业弥合"时期，现已成长为我国国民经济最大的综合性支柱产业。以信息产业为主体的产业结构提升为大批与文化产业相关的新兴产业集群的生长提供了新的技术基础，并反过来对一些传统文化产业领域产生了延展性影响。如果对近年来我国产业界热点问题进行巡检，国内对与文化产业相关的产业发展和投资热点的关注，无不与"经济和社会发展信息化"相关。1999年出现了"网络热"；2000年信息化延伸至传媒领域，引发了"传媒热"，新闻、出版、广播、电影、电视等大众传媒迅速"入网"，出现了信息产业与文化产业"大合流"的景象。从

西方各国的发展经验来看,促使现代信息产业与文化产业合流,并且保持信息产业与文化产业的同步发展是至关重要的。现代信息产业与文化产业已经成为国民经济中息息相关的两个支柱产业,它们的共同繁荣不仅可以带来经济的稳步增长,而且可以扭转工业时代因经济片面发展带来的一系列社会问题,促进一个国家的全面的可持续发展。

第四节　运用科技加速文化产业发展

技术与文化产业的互动发展是一个重大课题。把运用高新技术作为推动文化建设、提高文化创新能力和传播能力的新引擎,这是当前形势下增强我国文化实力,加快文化发展,推进文化繁荣的一项重要战略举措。

一、加快观念转变,深刻认识科技在文化产业发展中的地位

目前,摆在我们面前一个最现实的问题,就是在产业现代化中如何对待传统产业,使之由低技术、低附加值的劳动密集型产业和产品向生产高加工度、高附加值的产业和产品过渡。一条行之有效的途径就是立足于传统产业的技术改造,把高新技术引入传统产业,用知识经济理念改造传统产业,把知识经济的理念渗透到传统产业的生产、经营、管理、服务等各个环节,逐步使传统产业向"人有我优"的方面转变。特别是在我国推动文化产业发展以及三网融合的大背景下,所有的新媒体业态都是以科技为平台进行业务开发和功能延伸,科技已成为新形势下文化产业取得突破性发展的重要依托。当前,国家将推动文化产业科技进步摆到了相当突出的地位,通过政策文件等提出了有关明确要求,这为我们重新审视科技在文化产业发展中的作用提供了依据;同时结合国外大中型文化企业集团都在开始重视投资和发展高科技板块的现状,我国文化产业的各级主管部门等应站在国家文化建设、三网融合等重大机遇的新历史起点上,重新评估并深刻认识科技进步所带动的传统文化产业尤其是新兴文化业态的发展以及科技型文化企业在推动文化产业跨越式大

发展中应扮演的角色，从根本上改变原有的观念和认识，为不断深化有关体制机制的改革完善提供坚实的思想保证。

二、深化体制改革，以制度保证有独特优势的市场主体形成

在转变原有观念的基础上，我们要坚持公有制为主体、多种所有制经济共同发展的基本经济制度，加快壮大国有或国有控股经营性文化科技企业，使其作为龙头；建立统一开放、竞争有序的文化市场，充分发挥市场对文化资源配置的基础性作用，改变原有的按部门、按行政级次分配文化资源和产品的传统体制，使现有的国有文化企业激发出应有活力；以市场为导向，以资本和业务为纽带，发展一批拥有自主知识产权和文化创新能力的国有高科技文化企业集团，使其具备独特的市场主体优势；积极吸收社会资本参与到振兴文化科技的事业中来，使文化企业具备资金的优势。过去我们的体制改革在具体实践中遇到的困惑应该在下一轮改革中逐步破解。在加强创新经营与科学管理的基础上，根据侧重的不同科技领域，有目标、有计划、有步骤地对该领域的核心、前沿技术进行研究与开发，大力促进科研成果转化，努力形成自主知识产权，提高我国相关文化产品服务的附加值，增强文化产业的活力和创新力，努力为我国从文化资源大国转变为文化产业大国和强国的发展不断提供科技支撑。

三、加强政策引导，做好对科技型文化企业的发展规划

文化产业科技实力的提升，必须依靠国家及行业有关法律法规等政策的科学引导。因此，在国家与相关管理部门已颁布的文化产业政策指导文件的基础上，要加快推进文化产业科技专项发展战略规划等政策的制定与实施，为文化产业科技领域提供有力、稳定的政策支持。按照我国产业振兴规划要求，要重点发展文化创意、影视制作、出版发行、印刷复制、广告、演艺娱乐、文化会展、数字内容和动漫等重点文化产业。根据世界文化产业发展的趋势和我国实际，文化产业科技发展的优先领域可以是广播、电影、电视技术，现代出版印刷技术，电子出版物与数

字图书馆技术，文化设施技术集成体系等。相应地，提升这些领域的科技实力应该成为我们的工作方向和主要目标。通过制定促进我国文化产业科技发展的政策文件，从制度上保障高科技文化企业的健康发展。要进一步明确文化产业中科技发展的重点课题和关键技术等；通过加强科技投入，提升重点文化产业的科技水平，使我国文化产业科技领域能够出现领军的企业和研究机构；支持鼓励有关单位积极开发拥有自主知识产权的高科技文化产品，不断形成新的增长点。

四、加大政策扶持，促进优势资源逐步向科技型文化企业聚集

要在促进文化产业科技进步的政策环境和支撑条件上有所突破，在财政、税收和工商管理等方面应给予科技型文化企业特别是高科技文化企业以足够的扶持。要进一步制定政策引导高新技术进入文化领域，促进科技成果向文化产业转化，把文化产业科技支撑研究纳入国家的重点研究课题；加快建设一批文化产业科技示范基地，加大对重点文化产业科技项目的推介、评选和奖励，以鼓励更多的科技型文化企业加大科研投入和成果转化；对高科技文化企业实行更多的优惠政策，可设立各类文化产业科技创新基金用于推动文化产业朝高新技术方向转型；针对中小科技型文化企业的发展，进一步细化有关政策，逐步化解融资难等问题，更好地激发中小科技型文化企业的市场活力。文化产业领域的科技企业要有胆识、见识和知识，主动进行转制，挺进资本市场，主动适应激烈的竞争环境，练好内功和外功，使自己健康持续发展，立于不败之地。

五、加快人才建设，打造文化产业的高科技人才群

企业的竞争，是技术的竞争，更是人才的竞争。发挥高科技对文化的引擎作用，最根本在于人，因为人才是科技知识和文化创新的载体。科技人才的短缺是当前我国文化产业科技水平低下的主要原因之一，如果人才问题不能很好地解决，实现文化产业快速发展将成为空谈。为此，我们应加强各类专业人才培养和引进机制的建立，打造文化产业的高科

技人才群。应本着"尊重知识,尊重人才"的原则,从生产、经营、管理中选拔经验丰富、有培养前途的中青年技术人员,向社会招聘各行各业中有真才实学的设计人员;通过定向培训,提高在职技术人员的业务能力;要整合高等院校、科研院所及社会力量等资源加紧推进文化科技人才的培养,急用先学,为我国文化产业造就一批专业扎实、思维创新、作风过硬的科技研究与应用人才;改进培养方式,拓宽培养渠道,建立长效的人才培养机制,积极储备高素质的文化产业科技人才后备队伍;推出更多的优惠政策吸引国内外高层次科技人才,积极投身国内文化产业科技事业的建设发展,尤其是投资、资本运作、经营管理类高层次人才;不断营造有利于发挥各类人才才智的生存发展环境,完善科技人才考评管理机制,建立文化产业人才数据库和个人科技事业提升计划;探索实施在文化企业改制中对高科技骨干等人才的持股、参股、配股等奖励政策。总之,我们应当采取一切积极措施,培养一大批优秀文化科技人才,为文化产业实现可持续发展提供智力支持。

六、加强经验借鉴,引领我国文化产业核心科技水平的不断提升

在经济全球化、文化国际化的机遇与挑战下,要加强国际间的产业交流与合作,掌握全球文化产业科技业发展的最新动态和趋势,提升我们的科技敏锐感;积极推进对国外文化产业科技基础技术、前沿技术和核心技术的研究,寻找合作的领域,缩小与国外的差距;引进和借鉴国外文化产业科技管理方面的成熟制度和规范标准,加快自主创新能力的提升;积极吸引国外有资质的企业合作参与国内文化产业政策允许的科技创新项目,增强自主创新的后劲。

第六章 文化和科技融合创新与文化产业发展[*]

当今是一个文化与科技大发展的时代,科技创新在与文化、经济和社会的互动中扮演着越来越重要和主动的角色。现代文化产业是一种知识密集、信息密集、技术密集的新兴产业,其产业的价值源于文化积累和科技发展所激发的创意。作为21世纪的"朝阳产业",文化产业已经成为体现各国核心竞争力的重要内容,而是否有高新科技支撑,又成为检验文化产业的发展质量、发展规模和发展前景的一个重要指标。本文通过探讨科技创新与文化创新对文化产业发展的重要作用,提出了以文化创新引领科技创新,以科技创新推动文化创新,实施文化与科技"双轮驱动"、深度融合发展文化产业的路径与策略。

第一节 科技创新对文化产业发展的推动作用

发展中的文化产业与不断进步的科学技术有着天然的亲和力,科技创新已成为文化产业发展的新引擎。现代科技对于文化产业的多层次渗透、全方位介入,从根本上改变了文化产品生产、传播和消费的方式,提升了文化产品的创作力、感染力和文化的表现力、传播力、影响力,成为提升文化产业核心竞争力的重要手段。

---

[*] 本章原题《文化和科技融合与文化产业发展》,原载于平、傅才武主编:《文化创新蓝皮书 中国文化创新报告》,北京:社会科学文献出版社2013年版。

一、科技创新促进了文化生产技术的创新

在现代技术日益进入我们生活的各个领域并成为主导的时代，文化意义的创造，同时就有可能是它的技术表达方式的创造。科技成就文化创意，文化创意又对科技提出新要求，比如动画、动漫及网络游戏等软件开发过程中需要仿真技术、计算机图形技术、三维建模技术、数据压缩技术、数据传输技术等，以及操作系统、硬件平台、人体工程学、电子学、光学、材料科学、人文科学等多项交叉学科和技术的支撑。

以信息技术为代表的高新科技成为文化产业发展的巨大动力，一方面，计算机动画、动漫及网络游戏、移动通信、大容量数据库、互联网信息服务等一批具有高新技术属性的新兴产业，逐渐成长为文化产业中具有鲜明时代特点的重要组成部分；另一方面，传统的出版复制、新闻服务、旅游文化、广告会展等产业类型也被赋予了越来越多的高新科技内涵。

现代科技创新不断激发着文化生产者的创新思维，清除了以往传统表现手法的障碍，为那些美好创意的实现提供了强大的技术支持和手段，使创意思维中的无限想象转化为丰富的现实情境，极大地拓展了创意空间，催生出更多丰富而具有想象力的产品的文化表达方式、表现形态和全新的文化媒介，如2008年北京奥运会开幕式上文艺表演环节的画卷至今让观众记忆犹新。为了使鸟巢边缘达到"碗边"的效果，通过运用视频移动、无缝拼接等多种世界先进的多媒体数字灯应用技术，并采用多种自主研发的专利软件，使鸟巢"碗边"天衣无缝，视频融接超过493米，远远超过了国际上视频融接长度不超过130米的世界纪录。画卷的显示屏在计算机的控制下，通过激光将光电呈现在LED显示屏上，呈现出各种新奇图案和文字，通过声、光、电的巧妙结合，展示出奇妙的人文意境，通过人工不断同步操作，实现图像流动效果。在2010年上海世博会上，科技与创意的吻合更是无处不在，如会动的《清明上河图》堪称中国馆的镇馆之宝，所产生的效果更是让人叹为观止。

当今文化产业导向是向高新技术发展，科技已经成为我们现代经济

的主要推动力。我国于 2010 年 6 月 25 日出台了有关三网融合的政策，并公布了一批试点单位，这意味着三网融合正式进入我国的新兴产业规划中，从而创造出至少 5000 亿元的信息服务市场[①]。当前文化娱乐、网络（包括手机）、影视逐渐走向融合，形成了新的数字内容产业发展趋势，而三网融合将为推进媒体融合提供动力。电视与手机、网络的融合将是必然趋势，以网络电视、手机电视为新兴的信息服务，将成为人们寻找娱乐内容的主要形式。在发达国家，科学技术对经济发展的贡献率高达 85%。因此，我们要积极创造条件，发展高新技术产业和产品。

二、科技创新促进了文化产业能级的提升

科技进步已成为增强文化产业发展活力，提升文化产业能级的重要保障。科学技术使传统文化产业跳出原有发展空间与模式的束缚，跃升为现代文化产业，向标准化、规模化、集约化发展，显示出前所未有的活力与发展潜力。比如科技发展有力地促进了传统平面媒体向全媒体转变，电影的发展经历了从无声到有声，从黑白到彩色、从平面到立体的转变；当今的电视产业在数字技术的推动下，也迈进数字化和多媒体时代，成为文化产业中新生的却是成长最快的重要产业。

数字技术、网络技术、多媒体技术等多种技术的融合应用，还使得文化内容的创造有可能在一种技术形态中获得完美的实现，成为推动文化产业升级的重要力量。比如，传统的图书出版业借助现代科技改变了信息的原有载体形式，将庞大的文字信息容纳进一张光盘，文字、声音和图像汇成的多媒体信息一改原来单一、乏味的信息表现形式，有效地增强了图书的感染力和可阅读性，丰富了传统图书的表现内涵，更好地适应了市场的变化。再如，影视剧中高难度的特技场面，随着以数字技术为核心的高科技的运用，原先的真人替身已逐渐被电脑特技所代替，而代表当今影视科技先锋的 3D、4D 技术大大增强了人们对于传统影视

---

① 彭伟步：《文化产业发展要紧抓新兴业态》，2011 年 6 月 30 日，http://media.people.com.cn/GB/22114/206896/225646/15041416.html。

产品的感受和体验，为影视业的发展提供了更为广阔的想象空间。

文化产业广泛地与多媒体技术相结合，这使得文化产品的创造、质量和效率比以往任何时候都提高了许多。在传统的传媒产业中，报刊、广播、电视等原先各自为阵，而科技催生的数字内容产业却打破了传统媒体之间的技术界限和鸿沟，使过去由不同媒介传输的不同形态的数据、文本、声音等信息都能无差别地转换为数字形式，在同一平台上相互包容、渗透和整合，各领域的资源交流共享能力大幅提升，产业结构因此变得更为紧密。同时，以文化创意为核心、多元业态共同发展的产业链在科技的助推下正逐渐成型，并构成了以文化创意、影视制作、出版发行、印刷复制、广告、演艺娱乐、文化会展等为主体的现代文化产业结构。从发展趋势看，文化产业正逐渐成为一个将文化、创意、科技等各元素深度结合的新型产业形态，结构也随之在不断地优化和完善。

三、科技创新促进了新的文化业态的形成

科技创新不仅能促进传统文化产业的自我更新，使传统文化产业焕发出新的生机和活力，而且更能不断构建和拓展文化产业新的发展空间。从20世纪90年代开始，以计算机信息处理技术为标志的信息传播技术成为推动文化产业向更广领域拓展的一股重要力量，从 CD\CD-ROM\VCD\DVD 到手机短信、可视电话、卫星通信、数字电视，信息技术的飞速发展改变了文化产业的传播方式，推动了文化产业形态的转变，从而进入一个有线通信和无线通信、传统电信和计算机网络、电信产业和新闻媒体的规模"产业弥合"时期，这种信息产业已成长为我国国民经济最大的综合性支柱产业。以互联网、数字化等传播科技为依托而形成的数字内容产业就是其中之一，作为生产和传播数字内容为主的新兴文化产业，它包括了网络电视、网络游戏、网络商务、网络教育等组成内容。由于数字内容产品具有同类传统文化产品不具备的交互性、虚拟性和个性化等特性，因此受到了广大消费者的青睐。再如，将传统会展产业与网络新媒体技术相结合的网上会展业，不仅可以解决传统展会在时间、场地和费用上的限制，同时也表现出越来越强的发展独立性和自主

性,目前已日益成为会展行业的主流模式。最好例证就是2010年上海世博会的一大创举——网上世博会。网上世博会是上海世博会的重要组成部分,是实体世博会的导引、延伸和补充,是集导览、推介、教育、展示等四大基本功能,并以三维展示为主的大型活动类、展示类和互动类网络平台。按照功能的不同,网上世博会展馆分为浏览馆和体验馆两个类型,观众在浏览馆内可以全方位了解展馆的空间布局和主要参展内容,并可通过文字、图片、视频、音频等方式进行深度了解,观众在体验馆内还可以与展项之间进行互动。网上世博会有许多实体世博会看不到的精彩内容,一些体验型场馆开设了"虚拟拓展空间",比如在北京馆参观时,网民只需要轻敲鼠标,就能从北京馆"走"到故宫,在数字场景中饱览北京的古韵。上海世博会开幕当天,就有200万人次进入网上世博园参观,5月份最后一周的点击量更是达到了1087万[①]。

　　文化与科技融合的趋势是技术产品的文化内容化和文化创意的技术呈现化,科技为传统文化产业注入科技创新元素和新的生机和活力,不仅能有效推进传统文化产业改造,而且还能培育新型文化产业的业态,形成高技术、集约化的现代文化产业形态。据有关统计表明,2012年1月16日中国互联网络信息中心(CNNIC)发布的《第29次中国互联网络发展状况统计报告》表明:截至2011年12月底,中国网民规模突破5亿,达到5.13亿,全年新增网民5580万。互联网普及率较上年底提升4个百分点,达到38.3%。中国手机网民规模达到3.56亿,占整体网民比例为69.3%,较上年底增长5285万人。家庭电脑上网宽带网民规模为3.92亿,占家庭电脑上网网民比例为98.9%。与此同时我国相关产业发展迅速。中国经济网2012年11月20日讯,据艺恩近期发布的《2011—2012年中国文化娱乐产业报告》统计分析,2011年中国动漫产业市场规模为257亿元,较2010年增长23.6%,预计到2012年我国动漫产业市场规模将达到321亿元,未来三年的复合增长率为23.5%。2011年,中

---

① 《网上世博会三维体验官网网址》,2010年6月9日,http://hot.dahangzhou.com/206242.html。

国网络游戏市场规模（包括互联网游戏和移动网游戏市场）为468.5亿元，同比增长34.4%。其中，互联网游戏为429.8亿元，同比增长33.0%；移动网络游戏为38.7亿元，同比增长51.2%[①]。

四、科技创新促进了文化产品附加值的提高

在科学技术的推动下，知识资本成为创造文化产品价值的实际推动力，科学技术、文化产业与资本协同运作的强大能量，往往会带来意想不到的经济效益。比如创造全球票房奇迹的《阿凡达》，其在国内的IMAX3D版的电影票价是普通胶片版的好几倍，曾一度供不应求。

特别是信息技术和文化产业的高度融合，增加了文化产品的附加值、时效性和市场竞争力，促使文化产业获得持续发展的动力和潜能。数字存储技术和网络技术的在文化产业中的应用及创新，以极其方便、快捷和高质量的服务，帮助人们获得了更多、更好、更全面的文化产品，带来了文化消费的大变革，大大提升了文化产业的附加值，缩短了文化产品从创意到实现所需的时间，使生产管理、传播和销售变得更为迅捷简便，极大地降低了这些环节的成本，充分发挥出文化产品资源的应有效益。

以信息产业为主体的产业结构提升为大批与文化产业相关的新兴产业集群的生长提供了新的技术基础，并反过来对一些传统文化产业领域产生了延展性影响。当高新技术加入到文化产品流通环节，为文化产品提供了前所未有的大规模传播的能力，使文化产业的流通空间变得更大更广，流通速度更快，周期更短，表现出流通空间立体化，时间快速化和手段现代化等特征，从而大大提高了文化产业的竞争能力。

五、科技创新促进了新的消费文化的形成

科技的应用无时不在塑造着社会文化的形态，影响着大众的文化消

---

① 杜平：《艺恩发布报告称2014年文娱产业市场规模接近2000亿》，2012年11月20日，http://www.ce.cn/culture/gd/201211/20/t20121120_23864751.shtml。

费和文化变迁。科技与文化的交融日益深化，两者在相互促进、交融的过程中，对文化产品的接受和消费方式也产生深刻影响，有效地引导和开发出新的文化消费需求，培育起新的文化消费群体。

首先，科学知识的普及可以提高消费者产品消费意识的层次，能够让消费者对科技含量高的文化产品产生更好的接受度和认可度，并能激发其对新产品、新服务的需求欲望，为新的科技含量高的文化产品培育出更好的市场需求。其次，通过科技创新不断涌现出新的技术手段，能够更生动具体地表达文化创意的形象和内涵，并使社会大众能够以更为迅速便捷的方式接触和接受文化产品，从而达到"扩大文化消费"的目的。再次，科技设施的普及化有效地促进了文化产品的消费量。我国目前文化消费平稳增长，消费环境不断改善，电子消费终端迅猛发展，很大程度上得益于近年来互联网、通信、电子等行业科技基础设施的大力建设。网络使用的普及化，手机研发的平民化，电子终端消费的多样化都给文化产品的消费带来了极大的便利，也为相关文化产品的生产企业带来了巨大的利润。例如，随着 iPAD 产品的推广，越来越多的人开始冷落纸质书刊，一场阅读革命悄然兴起。移动电子技术在文化产业终端上的应用已经成为文化产业发展的新亮点。最后，网络文化产业的崛起颠倒了传统的产业链，内容增值服务带动硬件投资，使文化产业真正成为信息产业的高端，改变了大众的消费习惯，也给互联网企业聚集了大量的财富。以淘宝网、当当网为代表的网售模式不仅延伸了文化产业链，本身也成为一种产业。商家无须把售卖物品摆到市面或货架上，只要在网上介绍一下产品的性能、规格、价格等方面的参数，就可足不出户，增加销售业绩；而消费者也可以足不出户，通过网络购买到自己所需要的各种商品。

第二节　文化对科技和文化产业发展的重要作用

文化是人类社会发展进步的一个重要内容和精神动力，文化创新是一个民族永葆生命力和富有凝聚力的重要保证。科学技术造成文化变迁，推动着人类文化的发展，同时，文化也在影响科学技术的发展。科技创造文化产业的品质，文化创造文化产业的品牌，它们共同支撑和引领文化产业的发展。

一、文化多样性是科技发展的重要条件

现代经济的发展，很大程度上取决于人的主体精神、创造精神的发挥。当代中国进入了全面建设小康社会的关键时期和深化改革开放、加快转变经济发展方式的攻坚时期，文化越来越成为民族凝聚力和创造力的重要源泉，越来越成为综合国力竞争的重要因素，越来越成为经济社会发展的重要支撑，丰富精神文化生活越来越成为我国人民的热切愿望。人类物质财富和精神财富是互相促进的发展领域，没有社会文化水平的整体提升，科技也难以获得发展的土壤和应用的空间。自古以来，科技从来就没有游离于文化和社会之外，而恰恰相反，正是文化与社会的多样性使得"科学"实际上成为多样性的存在。科技部原部长徐冠华院士在分析我国加强自主创新、建设创新型国家的基础条件时认为，中华民族悠久的历史文化传统为未来的创新创造了多样化的路径选择。依靠"多样性"而实现原创性既是以往科技发展的一般规律，也是创新文化的基本内涵[①]。

二、文化资源是文化产业发展的深厚土壤

在一个社会系统内，经济和文化从来都是共生互动的，文化生活既为经济生活所制约，而文化资源又是经济建设的宝贵财富。对于文化产业来说，如果没有丰富的文化资源作基础，就会成为无源之水。积淀深厚、丰富多彩的中华民族文化是当今文化产业发展的深厚土壤和根基，是其取之不尽、用之不竭的宝贵资源。这些中华民族文化不仅可以为中国的文化产品赋予鲜明的民族、思想、内容、形式和美学特色，而且能

---

① 转引自张超中、佟贺丰：《让科技与文化在深度互动中协调发展》，《科技日报》2011年11月7日。

给中国文化产品以特殊的文化魅力和市场竞争力，使我国文化产业孕育着产生巨大财富的机遇，产生良好的社会效益和经济效益。将文化优势转化为经济优势，是现代文化产业可持续发展的必由之路。我们要正确认识中华民族文化资源的历史意义和现实价值，根据取其精华、去其糟粕的原则，合理利用这些宝贵的民族文化资源，与时俱进，不断创新，挖掘其中符合时代发展要求的内容，汲取合理的思想内核，赋予新的时代内涵，创造出富于时代气息，满足现代人、包括现代中国人和外国人审美情趣的优秀文化艺术产品，形成具有中华民族特色的文化产业，这将是我国文化产业未来发展的方向。

三、先进文化是引领科技发展的内在动力

无论是知识创新还是技术创新，文化在其最深层，是与有关整个世界工作原理的核心假设交织在一起的一种工作模式。历史告诉我们，任何一个技术创新活跃的时代，无一例外都是伴随着人文创新的导引。尤其在今天处在"科技创造实在"的时代，文化意义绝不可小视。文化的发展不但为科技发展提供了必要的环境条件，成为科学技术发展的内动力，影响着技术的选择与发展路径，引领科学技术的发展方向，也进而对社会发展产生新的影响。在推动社会主义文化大发展大繁荣的过程中，基于自主创新的战略原则，科技自身的创新和发展对文化的需求也是科技支撑文化发展的基本方式，并且从性质上看，这种方式更能够支撑并促进文化的繁荣发展。因此，要充分发挥科技支撑文化发展的作用，把文化发展作为未来科技创新发展的战略支撑给予特别重视。只有科技与文化结合，才能充分体现以人为本、可持续发展的理念，才能有效地推动新技术的转化应用，促进和塑造社会物质文明向着健康的方向发展。

四、文化环境是促进科技创新的基本条件

美国马里兰大学华裔教授钱颖一在对美国硅谷何以成功的环境和文化作了研究以后认为，硅谷环境和硅谷文化造成了创新、创业的新天地。发展高科技，资金固然重要，但更重要的是要有一种能充分发挥人的创

造能力的体制和文化，用以造就创业者的栖息地。而后者正是中国目前更缺乏的。前任微软中国研究院院长李开复对中关村能否同硅谷的创业竞争持并非乐观的态度，原因是两者在文化上的差距很大。李开复说："硅谷正在生成一种转向市场驱动的文化，而在中国，创新在很大程度上受技术的驱动。"要从"受技术驱动的文化"转向"由市场驱动的文化"不是单纯的文化问题，还同时受制度文化的制约。这种转变需待以时日。目前最重要的是应努力营造创新文化，让北京与上海等重点城市成为区域的创新温床，争取成为"世界高技术产业中心"。关键在于建立起一种和谐一致的"创新氛围"，也即是有利于创新的文化生态系统①。在当今原始性创新已成为科技持续创新能力的核心的年代，在知识产权已成为重要财富源泉的年代，在人才已成为经济和社会发展的重要战略资源的年代，构建一个良好的、有利于创新的文化环境，这已成为一个民族决胜创新时代的必由之路。

第三节　推进文化与科技融合发展文化产业的措施

21世纪，人类正在走向一个以文化知识和智力资源的占有、配置、生产与消费为一体的社会，这个社会的经济增长模式应该是以知识为核心资本来创造经济利益，而智力在生产活动中通常表现为对文化资源和科学技术创造性的综合运用。最近几年，我国文化产业得到迅猛发展，除了政策因素外，文化创意和科技创新发挥了基础性的促进和支撑作用。实践证明，唯有文化与科技的双轮驱动、深度融合，才能更有效地推进文化产业的大发展。

一、加强文化企业科技创新能力建设

推动文化产业发展主要依靠创新驱动、科技进步、劳动者素质的提

---

① 金吾伦：《科技文化与制度创新》，《自然辩证法研究》2001年12月第17卷增刊，第62—63页。

高，深入实施知识创新和文化科技创新工程，努力提高文化企业自主创新能力，是中国文化产业发展的关键。要以加强自主创新能力为核心，以先进技术的自主研发为重点，以文化创新示范区为载体，加强文化产业创新体系建设。要加快形成以科技进步和自主创新为基础的新优势，充分利用高新技术进一步提高文化产业的装备技术水平和文化企业的制造技术水平，加强产业关键技术设备改造更新，提高企业整体技术水平。要大力扶持一批高新技术特别是拥有自主品牌的文化企业，努力掌握一批具有自主知识产权的核心技术和关键共性技术，在重点领域和关键环节形成更多具有自主知识产权的创新技术，努力抢占文化产业发展制高点。

二、加快推进文化生产的高新技术化

加强对文化高科技化的政策支持，大力支持文化领域新产品、新技术的研发，直接引进、利用高新技术的最新成果。积极运用高新技术改造传统文化产业，通过深加工，开发一批科技含量高、市场前景好、竞争能力强、能形成产业规模的文化产品和服务项目，用科技来强化我国较强的文化资源优势，开发文化产业社会服务的新领域，拓展文化产业发展的空间。积极推进新闻出版、广播影视、动漫演艺产业的技术升级和手段更新，不断丰富文化的生产方式和传播方式，有效增强文化的创造力和传播力，不断增强精品名牌的科技含量，不断提升文化产品的吸引力和影响力。加快建立技术转移中心、科技企业孵化基地等创新服务机构，健全中小文化企业技术创新服务体系，为其建立信息平台、投融资平台、公共技术服务平台和人才交流平台，提供有效便利的专门服务。要充分运用文化资源、创意思维、高新技术促进文化产业创新，把"中国制造"变成"中国创造"，从而提高我国文化产业的核心竞争力和综合国力。

三、运用高新技术促进文化产业转型升级

坚持把科技进步作为加快转变文化发展方式的重要支撑，加快高新

科技在文化产业领域的应用，不断注入新的内容、突破重要关键技术、构建新的平台、创造新的形式，促进传统文化产业转型升级。积极推进文化产业的数字化转型，加快发展以数字技术为核心手段、以新媒体为主要载体的新兴文化业态，加快实现文化生产的高端化和集约化。大力推进数字电影、数字电视、数字出版、数字印刷的发展，用高新技术强化文化产品的艺术表现，促进传统文化产业结构调整和升级。影视制作业要满足多种媒体、多种终端对影视数字内容的需求，综合运用现代高新光电技术和传播技术，进行影视、广播、广告节目的制作、播放、传输以及音像光盘制品的开发和生产；出版业要加快从主要依赖传统纸介质出版物向多种介质形态出版物的数字出版产业转型；印刷复制业要发展高新技术印刷、特色印刷，建成若干各具特色、技术先进的印刷复制基地。要充分利用"三网融合"的契机，构建全新生产模式，重构产业价值链；拓展文化产品的交互式传播渠道，提升传播能力和传播效率。

四、注重文化遗产的信息化保护与传承

在全球化时代，保护和传承好各国的文化遗产，是我们对全人类文化多元化存在，以及与后代人共享人类文化遗产所负有的义不容辞的责任。现代信息科学技术的发展给各国文化遗产的保护、继承和发展提供了一种崭新的途径。当前世界发达国家无不以国家政策为主导，以公共资金启动文化遗产数字化建设，"数字化文化遗产"的发展程度成为评价一个国家信息基础设施的重要标志之一。利用于现代信息技术进行文化遗产的保存，就是通过如虚拟现实、三维动画以及网络等技术，再现、传播、保存各国的民族文化遗产。比如，文化学家和人类学家可以借助现代信息技术，清晰地描述一个国家的民族文化基因图谱，或仿真复原已经消失的文化遗产。根据不同门类和特色建立文化遗产信息资源库，对那些不能进入市场只能保存在博物馆里的具有较长历史的传统手工生产的民间艺术品，进行高质量的数字复制品制作，使其能充分传达传统特色文化艺术的信息，对于其传统工艺技术，用现代数字技术加以再现，从而达到保护、传播和发展民族文化的目的。

五、努力用科技助推特色文化产业发展

现代科学技术还可以将传统文化和特色文化资源转化为现代经济资源,产生巨大的经济效益。在对传统产业的现代改造中,要加强对新、奇、特传统产业的引导,找到"人无我有、人有我优"的希望点,把高新技术引入传统产业,把知识经济理念渗透到传统产业的生产、经营、管理、服务等各个环节,提高其技术含量和附加值。借助现代科技手段,过去许多被排斥在经济领域之外的特色文化形态,开始进入经济学家和投资人的视野。通过实施"特色文化科技提升计划",加强对地方特色文化的高新技术应用产品的开发,对那些可以进入市场的地方特色文化产品进行创新改进,从而使这些文化产品的原有艺术特色和所传达出的传统文化艺术信息更浓,更符合现代人的欣赏口味,促进新产品、新服务、新品牌和新业态的形成。目前尤其要依托现有"国家级文化和科技融合示范基地",建设一批具有产品设计开发、研究咨询、内容制作、系统集成、营销策划、消费与售后服务等产业链完备的"特色文化与科技融合"示范园区,围绕特色文化产业孵化器建设,加快培育提供网络引擎、数据存储、运营管理、人才培训等为一体的综合服务平台,引导和形成一批有规模的特色文化产业创新集群。

第七章　互联网众筹对中国音乐产业发展的影响与作用*

第一节　众筹的起源及在国外音乐中的运用

一、众筹的起源

众筹，即大众筹资、众募或众融，是指用团购+预购的形式，向网友募集项目资金的模式。众筹作为一种新的商业模式，是随着媒介技术的迅猛发展而产生的。它利用互联网和SNS传播的特性，让小企业、艺术家或个人对公众展示他们的创意，争取大家的关注和支持，进而获得所需要的资金援助。众筹不是捐款，支持者的所有支持是要有相应回报的。众筹具有筹资者低门槛、众筹方向多样性、依靠力量大众性和注重项目的创意性等特点。

众筹的雏形最早可追溯至18世纪，最初是艰难奋斗的艺术家们为创作筹措资金的一种手段。当时很多文艺作品都是依靠一种所谓的"订购"方法完成的。例如，莫扎特、贝多芬就采取了此种方式来筹集资

---

* 本章原题《互联网众筹对中国音乐产业发展的影响作用》（与朱娅阳合作），原载《深圳大学学报（人文社会科学版）》2016年第1期，《中国人民大学报刊复印资料》2016年第2期全文转载。

金，他们在完成作品之前先去找订购者，这些订购者会给他们提供一定的资金，当作品完成时，订购者会获得一本写有他们名字的书，或是协奏曲的乐谱副本，或者可以成为音乐会的首批听众。类似的情况还有教会捐赠、竞选募资等，但上述众筹现象既无对投资人的明确回报，也未形成完整的商业体系。

众筹作为一种商业模式最早起源于美国，近几年，该模式在欧美国家迎来了黄金上升期，现在在欧美以外的国家和地区也迅速传播开来。2012年，美国研究机构Massolution在全球范围内对众筹领域展开了一项调查。结果显示，该年度全球众筹平台筹资金额高达28亿美元，而在2011年只有14.7亿美元。2007年，全球众筹平台的数量不足100个，截至2012年底已超过700个。2012年12月27日，美国福布斯网站发布了一项报告，该报告预测：2013年，全球众筹平台的筹资总额将会达到60亿美元；到2013年第二季度，全球众筹平台将增至1500家①。汇筹网（www.huichou.net）统计的全球九大众筹平台是：①Kickstarter：全球最大最知名的众筹平台；②Crowdcube：全球首个股权众筹平台；③I-dea.me：拉丁美洲领先的众筹平台；④ToGather.Asia：新加坡进驻一个巨大尚未开掘的市场，是亚洲第一家众筹门户网站；⑤Cut on Your Bias：对创意产品进行定制和投票；⑥ZAOZAO：香港推出的ZAOZAO是一家时尚设计的众筹平台；⑦Gambitious：荷兰的一个针对游戏的众筹网站；⑧ZIIBRA：音乐的众筹平台；⑨AppStori：一个针对智能手机应用程序的细分型众筹及协同开发平台。未来，众筹模式将会成为项目融资的主要方式。

起源于美国的众筹网站Kickstarter是整个众筹模式的开端，也是至今全球最大最知名的众筹平台。截至2013年11月，Kickstarter已经帮助了52000多个项目向超过500万的筹资人募集了超过89亿美金。通过Kickstarter发起的项目以文化创意项目为主，包括音乐、美术、摄影、舞

---

① 范家琛：《众筹：创意者与消费者的无缝对接》，《企业管理》2013年第10期。

蹈、话剧、动漫、设计、时装、电影、游戏、烹饪、出版等，其中促成了很多众筹成功的典型案例。2014 年初，Kickstarter 公布了 2013 年的最新统计数据，300 万用户参与了总计 4.8 亿美元的项目众筹，平均每天筹集 130 万美元资金，或每分钟筹集 913 美元，有超过 80 万的用户参与了至少两次的项目众筹，并且又有 8.1 万用户支持了超过 10 个的项目，不过最终众筹成功的项目总共只有 19911 个[①]。从这些数据足以看出，众筹模式在全球推广速度之快，它为全球商业所带来的影响越来越大。

二、众筹模式在国外音乐产业中的应用

说到众筹模式在音乐产业中的运用，如 Rechel Baiman 发起的"纳什维尔与苏格兰"的音乐众筹项目，Amanda Palmer 发起的新专辑、新书以及世界巡演的众筹项目，Gregorio 发起的"哥伦比亚节奏与大乐队"众筹融资项目等等，这些都得到了人们的广泛关注，甚至在全球都起到了轰动性的影响。

在业内影响最大的是 Amanda Palmer 在 Kickstarter 发起的新专辑、新书以及世界巡演的众筹项目。在 2012 年 5 月开始的为期 1 个月的融资期内，她前所未有地得到了来自 24883 名支持者总计 119 万美元的支持（图一），至今为止仍保持着世界众筹项目的较高金额的纪录。这固然和 Amanda 本人优秀的音乐作品相关，但她通过网络实时分享着日常动态与生活感悟，与歌迷频繁交流互动，也吸引了许多关注者，为她的成功筹资提供了坚实基础。Amanda 目前正在进行她的世界巡回演出和专辑制作工作，同时她也通过各种渠道分享她的成功筹资经验，鼓励更多的人通过众筹平台实现自己的创意[②]。因为这次事件，她还被邀请到 Ted 上做了演讲分享，更是加深了其对社会、公众的影响力。

[①] 《Kickstarter 盘点：2013 年众筹总额 4.8 亿美元》，2014 年 1 月 9 日，http://tech.sina.com.cn/it/2014-01-09/10289081845.shtml。

[②] 张宗希、马良：《艺术众筹：他们在为谁的梦想买单》，《东方艺术》2013 年第 23 期。

第七章　互联网众筹对中国音乐产业发展的影响与作用

图一

在 Amanda Palmer 的成功案例中，我们可以看到以下众筹融资项目特点：

其一，多方联动、共同受益。项目发起人即 Amanda Palmer 本人，众筹平台即 Kickstarter，项目出资人即 Amanda Palmer 的粉丝或其他受众，三者共同组成的一个闭环的三角系统，且在整个系统中三方都各自受益。

由项目发起人 Amanda Palmer 将所计划的项目信息（包括资金、报酬方式等）发布在 Kickstarter 的网站上，此信息传达到网站受众人群当中（其中包括 Amanda Palmer 的粉丝或其他受众），由受众作出选择（支持或者不支持），且投入意愿资金，这笔资金由 Kickstarter 统一管理、收取后，分期或者一次性地支付给项目发起人（Amanda Palmer），项目发起人在规定时间内完成此项目，并完成当初的承诺报酬。

其二，面对大众、筹投互信。此次项目的发起是在 Amanda 与当时所签的经纪公司毁约以后,她打算自己向大众筹集资金来筹办巡回演唱会、出唱片。此举一出,便吸引了众多粉丝的疯狂参与,也让 Amanda 赢得了很多粉丝之外的受众的关注。Amanda 可利用筹集到的资金选择信任的唱片制作公司,同时利用强大的粉丝基础来做好各方面的宣传等,与粉丝之间建立了坚定的信任关系和频繁的互动。

其三,去中介化、自主性强。由于传统的音乐产业依然遵循的环节是:艺人签约唱片公司,唱片公司为其制作唱片、包装艺人、开演唱会、出席相关活动、策划宣传等,再由唱片公司提成后,艺人得到相应的报酬。艺人在整个环节中缺乏自主性、能动性,大多数行为受控于所在的唱片公司,且由于中间各方的提成,艺人的收益受到了较大程度的剥削,导致了音乐艺人在整个音乐市场中的生存状况愈发窘迫。音乐众筹模式将中间的中介机构尽可能简化,让音乐人自身有了充分的主动权去策划自己的音乐活动,完成自己的音乐梦想。

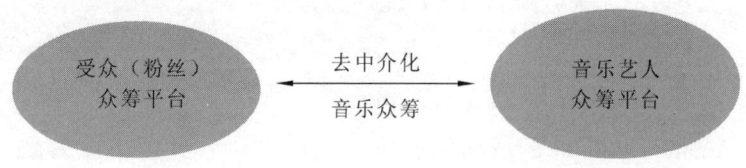

其四,形态完整、服务多样。另外在国外众筹模式在音乐产业领域中的应用已经形成了较为成熟、完整的形态,众筹网站不仅仅是为筹集资金的艺人用户提供了筹集资金的平台,同时也为其提供了包括唱片制作、演出场地选择、后期制作、宣传策划等一系列服务。

第二节　众筹模式在中国音乐产业中的发展

一、互联网时代的音乐产业发展背景

进入新世纪后,随着科学技术和互联网的发展,传统音乐开始走下坡路,数字音乐开始风靡全球。数字音乐是以数字格式进行存储,可以

在互联网和无线网络上传输的音乐，具有不再单纯依赖物质载体、传输速度快、下载和上传途径广泛、格式多样、音质损耗低以及易于操作和处理等特点①。这些特点决定了它与传统音乐相比具有明显的优势，而受到各国政府和企业的高度重视，纷纷大力发展数字音乐产业。20世纪80年代，CD销量一直上升。从1982年至2007年，全球CD销量约2000亿张，年均80亿张。到1991年达到顶点，但从此开始走下坡路。法国唱片工业工会（SNEP）2013年1月底公布的数据显示，截至2012年，法国音乐唱片市场已连续十年萎缩。2012年，美国数字音乐专辑销量达1.18亿张，增加14%，而实体音乐专辑销量则下降了12.8%。法国唱片工业工会（SNEP）的数据还显示数字音乐目前已占音乐制作行业销售的四分之一，成为音乐工业的主要增长点②。2012年，全球数字音乐销售额增长较2011年增长约9%，至56亿美元，占总销售额的34%。下载销量增长12%，至43亿个单位（10次下载=1个单位实体销量）。数字唱片销量增长17%，至2.07亿张。实体音乐市场持续收缩，在总销售额中所占比例从2011年的61%降至58%③。

中国数字音乐市场近几年来也从无到有，增长迅速。据《2014中国音乐产业发展报告》数据显示，2013年中国音乐行业的整体市场规模达到了2716亿元，其中核心层的数字音乐市场规模达到了440.7亿元，远高于2012年的392.4亿元。其中无线音乐市场规模占了397.1亿元，在线音乐市场规模仅为43.6亿元。与数字音乐市场相比，实体唱片市场更是堪忧，2013年中国内地实体唱片市场规模约6.5亿元，仅为2013年中国数字音乐市场的1.5%④。据了解，环球、华纳几家唱片公司，将有可能联合百度、QQ音乐、虾米等音乐网站尝试采取音乐下载收费包月制

---

① 金文：《议中国数字音乐产业发展之路》，《江西金融职工大学学报》2010年第1期。
② 《数字音乐逼死CD：音乐永生 传统载体将死》，《财经国家周刊》2013年3月4日。
③ 《去年全球数字音乐销售额56亿美元同比增长9%》，2013年2月27日，https://tech.sina.com.cn/i100258091728.shtml。
④ 数据详载：《2014中国音乐产业发展报告》，2014年11月14日，http://finance.sina.com.cn/roll/20141114/150620821256.shtml。

度。整体来看百度 MP3、谷歌音乐搜索服务价值虽然正在下降,而包括 QQ 音乐、酷我音乐、酷狗音乐等在内的音乐平台正在崛起,也许这也意味着今后互联网音乐产业的又一次尚在发动中的巨大变革①。

二、中国音乐众筹——乐童音乐(Musikid)

在互联网时代,现在唱片公司、经纪公司不管培养什么样的艺人,生产什么样的音乐产品,都需要拥抱互联网,拥抱新的模式。音乐众筹这种模式不管对于音乐艺人还是受众来说,都是一个连接彼此的有效方式。

在互联网音乐产业中,存在这样三方的关系:服务提供商(Service Provider,即 SP)、内容提供商(Content Provider,即 CP)和消费者。内容服务商是指创作出音乐产品的音乐人、音乐公司等,服务提供商多指在互联网上为音乐传播提供渠道,为受众提供音乐产品的渠道和平台。伴随如今音乐产业的发展,需要处理好 SP、CP 与消费者这三者之间的关系,开辟一条音乐产业发展的新路径。音乐众筹就是在处理 CP、SP 与消费者三方关系的一个很好的路径,形成了一个较为完善的关系链。众筹网站作为 SP,它很好地将 CP 与消费者两者融入一个平台,且让彼此加强互动,形成较为稳定的关系,对互联网音乐的创作、传播、销售等各个环节都起着积极的作用。

虽说目前国内出现了众多的众筹网站,如综合类:众筹网;智能硬件类:点名时间;电影类:影娱宝;文创类:觉;音乐类:乐童,还有追梦网、淘梦网等等,另外百度、淘宝、京东都有自己的众筹平台,但细分到音乐众筹这一领域的众筹网站还是少之又少。2013 年乐童音乐网站(图二)的建立,开启了中国音乐众筹新时代。乐童音乐是一个专注于音乐行业的项目发起和支持平台,旨在打造一个整合音乐迷群体、音乐人、音乐机构和品牌企业的产业链平台,为音乐人提供筹资、巡演以

---

① 冯璐:《互联网音乐的免费午餐即将终结?》,《音乐时空》2013 年第 2 期。

第七章　互联网众筹对中国音乐产业发展的影响与作用

及音乐衍生品服务，整合音乐行销到音乐社交的综合音乐服务平台。在这里可以发起与音乐相关的创意性项目，并借助互联网平台向公众推广，获得用户的资金支持，完成所发起的项目。

图二

截止到目前为止，乐童音乐上线音乐众筹项目近200个，合作音乐人包括莫西子诗、铃凯、李志（见图三）、M.I.C男团、拇指姑娘、文雀、HOPE组合等众多独立音乐人，合作机构包括音乐天堂、糖蒜广播、太合麦田、草堆民谣、理想国、荒岛音乐会、HIPANDA、LETS TEE等。在乐童音乐网站上，也出现了众多成功且影响力较大的众筹项目，如李志筹集资金制作他的首本吉他乐谱。该项目在乐童上线不到4个小时就神速般地完成了资金筹集。还包括音乐人周云蓬筹集资金进行慈善演出，由乐童音乐与HIPANDA合作为M.I.C男团筹集资金预售其周边产品等等，都在业界产生了较为强烈的反响，可以说是中国音乐产业一大突破性的创新。

图三

乐童音乐另一突破性的创举体现在其最近与众筹网合作建立的原创音乐基金,旨在帮助优质原创音乐人汇集更多支持者从而更专注于音乐创作。原创音乐支持基金采用"1+1=11"的运作模式,音乐人的铁杆粉丝每支持1元,基金将跟进10元,以支持音乐人在乐童发起的项目,帮助音乐人建立最初的1000个铁杆粉丝。原创音乐支持基金的创立是一个全新的众筹模式,它借鉴凯文·凯利的千名粉丝理论:"每位只要有1000个铁杆粉丝便能糊口。"这一理论的现实意义在于给音乐人个体找到一个更明确、更实际的奋斗目标,把眼光从大众市场转下利基市场。而这也正是新时代独立音乐营销所需要的思维方式:帮助音乐人通过有效的方式找到自己的受众(粉丝)。乐童网站的创始人——马克先生称这样的举动是为了让更多的人来体验乐童所宣扬的众筹模式,从而为音乐众筹赢来更大范围的受众。

在如今中国音乐产业面临转型期,乐童音乐作为一个众筹平台,以其创新与成功的影响力成为中国音乐众筹的引领者,它除了自身盈利之外,更多作用是起到引领音乐市场、帮扶更多的音乐人完成音乐梦想,以及帮助更多受众参与到音乐中来的作用。就像乐童音乐的口号:"专注音乐,助力梦想",以及乐童音乐的创始人马克先生所说的:"我们需要做的是让更多的受众(粉丝)了解、体验音乐众筹的概念,让更多的受众（粉丝）参与到音乐产业之中。"乐童音乐真正起到了帮扶音乐人、促进好音乐生产的作用。

新浪微博也在探索另一种音乐众筹方式，他们将歌手的每一首歌的下载方式改为受众（粉丝）直接付费给歌手，下载歌曲。每首歌曲都由歌手自己定一个最低价格，粉丝可以根据自己的意愿以高于或等于最低价格的任何价格直接付费给歌手，实现歌曲的购买下载行为。不管是这种直接购买的行为方式，还是借助音乐众筹平台发起项目的方式，最终的共同目标都是让受众（粉丝）主动为音乐慷慨解囊。只有受众愿意消费音乐，音乐产业才能有足够的资金流支持其发展，才能鼓励更好的音乐作品产生。

三、众筹模式对中国音乐产业的积极作用

音乐众筹是一个多赢模式，无论是对于音乐艺人、音乐艺人的受众（粉丝），还是对于整个音乐市场来说，都带来了诸多积极的影响和作用。

（一）音乐众筹对音乐艺人的作用

第一，拉近了艺人与受众距离。目前粉丝与艺人的互动多是在社交网络平台（SNS）上进行，以微博为主，但其他的线上互动较为缺乏，众筹平台的出现为音乐艺人与受众（粉丝）之间又提供了另一个可以互动交流的平台，这无疑增强了艺人与受众之间的沟通与交流，拉近了彼此之间的距离，让音乐艺人与受众（粉丝）形成了无缝对接，强化了粉丝的忠诚度。例如在乐童网上，中国好歌曲的人气歌手——莫西子诗为自己的新专辑《原野》筹集5万元的资金，发起了唱片预售。莫西子诗自己表示，这一行为不仅能让他保留自己的个性，录制一张属于自己的专辑，同时在筹集资金的过程当中，让他听到了很多来自粉丝的声音，与粉丝形成了良性的互动，有的粉丝甚至还能为他提供一些关于专辑的参考性意见，这在整张专辑的制作过程中给了他很大的帮助。

第二，赋予了艺人更多自主权。音乐艺人自身作为项目的发起者，对项目掌握完全的主动权，对筹得的资金拥有支配权，艺人不用再受到

其他中介（经纪公司）的干预，可以根据自己的想法，并参考受众（粉丝）的意见去完成自己的创作计划。此种环境下，由于艺人已经拥有了其受众（粉丝）的支持，不用考虑到市场以及其他因素，艺人的创作更为纯粹，创作出的作品反而质量更高，更能在受众面前展示艺人自身真实的音乐水平。

第三，扩大了宣传艺人的途径。对于音乐艺人自身来说，众筹模式也是一个极为有效的宣传方式。一方面，对于小众艺人尤其是未签约的独立音乐人来说，众筹平台为其提供了一个宣传平台，让他们更好地展示自己的音乐水平，从而获得一些音乐公司的知晓，为自己赢得签约音乐公司的机会。另一方面，对于已经签约的音乐艺人来说，众筹网站上的项目也可以作为一种公司宣传行为。通过调查研究，我们发现很多艺人公司将投入到众筹网站上的项目的投资资金当做艺人宣传的费用支出。例如在乐童音乐网上同样发起了制作专辑的乐队 Elenore（埃莉诺）（见图四），因为其独特的音乐风格和高水平的音乐素养，一次偶然的机会获得了歌手老狼的资金支持，老狼还在自己的微博上进行了宣传（见图五），这一扩散行为为 Elenore 赢来了大批的新受众和项目的多方支持者。如此一种利用粉丝基础雄厚、资格较老的音乐人来带动新音乐人的成长，不得不说也是一种高效且受众信服的传播方式。尽管这只是一个"美丽的意外"，但这也为音乐众筹的宣传提供了一个新思路。

图四

第七章 互联网众筹对中国音乐产业发展的影响与作用

图五

第四，强化了督促艺人的作用。从艺人自己发起项目筹集资金开始，一旦项目达到了目标金额开始运作时，项目发起者就必须在承诺时间内完成该项目且及时给予受众（即投资人）以回报。在众筹项目中，我们发现很多音乐艺人利用此种方式来帮助自己完成巡演计划、制作专辑等等，而筹款一旦成功，他们就必须提高自身效率，在一定时间内完成他们的计划。相比于传统的制作新专辑或是巡演来说，从一开始就做了较大的宣传和造势，但由于期间艺人自身繁忙的工作或是制作团队、经纪公司等各方面的因素，经常导致效率低下，拖延了计划（制作唱片、巡演等）周期，导致音乐产业生产的低效率。音乐众筹模式则让受众（粉丝）起到了对艺人计划执行的强有力的督促作用，促进了音乐产业高效率生产运作。

第五，帮助了艺人掌控风险。音乐众筹模式能帮助音乐人（或音乐公司）预测市场，减小投资风险。在传统的唱片制作，尤其是演唱会筹办的过程中，音乐人（或音乐公司）不得不提前作出市场评估，但提前评估的风险较大、精确度较低，由于受到场地、时间等多方面因素的影响，并不能准确预估唱片或是演唱会门票的销售数额。音乐众筹则为音乐人（或音乐公司）提供了一个提前预估市场的途径，让受众提前购买门票。如独立音乐唱片公司在乐童网上发起的三周年现场演出（见图六），以提前购买演出门票的形式，筹集到了 11930 元的支持，不仅为独音举办此次演出提供了一定的资金支持，同时还帮助其预估了到场人数，由于场地大小的限制，从而控制其他渠道的售票限额。

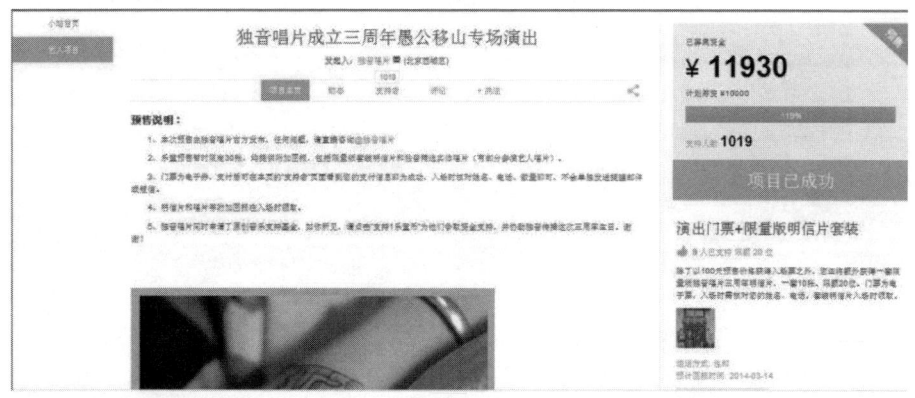

图六

（二）音乐众筹对音乐受众（尤其是粉丝群体）的作用

对于受众（尤其是粉丝群体）来说，音乐众筹也是一大福音，不仅让他们有了更多与艺人接触的机会，同时还能根据自己的需求自主订购音乐产品，真正地在实际上给自己喜爱的音乐人以物质和精神上的支持。

首先，增强了受众与艺人互动。粉丝们希望更加了解自己的偶像，希望购得与其有关的衍生产品，音乐众筹模式增强了粉丝与音乐艺人之间更为频繁的互动，调动了受众的参与热情。例如乐童音乐与 HOPE 组合合作，靠着 HOPE 在选秀节目上迅速蹿红的人气，趁热打铁地推出了一个项目，快速推广了艺人的专辑。众筹不仅为音乐公司提供了新的与粉丝互动的方式，而且让受众（粉丝）在支持自己喜爱的艺人方式上有了新的改变，从而给予了受众（粉丝）前所未有的消费感受。例如前面提到的莫西子诗的众筹项目，其受众（粉丝）在众筹平台提供了关于唱片的建议，这让粉丝对于自己喜爱的音乐人的创作有了一种参与感。

其次，满足了受众个性化需求。众筹模式满足粉丝个性化需求主要

第七章 互联网众筹对中国音乐产业发展的影响与作用

体现在项目设计的不同的回报方式上,每个项目都会针对不同的投资金额设计不同的回报,受众(粉丝)根据自身需求可以自主选择自己需要的回报方式,从而满足其个性化需求。

以糖蒜广播在乐童网站上发起的开发 ios/android 系统糖蒜广播 APP 为例,糖蒜共获得了 344 名受众的支持,筹集到了 103300 元的资金,项目还超额完成了 3%。这一项目对于投资人(即受众)的回报共分为以下五种(见图七):50 元获得糖蒜广播祝福式支持(APP 开发者名单中会有支持者姓名);100 元获得糖蒜广播会员资格(在 50 元回报之外,再获得 1 年的会员资格);300 元获得糖蒜广播独家礼品支持(在 100 元回报之外,再获得糖蒜广播制作的限量级纪念品);1000 元获得糖蒜广播镌刻级别支持(在获得 300 元回报之外,再获得将支持者姓名刻于糖蒜工作的砖墙上);5000 元获得糖蒜广播堂会级支持(除以上所有回报外,再获得由糖蒜广播创始人 Demone 带领乐队为支持者到支持者指定地点办一场私人聚会)。仔细分析这五层不同级别的回报,每级回报针对的都是不同需求的受众(粉丝),尤其是最后一级的回报设置更能体现为粉丝的个性化定制。当然,目前多数项目的回报方式也仅仅局限于四五种,其多样化方式还有待发展。

图七

(三) 音乐众筹对于整个音乐市场的作用

对于整个音乐市场来说，音乐众筹模式也是一个规范音乐市场、塑造音乐产业秩序的有利举措。

首先，突出了市场主体地位。音乐众筹模式能更好地利用受众（粉丝）在整个市场中所占据的主导地位，为市场培育高质量的音乐人，帮助音乐市场进行优胜劣汰的选择，这对于培养有序的音乐市场是很有必要的。如今，人们往往提到"粉丝经济"这一效应，目的在于说明粉丝（受众）在整个市场中所起到的决定性的作用。音乐众筹利用受众的购买行为（投资行为），判断音乐人的市场，帮助筛选受大众欢迎的音乐，帮助音乐市场淘汰低品质、不受大众欢迎的音乐，促进音乐市场的良性竞争。当然，音乐众筹起到此作用的基础是受众（粉丝）具有一定的音乐鉴赏能力，而不是单纯的追星心理。

其次，培养了市场良好风气。音乐众筹让受众（粉丝）直接为喜欢的音乐买单，将受众（粉丝）对细分音乐的认可度转化为购买力，打破了粉丝"免费消费音乐"的习惯性思维，让受众（粉丝）在行为上真正地支持正版音乐，促进了正版音乐的销售，培育了良好的市场风气。尤其在音乐版权越来越受重视的今天，我们需要培养起消费者为音乐买单的行为，增强保护音乐人创作的意识，才能促进音乐行业的健康发展。

最后，促进了市场整合创新。众筹模式带来的项目与受众的强社交联系，有利于对音乐开发项目进行业务整合和模式创新。Web 1.0 时代的 P2P（用户点对点传播）造成盗版数字音乐的泛滥对全球音乐产业，尤其是唱片产业造成极大冲击。音乐产业在 Web 2.0 时代逐渐复苏的同时，其商业模式也出现了极大的变化。一方面，可以加速音乐资源的商业化、产品化，通过团购、预购等模式快速发展；另一方面，众筹模式先天的强社交属性有助于筹资人和项目发起人建立超越项目本身的关系，使得筹资人作为发起人的早期客户，更易导入到后续的相关项目中[①]。

---

① 邓柯：《众筹模式在我国传统音乐保护与开发中的运用》，《民族艺术研究》2014 年第 1 期。

第三节 众筹模式在中国音乐产业未来发展的反思

音乐众筹作为一种国外的商业模式来到中国时间并不长，在本土化的过程中还存在一些问题，对今后音乐众筹在中国音乐产业未来发展中的相关问题，笔者作了以下思考。

一、细分音乐市场，明晰众筹网站分类

随着众筹模式在音乐领域的不断发展，可以考虑更细致的音乐市场划分，使得音乐众筹网站分类明晰化。在国外逐渐成熟的音乐众筹模式中，很多网站已经有了明确的根据音乐风格划分的网站类别，例如有的网站只做摇滚音乐的项目筹集，有的网站只做爵士音乐的项目筹集等。这样明确的细分，也使得音乐市场的受众更为细致，众筹平台能对细分后的市场做出相应的、有个性的营销策略和发展计划等。当然这一划分需要受众兴趣的多样性、广泛性作为前提，随着我国音乐产业的发展，受众的音乐水平逐渐提高，爵士、摇滚等多风格的音乐为大多数受众所接受并喜爱时，这样的细致划分就更有必要了。

（一）制定审核标准，建立评审机制。

随着中国音乐市场的发展，音乐众筹平台应该给予音乐市场以怎样的引导，需要我们进行深入的思考。音乐众筹的快速发展将使得越来越多的音乐项目在这里发起，这就会面临项目筛选的问题。虽说现在每个项目的申请都需要经过音乐众筹平台的后台审核，但资金的分配倾向于流向何种音乐风格项目，更多地支持什么样的乐队等等，这些无论是作为一名音乐行业的从业人员，还是作为一名受众（粉丝），都是共同关心的问题。换言之，当越来越多的项目参与音乐众筹时，那么审核的标准如何制定，评审机制如何建立就成了当务之急。

二、扩大服务范围，延长产业链

在国外，音乐众筹网站绝不仅仅局限于鼓励音乐人发起项目，其业

务范围还包括为整个项目的完成提供一系列的衍生服务，每个环节都由成熟的团队支持。例如一名歌手在平台上发起了举办一场演唱会的项目信息，网站能够为该歌手提供演出产地、衍生产品服务、票务机构等各方面的服务商供其选择。在国内，音乐众筹网站还缺乏各方的支持，资源整合远远不够。我们不仅要将音乐众筹网站建成一个能够整合音乐产业中多方面资源的平台，还应该扩大服务范围，提供一系列的产业链式的服务，从各个方面为项目发起人提供帮助，从而支持更多的音乐人完成自己的音乐梦想，促使音乐行业生产出更多更好的音乐产品。

三、加强个性化服务，提高终端到达率

作为服务提供端（SP）的运营平台，音乐众筹应该增强其不可替代性，尤其是在音乐众筹网更多地出现时，为消费者（即投资者）提供一套完整的甚至是个性化的服务，且不断开发新的产品促使受众不断投入，不仅是金钱上的投入，还包括建议、感情等的投入等，让其转换成专属资产。利用消费者（投资者）的资产专用性心理，稳定CP、SP和消费者三者间的关系。所以，音乐众筹平台应考虑开发APP（应用软件），稳定与受众的关系，增强受众的依赖性，充分扮演好SP的角色。随着城市化进程加快，以及互联网上社会化媒体、社交平台、快捷支付等功能和平台的迅速发展，个性化音乐产品需求已更大范围地参与到了音乐产品创作，这为音乐众筹模式提供了最便捷的市场入口。

在互联网时代，人人都可以成为赞助者，众筹并不是投资，也不是慈善，而是一种有感情参与的购买行为。这样一种情感参与让人与人之间有了更深的链接，人们在支持、购买别人梦想或创意的同时，也是在为自己曾经或现在想实现却未能实现的梦想来买单。参与、互动、购买并分享，这就是艺术众筹吸引人的地方。从国外环境来看，由于存在着发达的创意产业、知识产权的有效保护、较强的个性化消费需求等诸多有利因素，众筹商业模式被广泛接受并得到了很好的发展。从国内环境来看，由于对知识产权的保护不够、创新能力不足、诚信体系尚未建立等原因，众筹商业模式仍需要较长时间的运营来构建氛围，但寻找价值

观的认同是一种刚性需求,众筹商业模式一定会得到业界的普遍认同并爆发出巨大引力和能量①。作为全新的商业模式,众筹模式在我国尚处在起步阶段,需要不断地探索和完善,需要我们认真研究并防范在实践过程中存在的法律风险。尤其众筹模式作为一种新元素加入我国音乐产业之中,一方面,可以说是音乐产业发展的曙光;另一方面,音乐众筹作为一种互联网的融资模式,风险与机遇是并存的。在以互联网技术为代表的新技术的驱动下,全球文化产业尤其是音乐产业正在酝酿着剧烈变化,而这恰好为中国音乐的崛起提供了难得的发展机遇。将新技术、新商业模式与音乐产业有机结合,才能凸显出音乐的产业价值和市场效益,带动产业发展和结构优化,从而更好地保护、发掘、利用音乐资源。

---

① 范家琛:《众筹商业模式研究》,《企业管理》2013年第10期。

第八章　推动湖北互联网、大数据和人工智能与文化产业深度融合研究报告*

党的十九大报告指出："加快建设制造强国，加快发展先进制造业，推动互联网、大数据、人工智能和实体经济深度融合，在中高端消费、创新引领、绿色低碳、共享经济、现代供应链、人力资本服务等领域培育新增长点、形成新动能。"创新驱动是高质量发展的基石，科技创新是引领高质量发展的核心驱动力。当前，文化和科技的交融日益广泛深入，涉及各行各业，我国科技与文化产业融合呈现两种发展方向，一方面传统行业利用高新技术实行转型升级，另一方面新业态也随着技术的发展不断涌现，文化和科技融合在文化产业领域初见成效。《中国数字经济发展与就业白皮书（2019年）》显示：2018年，我国数字经济规模达到31.3万亿元，增长20.9%，占GDP比重为34.8%，占比同比提升1.9个百分点。与发达地区相比，湖北文化产业发展还存在短板，比如：互联网、大数据、人工智能等新技术运用程度不够；优质文化产品、文化服务供给能力不强；产业体系还不健全；产业链条较短。2017年，湖北代表"文化产业+互联网"融合发展水平的新闻信息服务行业营业收入占全部规上文化产业比重仅为4.78%，低于全国平均水平4.3个百分点；代表文化产业传播能力的文化传播渠道行业占比为9.30%，低于

---

* 本文为中共湖北省委全面深化改革委员会课题"推动湖北互联网、大数据和人工智能与文化产业深度融合"（ZKCG201905）结项成果。

全国平均水平2.3个百分点；代表文化科技融合发展能力的文化装备生产和文化消费终端生产行业占比为17.64%，低于全国平均水平10个百分点。

针对当前新形势下湖北互联网、大数据和人工智能与文化产业深度融合特点和需求，为充分发挥科技创新促进文化产业发展的引擎作用，中共湖北省委、省政府在《关于加快全省文化产业高质量发展的意见》中提出："促进文化与科技深度融合发展。加强文化领域共性技术研究和重点行业关键设备与系统集成研制，加快数字化、信息化、智能化等前沿技术的创新应用和成果转化；培育基于大数据、云计算、人工智能等新技术的新型文化业态，创建国家级文化与科技融合示范基地，加快推进武汉国家出版融合数据共享研发基地建设。"中共湖北省委全面深化改革委员会为落实湖北省科技驱动文化产业发展战略，特委托华中师范大学湖北省文化体制改革智库开展"推动湖北互联网、大数据和人工智能与文化产业深度融合"课题研究。

课题组通过与全国相比较，分析湖北省科技与文化产业融合的现状，实地调研湖北各地市州重点文化企业文化科技融合的情况，探讨存在的问题和原因，并基于互联网、大数据和人工智能与文化产业融合的视角系统提出了现阶段推动科技与文化产业深度融合的具体对策和保障措施，希望能对湖北文化产业竞争力整体跃升和高质量发展有所帮助。

第一节　我国文化科技创新与文化产业融合发展情况分析

近年来，我国高度重视移动互联网、大数据、人工智能、云计算、智能制造等现代高新技术对我国文化产业发展的重要作用。2017年4月，原文化部在《关于推动数字文化产业创新发展的指导意见》中指出："数字文化产业以文化创意内容为核心，依托数字技术进行创作、生产、传播和服务，呈现技术更迭快、生产数字化、传播网络化、消费个性化等特点，有利于培育新供给、促进新消费。当前，数字文化产业已成为文化产业发展的重点领域和数字经济的重要组成部分。"2019年8月,《国务院办公厅关于促进平台经济规范健康发展的指导意见》指出:"在实体经济中大力推广应用物联网、大数据,促进数字经济和数字产业发展","加强网络支撑能力建设。加快5G等新一代信息基础设施建设"。在国家的大力推动下,我国以互联网、大数据和人工智能技术为支撑的数字文化产业发展呈蓬勃之势,企业规模不断壮大,产品形态不断丰富,产值不断增加,产业实力不断增强,社会影响力不断提高,数字文化产业正逐步成为我国文化产业发展的新增长点。

一、我国科技创新综合能力稳步攀升

第一,创新指数排名持续攀升。世界知识产权组织(WIPO)、美国康奈尔大学和英士国际商学院联合发布《2019全球创新指数(GII)》,衡量的指标既有研发投资、专利和商标国际申请量等传统衡量指标,也有移动开发和高科技出口等较新指标。报告显示,2019年中国创新指数已连续四年排名持续攀升,跃升至第14位,是中等收入经济体中唯一进入前30名的国家。世界知识产权组织总干事弗朗西斯·高锐表示,2018年全球专利申请总量三分之二来自亚洲,中国提交了154万多件专利申请,占全球总量的46.4%,中国成为全球专利增长"助推器"。瑞士洛桑国际管理发展学院发布的《2019年世界竞争力报告》显示,中国科技进步贡献率从2012年的52.2%提升至2018年的58.5%。

第二,科研人才资源日益丰富。科技的不断创新进步离不开人才队伍建设,目前我国已形成全球最完整的学科体系和最大规模的人才体系,研发人员总人数达到419万人/年,位于世界第一。《2019全球创新指数》中创新质量指标(当地高校QS排名、专利发明国际化、科学出版物质量)评价上,中国、印度和俄罗斯联邦位居中等收入经济体前3,是唯一在3项指标向高收入组靠拢的国家。美国科学基金会《2018年科学与工程指标》指出,全球获得科学与工程技术(S&E)学士学位的人数总计超过750万,其中一半以上的学位是在中国和印度两个亚洲中等收入经济体国家被授予的,而中国相关的博士学位授予量已跃居全球第2位。

第三,科技研发投入不断增加。集中力量办大事是中国特色科技管

理体制的最大优势，我国充分发挥政府的引领指导作用，不断加大对科研的投入，优化创新环境，推进创新能力不断提升。2018年我国研发投入达19677.9亿元，占GDP比重2.19%，位居世界第2。以政府、企业、高校、研发机构等主体相互结合的方式协同布局，帮助科技创新基础研究、技术创新、成果转化等形成全产业链体系。

第四，企业创新能力不断增强。2018年，我国高新技术企业已达到18.1万家，科技型中小企业突破13万家，全国技术合同成交额为1.78万亿元。在数字文化产业领域，数字博物馆、数字图书馆、动漫网游、文创设计等数字化应用应运而生，代表了我国文化领域文化科技融合的水平和程度。同时在技术发展上，人工智能、5G、物联网、量子通信等新兴技术领域抢占发展先机，阿里、腾讯、百度等互联网领军企业的创新引领作用不断增强，在技术应用水平、产业规模和增长速度上，与欧洲、美国、日本等发达经济体基本处于同一水平。2019年2月，市场研究机构CB Insights发布全球最强100家AI公司，其中11家独角兽公司中5家为中国公司，几乎占据一半份额。我国发达地区如北京、上海、深圳、广州等地的数字博物馆等公共文化服务场所，已经实现了实体展览、虚拟展览及数字互动（虚拟现实、增强现实）三位一体的展览方式，5G智慧博物馆、数字美术馆逐渐被人们所接受，在较发达地区也对文化场馆进行相应的数字化部署，数字化信息技术也正在不断满足人们日益增长的文化消费和文化体验需求。

表1-1 全球创新指数2019（前15位国家）

Global Innovation Index 2019 rankings

Country/Economy	Score (0—100)	Rank	Income	Rank	Region	Rank	Median 33.86
Switzerland	67.24	1	HI	1	EUR	1	
Sweden	63.65	2	HI	2	EUR	2	
United States of America	61.73	3	HI	3	NAC	1	
Netherlands	61.44	4	HI	4	EUR	3	
United Kingdom	61.30	5	HI	5	EUR	4	

续表

Country/Economy	Score (0—100)	Rank	Income	Rank	Region	Rank	Median 33.86
Finland	59.83	6	HI	6	EUR	5	
Denmark	58.44	7	HI	7	EUR	6	
Singapore	58.37	8	HI	8	SEAO	1	
Germany	58.19	9	HI	9	EUR	7	
Israel	57.43	10	HI	10	NAWA	1	
Republic of Korea	56.55	11	HI	11	SEAO	2	
Ireland	56.10	12	HI	12	EUR	8	
Hong Kong, China	55.54	13	HI	13	SEAO	3	
China	54.82	14	UM	1	SEAO	4	
Japan	54.68	15	HI	14	SEAO	5	

二、我国数字文化产业发展态势良好

数字经济发展势头十分强劲。《中国数字经济发展与就业白皮书（2019年）》显示，2018年，我国数字经济规模达到31.3万亿元，增长20.9%，占GDP比重为34.8%，占比同比提升1.9个百分点。各地数字经济发展成效显著，广东省规模最大，超过4万亿元；贵州省增速最快，超过20%；北京市占比最高，超过50%。数字经济蓬勃发展，推动传统产业改造提升，为经济发展增添新动能，2018年数字经济发展对GDP增长的贡献率达到67.9%，贡献率同比提升12.9个百分点，超越部分发达国家水平。

2018年，我国产业数字化规模超过24.9万亿元，同比名义增长23.1%，占GDP比重27.6%。工业、服务业、农业数字经济占行业增加值比重分别为18.3%、35.9%、7.3%。2018年我国数字产业化规模达到6.4万亿元，同比名义增长12.9%，在GDP中占比达到7.1%。数字经济已成为带动我国国民经济发展的核心力量，推动我国经济高质量发展的重要力量。

数字文化产业成为发展新引擎。新技术的每一次进步和发展都可能影响数字文化产业链、创新链、消费链的变革。2018年，软件和信息技术服务业、互联网行业增长较快。全国软件和信息技术服务业规模以上企业3.78万家，比上年增加2881家；累计完成软件业务收入63061亿元，同比增长14.2%。互联网行业业务不断创新拓展，共享经济、数字支付、跨境电商等新兴业态不断孕育发展壮大，2018年我国互联网业务收入保持较高增速，规模以上互联网和相关服务企业完成业务收入9562亿元，同比增长20.3%。从"互联网+"释放出的创新活力，正深刻影响着人类的生产与生活，在带来新机遇的同时，不可避免地带来了新的挑战。

第六届世界互联网大会上发布的《乌镇展望2019》指出，截至2019年6月底，全球有45亿人使用互联网，渗透率达58.4%，94个国家正在积极投资5G网络，信息通信技术正在不断加速融合创新，尤其是传统行业更是紧密拥抱数字化，加快转型升级。以传统媒体行业为例，作为中国第一大报，《人民日报》紧密布局全媒体矩阵，探索"新闻+"服务，从70年前的一张报纸，早已发展成报、刊、屏、微、端等10多种载体，300多个媒体平台，综合覆盖用户超9亿的全媒体形态的新型媒体集团。2019年，随着5G商用牌照正式发放，我国正式进入5G元年，超宽带带来的高速度、低延时、低能耗等特点将构建一个万物互联互通的世界，未来与移动互联网、大数据、人工智能深度融合的文化产业，其发展潜力不容小觑。

三、高新技术应用文化产业成效显著

高新技术的发展催生了数字文化领域细分发展，中国文化及相关产业统计年鉴数据显示，在持续增长的数字文化内容产业中，短视频已成为仅次于新闻的一大重要产业领域，其次是数字出版领域。互联网平台与传统媒体纷纷对内容产业发力，借助移动互联网的快速发展，在内容生产方式、平台搭建方面有了长足进步。

截至2018年12月底，《2019中国网络视听发展研究报告》指出，中国网络视频（含短视频）用户达到7.25亿，其中短视频用户规模6.48亿，短视频用户使用时长占总上网时长的11.4%，超过综合视频（8.3%），成为仅次于即时通信的第二大应用类型。市场规模方面，

2018年整个视频内容行业的市场规模为1871.3亿元，同比（较上年同期）增长52.8%，其中短视频市场规模增速最快，同比增长744.7%。

我国文化科技融合在文化产业中的应用水平大大提高。如传统报纸、期刊、图书行业走向数字化出版、电子阅读新体验，广播电视有线网络的数字化转换和双向改造、5G+8K的高清直播带来视觉盛宴、舞台艺术的数字化采集和数字传播等都与世界发展水平保持同步增长水平。《2018—2019中国数字出版产业年度报告》显示，2018年我国数字出版产业整体收入为8330.78亿元，比上年增长17.8%，形势一片大好，传统的出版行业因为与高新技术的紧密结合迎来了行业的春天。其中，互联网期刊收入达21.38亿元，电子书达56亿元，数字报纸（不含手机报）达8.3亿元，博客类应用达115.3亿元，在线音乐达103.5亿元，网络动漫达180.89亿元，移动出版（移动阅读、移动音乐、移动游戏等）达2007.4亿元，网络游戏达791.1亿元，在线教育达1330亿元，互联网广告达3717亿元。移动出版和网络游戏的收入分别为2007.4亿元和791.1亿元，在数字出版总收入中所占比例分别为24.10%和9.50%，两者合计占比33.6%，超过全年总收入规模的三分之一，虽然在全年总收入中占比有所下降（低于2017年的40%），但移动出版和网络游戏仍然是数字出版产业收入的重要支柱（图1-1）。

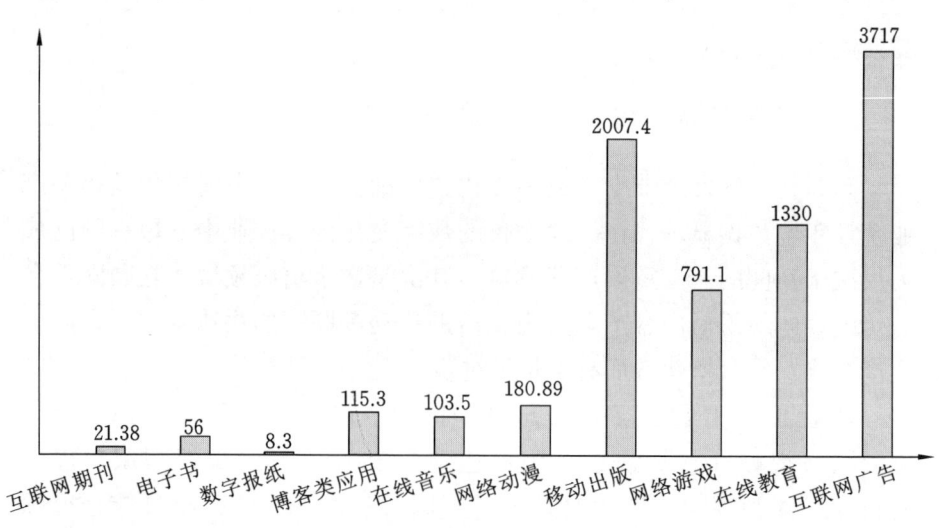

图1-1 2018年数字出版产业收入情况（单位：亿元）

第二节 湖北文化科技创新与文化产业融合发展情况分析

一、高新技术产业增加值持续上涨

《中国区域科技创新综合水平评价报告（2018）》研究显示，湖北综合科技创新水平排名第7，其中科技创新环境指数和科技促进经济社会发展指数均比上年上升2位，输出技术成交额排名全国第2。

从湖北省科技厅统计数据（表2-1）来看：2013年至2018年，高新技术企业数量从1545家增至6597家，增加了327%，位居全国第七、中部第一；高新技术产业增加值由2012年的2960.4亿元增至2018年6653亿元；6年中GDP占比逐年提升，占全省GDP比重16.9%，增加了3.6个百分点。高新技术制造业规模的急剧扩张，带动了高新技术服务业快速发展。2019年1月至8月，全省互联网和相关服务业、软件和信息技术服务业营业收入分别增长35.7%和38.1%，同比分别增加22.4个和21.6个百分点。

表2-1 湖北近年高新技术产业增加值及占GDP比重　　单位：亿元

年份	高新技术产业增加值	同比增幅	占GDP比重
2012	2960.4	27%	13.3%
2013	3604.96	22%	14.5%
2014	4451.16	23%	16.3%
2015	5028.94	13%	17.0%
2016	5574.54	11%	17.1%
2017	5900.00	6%	16.6%
2018	6653.00	13%	16.9%

二、文化科技创新体系不断完善

通过对近年《国民经济和社会发展统计公报》的梳理发现，2013年至2018年，湖北国家级高新区数量从4家增至12家，位居全国第四、中部第一，省级高新区达到22家，宜都、大冶、仙桃3个市成功入选首批国家创新型县（市）行列；国家级重点实验室和工程技术研究中心的数量从36家增至2017年的47家；2012年至2018年，湖北省省级工程研究中心（工程实验室）由147家增加到190家，省级技术研发中心由227家增加到528家；武汉、襄阳和宜昌通过了国家创新型城市建设验收（图2-1）。

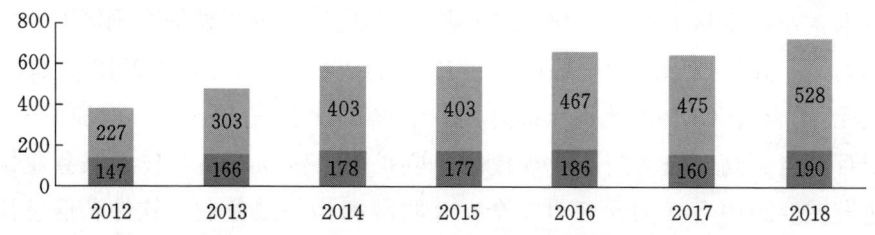

图2-1 湖北近五年科技创新平台建设情况

通过建设文化科技融合示范基地、产业园区促进文化产业发展。近年来，武汉市高度重视文化和科技融合工作，武汉市委宣传部会同市科技局等相关部门不断完善顶层设计，健全体制机制，加快试点示范，深化融合应用，融合发展走在全国前列。相继创建一批国家、省、市文化科技融合（文化产业）示范园区、示范企业、市区两极联合着力打造的"一区数园多点"的文化和科技融合示范体系。2019年3月，科技部、中宣部等部委首次认定单体类文化和科技融合示范基地，其中由武汉市委宣传部和武汉市科技局联合申报的武汉理工数字传播工程有限公司、语联网（武汉）信息技术有限公司2家文化企业入选，上榜企业数量仅次于北京，与杭州市并列第2。此次上榜的企业分别代表了传统业态的转型和新兴业态的发展。代表传统业态的武汉理工数字传播工程有限公司致力于传统出版业数字化转型升级，研发国内领先的媒体融合

"RAYS平台",为出版单位提供媒体融合整体解决方案,用户覆盖北京、上海、重庆、广东等200余家出版机构;代表新兴业态的语联网(武汉)信息技术有限公司独创大数据和移动互联网技术的第四方语言服务平台,聚合全球翻译员和语言服务机构,为企业和个人提供翻译及多语言信息服务,用户遍布全球140多个国家、2000多家跨国公司。

2019年8月发布的《东湖高新区文化科技产业发展三年行动计划纲要(2019—2021)》指出,截至2018年底,东湖高新区作为全国首批文化和科技融合示范基地,已拥有文化科技企业和机构2000余家,较五年前翻了两番;规模以上文化企业240家,实现营业收入437.3亿元,增加值182.26亿,其中收入百亿以上企业1家,10亿以上企业8家,上市企业4家,培育了斗鱼直播、盛天网络、中冶南方等一批代表企业。在"文科三年计划"中,力争东湖高新区到2021年规模以上文化企业营业收入突破1000亿元,文化产业增加值突破300亿元,集聚文化科技领域高水平人才近400人,力争将光谷打造成具有国际影响力的文化科技示范区。对六大领域进行产业布局,分别为:三个核心特色产业——文漫影游、教育出版、直播电竞;两个规模支撑产业——创意设计服务、文化信息服务;一个优质潜力产业——文化消费终端,将创意设计服务、直播电竞产业发展成全球一流水平。

三、人工智能产业发展势头强劲

习近平总书记在中央全面深化改革委员会第七次会议明确指出,要促进人工智能和实体经济深度融合,构建数据驱动、人机协调、跨界融合、共创分享的智能经济形态。前瞻研究院发布《2019人工智能行业发展趋势报告》指出,截至2019年2月,中国共有745家人工智能企业。从地域分布来看,京津冀、长三角、珠三角和川渝四大都市圈人工智能企业占比分别为44.8%、28.7%、16.9%、2.6%;从区域分布来看,人工智能企业主要分布在北京市、广东省、上海市,湖北省排在第7位,占比1.9%,武汉市在人工智能城市分布排在第10位。在中央网信办、工信部、公安部、厦门市人民政府、人民创投(人民网创业投资有限公司）共同主办的"人工智能产业发展论坛"上，公布了"2019年中国人工智能产业发展潜力20强城市"（表2-2）。从上榜的城市总体情况来看，全国人工智能产业发展梯队效益、马太效应凸显。一线城市凭借在经济、政策、人才、科技等方面的天赋资源要素优势，各项数据遥遥领先，逐渐形成第一梯队。而以杭州、武汉、南京、成都、西安为代表的新一线城市，围绕各自既有产业，推出一系列鼓励扶持人工智能产业发展政策，逐步形成了各产业协调发展的集群效益。在人工智能城市吸引力上，成都、武汉、南京、苏州等城市，凭借其科研优势，发展动力强劲。"中国文化科技融合 Top 30 企业品牌"中，通过对品牌支撑力、消费影响力、研发和行业应用的科技文化融合程度等进行估算，光谷文化科技融合的领军企业斗鱼直播以及在光谷设立武汉总部的科大讯飞跻身30强。

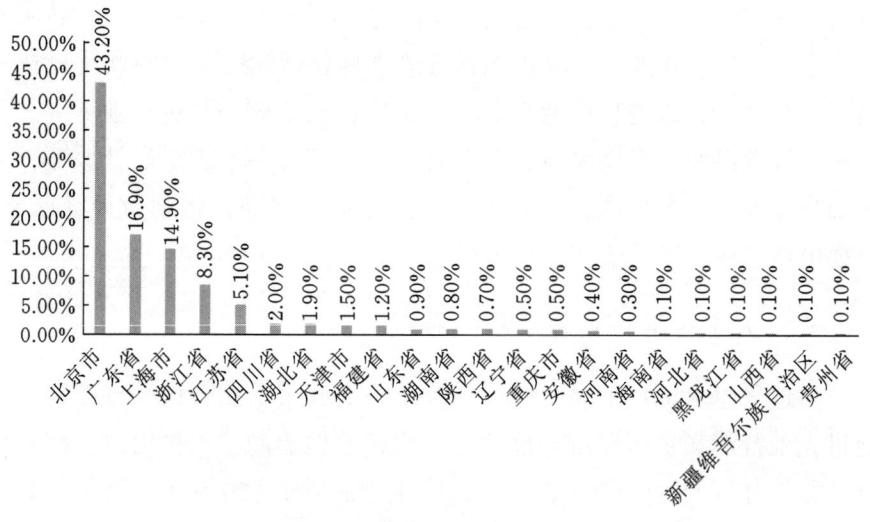

图 2-2 中国人工智能企业分布

表 2-2 2019 年中国人工智能产业发展潜力 20 强城市

排名	城市	排名	城市
1	深圳	11	东莞
2	北京	12	重庆

续表

排名	城市	排名	城市
3	上海	13	长沙
4	杭州	14	珠海
5	广州	15	西安
6	武汉	16	济南
7	厦门	17	青岛
8	南京	18	郑州
9	苏州	19	天津
10	成都	20	佛山

表2-3　2019年中国文化科技融合Top 30企业榜单

中国文化科技融合Top 30企业榜单	
腾讯	科技赋能新文创
华侨城	科技打造文化旅游新地标
爱奇艺	科技与内容双核驱动营造全新视觉体验
科大讯飞	人工智能联通世界
掌阅科技	数字阅读书写新智慧
东方明珠	智慧运营联动文娱资源
浙数文化	数字技术激活文化IP资源
凤凰出版	"科技+出版"的践行者与推动者
利亚德	声光电企业平台的缔造者
阅文集团	网络文学主力IP运营起航
新华文轩	融媒体推动传统出版升级
中影集团	数字技术打通电影产业链
华强方特	文化科技深挖IP全产业链价值
奥飞娱乐	科技助力泛娱乐产业生态

续表

中国文化科技融合 Top 30 企业榜单	
宋城演艺	舞台技术创新焕发传统演艺崭新生命力
中国华录	视听技术打造数字音视频产业链
江苏有线	云技术布局"智慧广电+"新业态
歌华有线	新兴网络技术推动信息传输
蓝色光标	大数据赋能企业智慧营销
新浪	科技连接华人社群
网易	内容赋能+产品激发引领文化内容消费升级
风语筑	数字化展览推动文化展示重塑升级
大丰实业	智能舞台的幕后工匠
完美世界	互联技术打造文化娱乐产业集群
携程	智能信息技术提供全方位旅游服务
四达时代	数字电视助力文化内容走出去
分众传媒	大数据分析技术助力精准营销
保利文化	"渠道+内容"联动效应构建产业格局
浪潮集团	云计算助力文化内容深入共享
斗鱼网络	"互联网"为娱乐互动注入新活力

四、发挥科教大省智力支撑优势

截至目前，湖北拥有 128 所高校、2679 个各类科学研究与开发机构，"两院"院士数量、国家"973 计划"首席科学家国家杰青数量、入选国家"千人计划"人才的数量、获国家科技奖励数量、获国家科技经费额等重要创新指标均稳居全国前列、中部第一。依托湖北科教大省优势，推进创建国家重点实验室、研究中心、工程研究中心及新型研发机构等多层次自主创新体系。例如武汉光电国际研究中心、华中农业大学绿色超级稻培育、华中科技大学国家脉冲强磁场科学中心、中科院武汉物数所等。随着人工智能技术的发展，华中科技大学、湖北大学、湖北工业大学相继成立中国人工智能学院，从人工智能的人才培养和技术研发出发，发挥高校人才培养和科技平台优势构建科技创新体系（表2-4）。

表2-4　2017—2019年中国新建人工智能学院汇总

序号	学院名称	成立时间	地区
1	湖北大学-人工智能学院	2016年4月	湖北省
2	中国科学院大学-人工智能技术学院	2017年5月	北京市
3	同济大学-人工智能研究院	2017年5月	上海市
4	中山大学-智能工程学院	2017年5月	广东省
5	苏州大学-人工智能研究院	2017年11月	江苏省
6	西安电子科技大学-人工智能学院	2017年11月	陕西省
7	北京交通大学-人工智能学院	2017年12月	北京市
8	上海交通大学-人工智能学院	2018年1月	上海市
9	湖北工业大学-人工智能学院	2018年1月	湖北省
10	南京大学-人工智能学院	2018年3月	江苏省
11	河北工业大学-人工智能与数据科学学院	2018年4月	河北省
12	长春理工大学-人工智能学院＆人工智能研究院	2018年4月	吉林省
13	天津师范大学-人工智能学院	2018年4月	天津市
14	清华大学＆南京市南京图灵人工智能研究院	2018年4月	江苏省
15	吉林大学人工智能学院	2018年5月	吉林省
16	天津大学/南开大学人工智能学院	2018年5月	天津市
17	杭州电子科技大学-人工智能学院＆人工智能研究院	2018年5月	浙江省
18	哈尔滨工业大学-人工智能研究院	2018年5月	黑龙江省
19	清华大学人工智能研究院	2018年5月	北京市
20	重庆理工大学-重庆两江人工智能学院	2018年6月	重庆市

续表

序号	学院名称	成立时间	地区
21	浙江理工大学-人工智能研究院	2018年6月	浙江省
22	北京科技大学-人工智能研究院	2018年6月	北京市
23	南京航空航天大学-人工智能学院 & 人工智能研究院	2018年7月	江苏省
24	北京邮电大学-人工智能研究院	2018年7月	北京市
25	南京理工大学-人工智能学院 & 人工智能研究院	2018年7月	江苏省
26	烟台大学-人工智能研究院	2018年7月	辽宁省
27	南京邮电大学-人工智能学院	2018年9月	江苏省
28	大连理工大学-人工智能大连研究院	2018年10月	辽宁省
29	福州大学-人工智能学院 & 人工智能研究院	2018年10月	福建省
30	华中科技大学-人工智能自动化学院	2019年1月	湖北省

五、专利成果和授权数大幅增长

湖北省知识产权局汇总整理的近五年数据（图2-4）显示，2018年全省专利申请量首次突破12万件，自2016年起连续三年，每年跨越增长1万件，发明专利申请、授权情况保持了良好的增长态势，在全国排名第8位，中部第一。从文化产业的角度来看，以2017年为例，湖北省文化及相关产业专利授权共计2281件，占2017年全省专利申请量的4.92%。推动文化与科技的深度融合是突破文化发展困境的基本路径，其中科技研发和专利的产出起着关键性作用。当前文化及相关产业专利授权占全省专利授权总量比重偏低，一是因为全国的外观设计专利占比偏高导致总体的专利技术含量不高；二是因为与文化相关的技术发明和应用较少，主要集中在基础研究和应用阶段，关键技术的缺乏导致文化及相关产业停留在基础研究和应用研究上。值得注意的是，文化科技类企业武汉斗鱼网络科技有限公司发明申请量超千件，成为文化与科技深度融合的一个成功范本。

第八章 推动湖北互联网、大数据和人工智能与文化产业深度融合研究报告

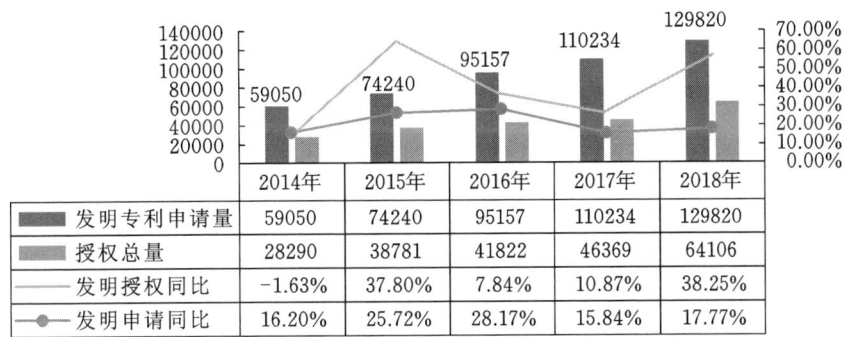

图 2-3 湖北近五年专利成果和授权分析

六、科技创新研发投入稳步攀升

国家统计局发布的《2018 年全国科技经费投入统计公报》，从地区来看，研究与实验发展（R&D）经费投入超过千亿元的省（市）有 6 个，分别为广东（占 13.7%）、江苏（占 12.7%）、北京（占 9.5%）、山东（占 8.4%）和上海（6.9%）。前六位的均为东部省份，与东西部发展经济情况基本保持一致。湖北省位于第 7 位（占 4.2%），在中部六省中排位靠前，研发投入由 2012 年 384.5 亿元增长至 822.1 亿元，累计增长 114%，R&D 经费占 GDP 比重由 2012 年的 1.7% 上升至 2.09%，增长 0.39 个百分点。自 2016 年开始，湖北 R&D 经费投入以每年增加 100 亿元的速度增长，从 2016 年的 600.04 亿元到 2018 年 822.1 亿元，R&D 投入持续攀升，同比增长 37%，研发经费总量优势明显。

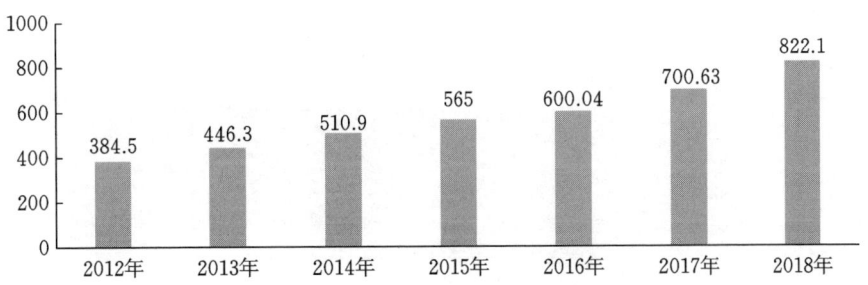

图 2-4 2012—2018 年湖北 R&D 经费支出情况（单位：亿元）

表2-5 2018年各地区研究与实验发展（R&D）经费情况

排名	地区	R&D经费（亿元）	R&D经费投入强度（%）	排名	地区	R&D经费（亿元）	R&D经费投入强度（%）
—	全国	19677.9	2.19	16	辽宁	460.1	1.82
1	广东	2704.7	2.78	17	重庆	410.2	2.01
2	江苏	2504.4	2.70	18	江西	310.7	1.41
3	北京	1870.8	6.17	19	云南	187.3	1.05
4	山东	1643.3	2.15	20	山西	175.8	1.05
5	浙江	1445.7	2.57	21	广西	144.9	0.71
6	上海	1359.2	4.16	22	黑龙江	135.0	0.83
7	湖北	822.1	2.09	23	内蒙古	129.2	0.75
8	四川	737.1	1.81	24	贵州	121.6	0.82
9	河南	671.5	1.40	25	吉林	115.0	0.76
10	湖南	658.3	1.81	26	甘肃	97.1	1.18
11	安徽	649.0	2.16	27	新疆	64.3	0.53
12	福建	642.8	1.80	28	宁夏	45.6	1.23
13	陕西	532.4	2.18	29	海南	26.9	0.56
14	河北	499.7	1.39	30	青海	17.3	0.60
15	天津	492.4	2.62	31	西藏	3.70	0.25

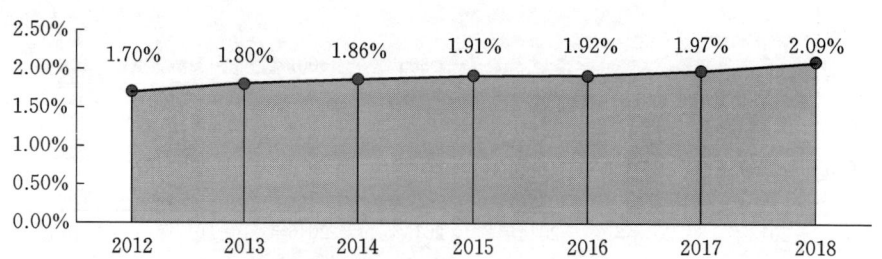

图2-5 2018年湖北R&D经费占GDP比重

2018年全省享受研发费用加计扣除税收优惠政策的企业总数达5121家，研发投入达到350.05亿元，税收优惠达44.61亿元，同比分别增长47.05%和50.6%。湖北省科技信息平台集团用户达7698家，个人用户达3045个，为全省高新技术企业、科技企业孵化器提供免费文献查询与下载服务。湖北省R&D投入经费不断加大，保障了文化与科技融合的技术基础，进一步巩固了企业创新的主体地位，政策引导和支持力度不断增强，推动湖北省科技创新研发呈良好态势持续发展。

七、科技创新政策环境全面优化

近年来，随着改革的不断深入，为促进科技更好地为经济建设服务，湖北不断出台相关科技政策，具有代表性的是1984年《关于进一步加强科学技术工作的决定》、1991年《关于依靠科技进步振兴湖北经济的决策》、2006年《关于增强自主创新能力建设创新型湖北的决定》、2013年《推进创新湖北建设的实施意见》、2018年《关于加强科技创新引领高质量发展的若干意见》等。围绕创新驱动发展战略和破除制约湖北科技发展的体制机制障碍，对重点领域和关键环节又进行了更大力度的体制改革和机制创新。湖北省人大先后颁布《东湖国家自主创新示范区促进条例》《湖北省自主创新促进条例》《湖北省专利条例》等地方性法规，将湖北省近年来科技体制改革的一系列成熟做法，以地方立法形式予以确立和保障。

除此之外，湖北省委、省政府先后出台"科技成果转化十条""高校院所科技人员服务企业新九条""激励企业开展研发活动十一条"等文件，为科技创新发展营造了良好的政策环境。尤其是《关于加强科技创新引领高质量发展的若干意见》，提出"科创20条"，在覆盖面、改革力度上是近年来最广、最大的一项综合性政策。在"科创20条"中关于金融举措有三大亮点，对湖北科技创新建设形成全方位推进合力。针对金融扶持力度不够等问题，湖北省和武汉市将不断加大财政投入和金融支持力度，在2018年至2022年每年筹集100亿元，重点支持重大平台、重大项目、重大园区建设等；组建100亿元天使投资基金群，扩大科技金融信贷投放,支持科技型企业直接融资。同时加大创新产品推广应用力度和知识产权保护应用力度,着力优化创新生态环境。

第三节 湖北文化科技与文化产业融合发展指标的全国比较

湖北在文化科技与文化产业融合方面做了大量工作,也取得了很突出的成绩,但与全国发达的省市相比较,湖北文化科技与文化产业融合发展整体水平和实力还处于相对偏弱的状态,主要从文化产业发展的指数、规上文化企业科技活动、新兴文化产业、技术成交额、专利申请授权、版权合同登记等六个方面的比较分析可以看出。

一、文化产业发展指数

2019年1月12日发布的"中国省市文化产业发展指数(2018)"和"中国文化消费指数(2018)"从文化生产力、文化影响力和文化驱动力三个维度对中国省市文化产业进行综合评估,将文化产业区域表现依次分为强势、普通、弱势三个梯队。其中强势区域的六个省市主要在人力资源环境、经济影响这两个方面优势明显,同时在文化资本、文化资源、创新环境方面也有一定优势。从文化产业发展指数总体情况来看,东部较于中西部有明显优势,但是差距逐步缩小;而湖北省处在弱势区域,主要是在生产力和影响力方面差距较大,具体情况见表3-1。

表3-1 2018年中国省市文化产业发展指数聚类分析

类别	省市	特征值	生产力	影响力	驱动力	综合指数
强势	北京、上海、江苏、浙江、山东、广东	均值	77.9	84.2	81.2	81.7
		均衡度	0.052	0.046	0.05	0.025
普通	河北、山西、辽宁、安徽、福建、湖南、重庆、天津、四川、云南、陕西	均值	71.9	75.4	76.9	75.3
		均衡度	0.03	0.033	0.036	0.022

续表

类别	省市	特征值	生产力	影响力	驱动力	综合指数
弱势	内蒙古、吉林、黑龙江、江西、河南、湖北、广西、海南、贵州、西藏、甘肃、青海、宁夏、新疆	均值	68.8	71.7	78.3	73.8
		均衡度	0.032	0.027	0.028	0.022

二、规模以上文化制造业企业科技活动

在中部六省规模以上文化制造企业科技活动综合评价中，有R&D活动的企业，湖南拥有214家，排在首位；内部R&D研发支出和新产品开发项目、新产品开发经费、新产品销售收入、出口、专利申请件数等六个评价中安徽省居首位；而湖北省相比较而言，R&D企业数量不多，仅有142家，排在第4位，研发经费投入、新产品开发、销售、收入、出口、专利申请普遍低于中部六省平均水平。

表3-2 中部六省规模以上文化制造业企业科技活动情况

地区	有R&D活动的企业（个）	R&D经费内部支出（万元）	新产品开发项目数（个）	新产品开发经费支出（万元）	新产品销售收入（万元）	出口	专利申请件数
山西	7	2738	37	5996	17786	2204	35
安徽	207	243788	1124	311160	4248783	702899	2730
江西	138	56592	493	107770	1132027	270551	999
河南	114	97743	317	76756	956626	187865	517
湖北	142	91270	359	80425	1442691	93358	817
湖南	214	155305	426	167799	3075225	255458	681

三、新兴文化业态（动漫）企业

2017年全国共有545家动漫企业，资产总计230亿元。中部六省的湖南省拥有动漫企业24家、原创动漫460个和原创动画359个，均位列第一；而湖北仅拥有动漫企业13家，排最后一位，原创漫画20个和原

创动画81个，均排位较后。除资产总数外，其他如营业收入和营业利润湖北省均在湖南之后。

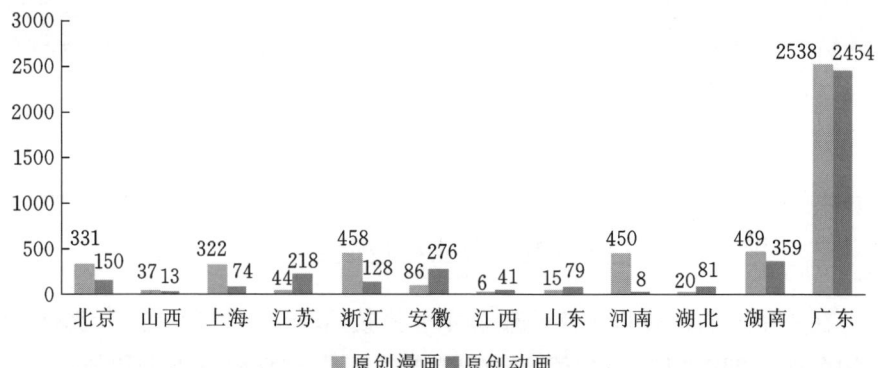

图3-1 东部六省和中部六省文化原创漫画和原创动画数量

表3-3 分地区动漫企业基本情况

地区	企业数（个）	资产总计（万元）	营业收入	营业成本	营业利润
全国	545	2305414	958535	897613	60921
山西	19	15377	848	1072	-224
安徽	21	71120	48293	46189	2104
江西	19	32026	29400	25184	4216
河南	21	2310	555	687	-132
湖北	13	109949	59804	53945	5859
湖南	24	116211	83367	74829	8538

四、文化及相关产业技术成交额

2018年，全国的研究与实验发展（R&D）经费支出19567亿元，比上年增长11.6%，占GDP比重2.18%，全年共签订技术合同41.2万项，技术合同成交金额17697亿元。根据各省市《国民经济和社会发展统计公报》梳理可以看到，湖北在2015年开始至2017年三年间技术成交额保持在全国第2名，2018年下滑至第3名，与第1名广东、第2名上海分别相差150亿元、66亿元。

第八章 推动湖北互联网、大数据和人工智能与文化产业深度融合研究报告

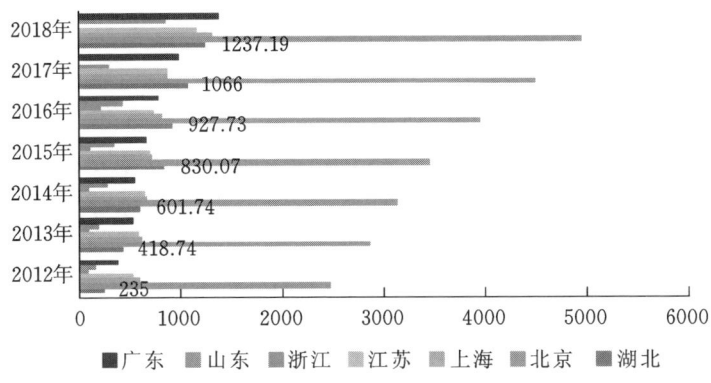

图 3-2 东部六省技术成交额（亿元）

五、文化及相关产业发明专利

2017 年，从东部地区和中部地区共计 12 个省市的文化及相关产业专利授权情况来看，广东省以 35566 件专利授权位居第 1，其次为江苏省 15511 件，第 3 位为浙江省 14511 件，湖北省排名第 10 位。第 1 位的广东省比湖北省的专利授权量多 33285 件，是湖北省的 15 倍，差距明显。从中部地区的文化及相关产业专利情况来看（参见图 3-3），排在前三位的分别是河南省（3603 个）、江西省（2704 个）、湖南省（2715 个），湖北排在靠后 3 位。

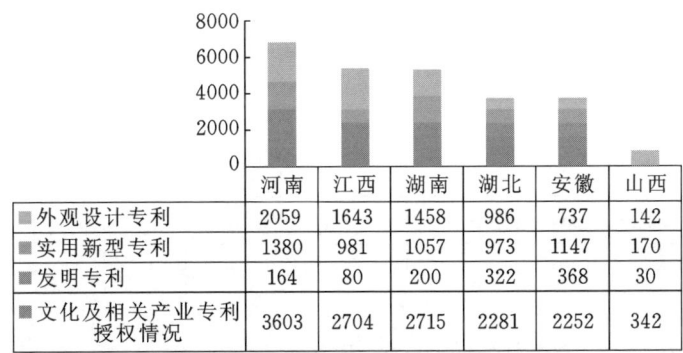

图 3-3 湖北省科技创新平台与中部五省对比情况

六、文化及相关产业版权合同登记

2017年,版权合同登记总体情况中,北京以9596份位于榜首,其次为上海1340份,第3位为广东555份,湖北省排在第7位。其中,第1位北京与第2位上海相差8256份,北京市的版权合同登记数量是上海的7.16倍,差距明显。相比较而言,湖北省与排在第五位的江苏省差距不大,仅相差41份,但从版权合同签订类别来看,江苏的526份全部为软件类版权合同签订,在东部六省中排位第1,而湖北省仅有65份软件类版权合同签订,可以看出江苏在软件技术开发和应用上处在领先水平。

表3-4 东部六省和中部六省文化及相关产业版权合同登记情况

地区	合计	书刊	音像制品	电子出版物	软件	电影	电视节目	其他
北京	9596	9483	—	113	—	—	—	—
上海	1340	1129	97	114	—	—	—	—
广东	555	235	—	143	—	—	—	177
浙江	543	364	—	—	179	—	—	—
江苏	526	—	—	—	526	—	—	—
江西	522	—	—	—	—	—	—	—
湖北	481	366	—	—	65	—	—	50
山东	337	337	—	—	—	—	—	—
湖南	306	306	—	—	—	—	—	—
河南	287	287	—	—	—	—	—	—
安徽	117	117	—	—	—	—	—	—
山西	29	29	—	—	—	—	—	—

第四节 湖北文化企业与文化产业融合发展现状调研分析

为了全面掌握湖北互联网、大数据、人工智能与文化产业深度融合基本情况，课题组于2019年7月到8月期间，分三个组访问武汉、襄阳、宜昌等7个地区，深入当地部分重点文化企业进行调研。在前期准备中，课题组广泛收集相关资料，精心设计企业版、个人版两类调查问卷和访谈提纲，采取深入访谈和问卷调查的形式，先后对湖北省37家文化企业展开调研，共发放个人问卷1588份，收回有效个人问卷1570份，占98.87%；访谈人数169人。

表4-1 调研企业、问卷发放和访谈人数情况表

调研地区	调研企业（个）	个人问卷（份）	企业问卷（份）	访谈人数
武汉	19	969	30	96
襄阳	3	181	5	15
宜昌	3	36	6	10
荆州	3	83	5	10
孝感	3	83	2	9
十堰	3	66	4	17
恩施	3	152	6	12
合计	37	1570	58	169

一、调研基本情况

（一）受调研企业基本情况

本次调研的企业有37家，其中，武汉市企业19家，占51.35%：湖北省演艺集团、湖北省长江电影集团、湖北楚天广播电视网络、武汉楚天激光（集团）、湖北广播电视网络、武汉两点十分文化传播有限公司、江通动画股份有限公司、传神语联网网络科技股份有限公司、武汉艾立卡电子有限公司、湖北广播电视台、武汉广播电视台、湖北今古传奇传媒有限公司、湖北特别关注传媒股份有限公司、湖北知音传媒集团有限公司、武汉出版集团有限公司、武汉长江日报传媒集团有限公司、湖北

长江出版传媒集团有限公司、武汉数字传播工程有限公司、湖北日报传媒集团；襄阳市企业3家，占8.11%：建设路21号创意产业园、湖北襄阳隆中文化园投资有限公司、襄阳智谷文化开发有限公司；宜昌市企业3家，占8.11%：宜昌柏斯音乐集团、宜昌市文学艺术联合会、宜昌三峡环坝旅游发展集团等；荆州市企业3家，占8.11%：荆州文化旅游投资股份有限公司、荆楚非遗传承院（湖北十八匠文化发展投资有限公司）、荆州旅游投资开发集团有限公司；孝感企业3家，占8.11%：孝感卓尔小镇桃花驿、湖北金卉庄园、湖北之海文化艺术有限公司；十堰市企业3家，占8.11%：十堰日报社、堰龙马众创空间、武当山文化旅游公司；恩施州企业3家，占8.11%：恩施广播电视台、恩施旅游集团有限公司、恩施华硒集团。

受调研企业的注册时间6年以上的占82.8%，300人以上的人员规模占60.30%，企业经营类型包括国有企业、集体所有制企业、私营企业、股份制企业、外商及港、澳、台投资企业，其中国有企业占比46.6%。从2018年营业收入、年末资产总额、净利润三个维度来看，企业营业收入和年末资产总额达到1亿元以上（人民币）的分别有25家和43家企业，而净利润达到1亿元（人民币）的仅有4家。

在58份企业问卷中，其行业包括：新闻和出版业（图书、报纸、期刊、音像、电子及数字出版等）17家，占29.31%；广播、电视、电影和影视录音制作业12家，占20.69%，文化艺术业（文艺创作与表演、艺术表演场馆、文物及非物质文化遗产保护等）18家，占31.03%；电信、广播电视和卫星传输服务3家，占5.17%，软件和信息技术服务业3家，占5.17%；互联网和相关服务3家，占5.17%；计算机、通信和其他电子设备制造业2家，占3.45%。

（二）受调研人员基本情况

调研对象涵盖了董事会、中层管理人员、一般管理人员、高级技术人员、中级技术人员和一般技术人员。

表 4-2 调研对象特征统计表

类型	选项	比例（%）	类型	选项	比例（%）
性别	男	42	主要工作经验	管理	32.3
	女	58		市场营销	14.1
年龄	25 岁以下	19.4		技术	23.2
	26—35 岁	48.4		创意与设计	16.1
	36—55 岁	26.1		财会	10.6
	56—60 岁	5.4		法律	2.9
	61 岁以上	0.5	职位	高层领导	2.7
学历	高中及中专以下	3.6		中层管理人员	16.1
	专科	19.4		一般管理人员	38.1
	本科	63.1		高级技术人员	3.5
	硕士研究生及以上	13.8		中级技术人员	8.1
专业背景	文史哲	40.3		一般技术人员	31.5
	理工类	28.3	现任职务任职时间	1 年以内	17.2
	艺体类	17.6		1—3 年	27.8
	其他	13.4		4—5 年	20
				5 年以上	33.4

从年龄结构看，中青年受访者占大多数，35 岁及以下的占比 67.8%，36—55 岁的占比 26.1%。从学历构成看，受访者学历普遍较高，硕士及以上占比 13.8%，本科占比 63.1%，专科及以下仅占 20%。从专业背景来看，文史哲专业占比 40.3%，理工类占比 28.3%，艺术类和其他，分别占比 17.6% 和 13.4%；从主要工作经历来看，从事管理类工作的受访者最多，占比 32.3%，其次是技术类工作人员，占比 23.2%；可以看出，从事文化产业管理、市场营销和技术类工作的员工占比较多，而艺术类专业出身或从事创意设计工作的员工相对较少。从任职时间来看，现任职务任职 5 年以上人员占比 33.4%，任职 4—5 年人员占比 20%，任职 1—3 年人员为 27.8%。综上，样本的主要特征是，

受访者男女比例较均衡，人口年龄结构以中青年为主，学历水平整体较高，文史哲类专业背景为主，管理和技术类工作岗位为主，从业时间较长。

二、湖北文化企业与科技的融合现状

（一）科技与文化产业的融合程度

所调研的37家企业58份企业调研问卷中，企业高层管理人员从数字化建设、高新技术应用程度、企业自身技术发展水平三个维度进行了自我评价。

在数字化建设评价上，认为"尚可，能够满足基本业务"的占56.9%，"比较好，有些业务和应用支撑不足"占比27.6%，"一般，存在问题"和"较差，需要马上改善"的分别占比12.1%和3.4%。说明目前湖北文化企业对数字化建设有所运用，力度不大，仅限于基础业务需求，与科技深入融合程度上技术无法跟上，数字技术进一步推进困难且停滞不前（图4-1）。

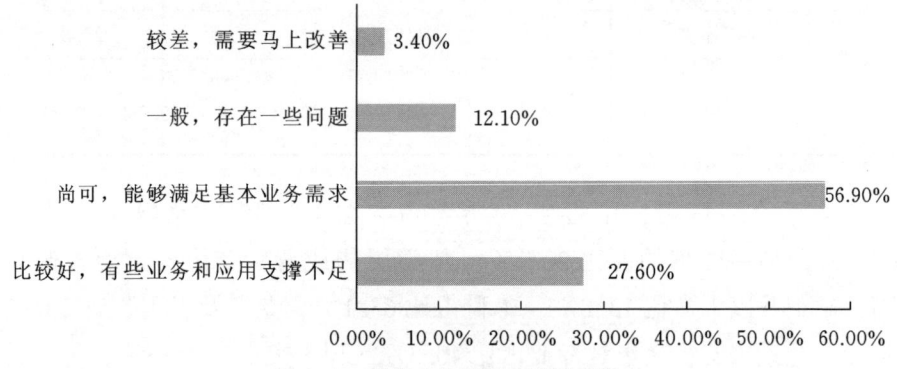

图4-1　所在企业数字化建设评价

在高新技术应用程度上，51.7%的企业利用了大数据，但仅为"有所运用"；在人工智能方面，32.8%的企业"很少运用"。在5G运用方向，39.7%的企业"不运用"，6.9%的企业"很少运用"，这是由于2019年为5G元年，移动通信5G还未全面运用（图4-2）。

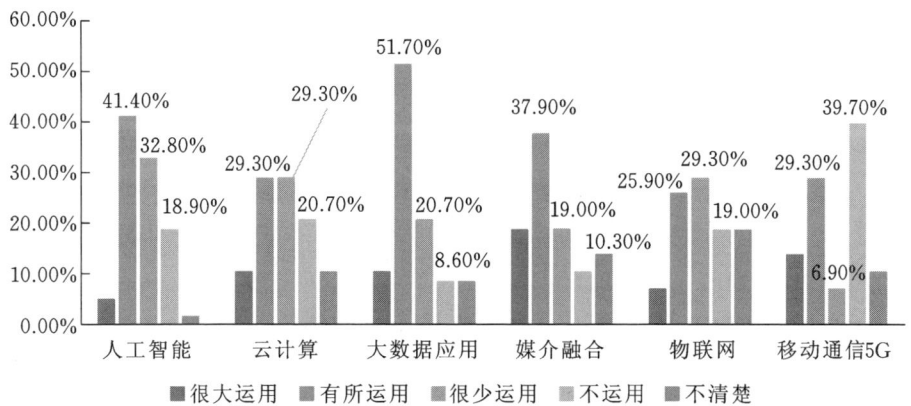

图 4-2　企业利用高新科技程度评价

在企业技术发展水平上，湖北多数文化企业的技术发展水平处于国内和省内领先，有 62.1% 的企业为（省内）区域领先，32.8% 的企业达到国内领先，仅有 5.1% 达到国际领先水平，表明湖北文化企业在文化科技融合方面还有长足的进步空间（图 4-3）。

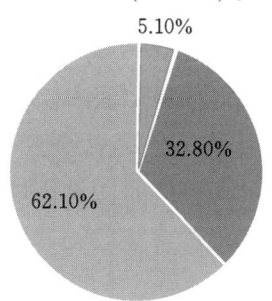

图 4-3　企业技术发展水平评价

在运用核心技术来源的企业，56.9% 的企业选择自主研发，46.6% 的企业引进消化吸收再创新，29.3% 的企业选择产学研合作开发，27.6% 的企业选择委托研发，20.7% 的企业来自转让交易，表明大部分企业具有较强的技术独立性，具备较强的自主研发和引进吸收能力（图 4-4）。

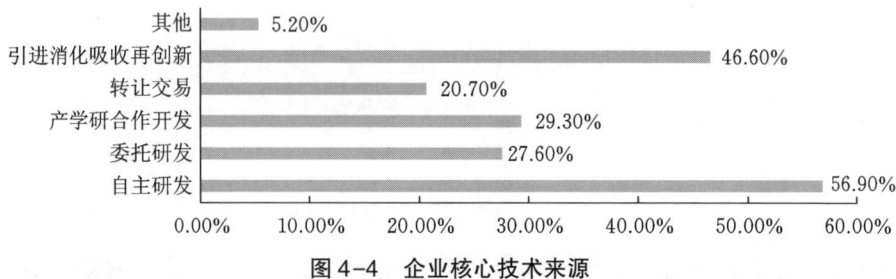

图4-4　企业核心技术来源

湖北文化产业近年来自主创新能力显著增强，高新技术产业跨越发展，科技创新链条更加成熟，企业融入全球创新网络的积极性不断提高，在文化科技融合上有了明显的成效。互联网、大数据和人工智能等新技术为创新2.0下科技创新与传统行业融合发展的新形态和新业态都提供了技术支撑，促进了科技创新、文化创新"双轮驱动"，是推动湖北文化产业与科技创新深度融合的关键抓手。专利、软件著作权等知识产权是文化、科技融合水平的主要体现和核心竞争资产。

在企业获得人工智能、大数据等核心技术相关知识产权方面，有12.1%的企业获得10项以上，22.4%的企业获得1—5项，但超过半数以上，即65.5%的企业未获得任何知识产权（图4-5）。这说明文化科技融合较好的湖北文化领军企业已经深度涉足了人工智能和大数据领域，有34.5%的企业产出了部分高质量的文化科技融合自主知识产权，但仍有超半数的文化企业虽然可能准备或已经涉足了相关高新技术在文化产品的应用，但仍需进一步加强核心技术的研发应用及自主产权的产出。

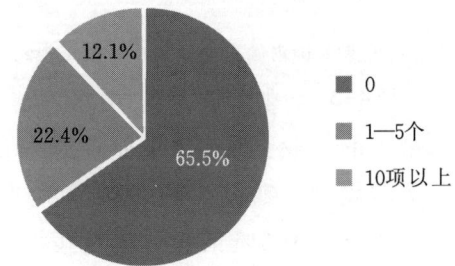

图4-5　企业获得人工智能或大数据知识产权数量

技术研发能够帮助企业不断提升科技创新能力，提高文化产品的技术含量，增强企业在国际上的核心竞争力。在企业的研发投入占产品销售总收入比上，有43.2%的企业研发投入占产品销售收入50%以上，41.4%的企业为30%—50%，10.3%的企业为20%—30%（图4-6）。这表明湖北文化企业对技术和产品研发高度重视，除了一些大型上市企业将大量资金投入到研发领域外，一些存在资金困难的中小型企业也始终坚持将一部分资金用于研发，这将为湖北文化产业的自主核心技术发展带来利好。

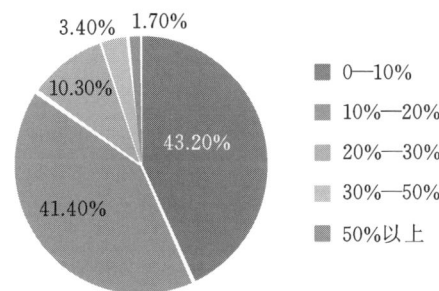

图4-6 企业研发投入占产品销售总收入比例

在企业采用新技术的产品和新产品占总产品的比例方面，19%的企业占比0—10%，32.8%的企业占比10%—20%，18.9%的企业占比30%—50%，13.8%的企业占比在50%以上（图4-7），表明湖北企业虽然很重视新技术应用和新产品研发，但其主营业务和主流产品还是传统文化产品，传统文化行业其本质还是采取一种"内向封闭式"的运行模式，在保证原有主营业务和传统文化产品获取利润的同时，利用新技术进行产品升级、产业转型和高质量发展方面还需稳步前进。

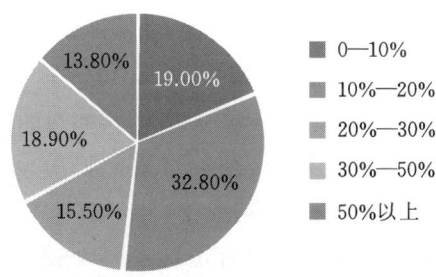

图4-7 新技术和新产品占总产品的比例

(二) 政府对科技创新政策支持力度

从财政资金支持、税收、融资、土地、人才、技术研发扶持、产品创新扶持、新兴文化产业扶持、知识产权保护和文化产业政策落实共十个维度对文化产业政策满意度进行了评价排序，结果表明，湖北文化产业整体满意度不高，平均得分37.5分。其中，最高的是新兴文化产业扶持政策，得分40.4。产品创新和知识产权保护政策满意度并列第2，得分39.6。这表明企业对湖北在新兴产业、科技创新和知识产权方面的政策力度满意度较高。满意度靠后的三位分别是土地、融资和财政资金支持政策，说明受访企业需要以上三个方面的进一步支持。

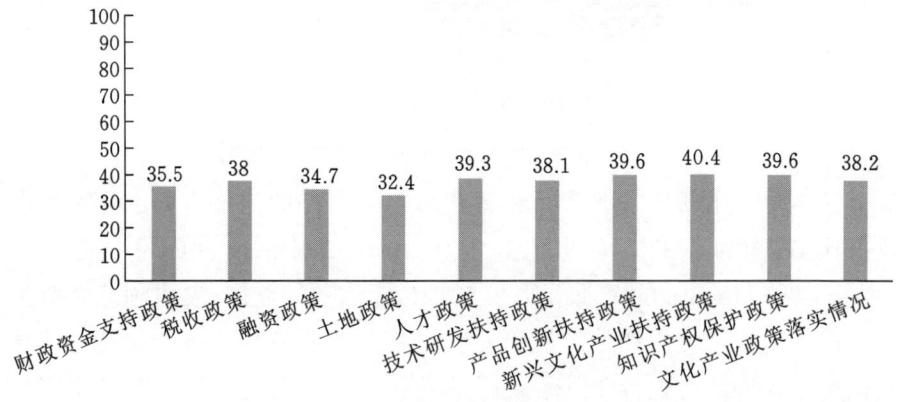

图4-8 湖北文化产业政策的满意度排名

(三) 科技型文化产业人才的需求度

文化领域的知识创新和技术创新以及制度创新都必须落实到人才队伍建设上，传统文化行业想要拓展高端业务和新型服务，提高产品的附加值和竞争力，离不开产业核心人才、重点领域专业人才、高技能人才和国际化人才的培养。调查显示，湖北全省对创意策划类人才的需求占比高达85.9%，其次为信息技术类人才，占比73.9%。地方上除襄阳、恩施两地外，其他各地调研点与全省情况基本保持一致。这说明未来湖北文化产业发展创意策划是核心，信息技术是支撑。

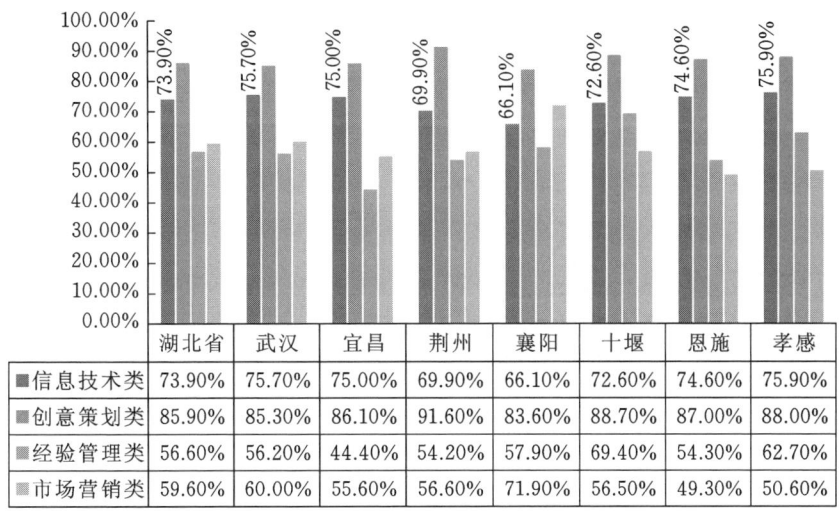

图4-9 湖北文化产业人才类别需求排名

（四）文化产业市场环境的满意度

全省情况来看，在湖北文化产业市场环境满意度评价上，市场环境满意度7个指标得分均偏低，其中公共服务环境满意度最高仅为38.1分，第二是政府对市场监管环境得分为34.2，第三则是文化产业总体市场环境为32.8，随后是新技术应用环境、新兴文化业态市场环境分别得分32.6和32.2。由此可以看出，湖北文化产业公共服务环境建设相对突出，但作为文化和科技融合必不可少的新技术应用和新兴文化业态市场环境两个方面评价都不理想，说明当前市场可能存在原始创新能力不够，互联网、大数据、人工智能等高新技术应用不足，新兴业态产业体系不健全等问题，未来还有很大的上升空间。值得注意的是，满意度低于30的融资环境也直接反映出企业融资环境困难亟须改善。

地方上，"新兴文化业态的市场环境"和"新技术应用环境"评价满意度最高的为孝感市，分别得分53和42.2分，与武汉分别相差21.5分和9.4分。说明拥有教育资源、政策扶持力度、资金补助等优势的武汉并未达到企业发展期望，相反孝感、宜昌、荆州三地由于各类资源的差异和不足，政府给予当地企业在发展高新科技运用和培养新业态上提供了相对较好的发展环境和支持力度，满意评价高于武汉。

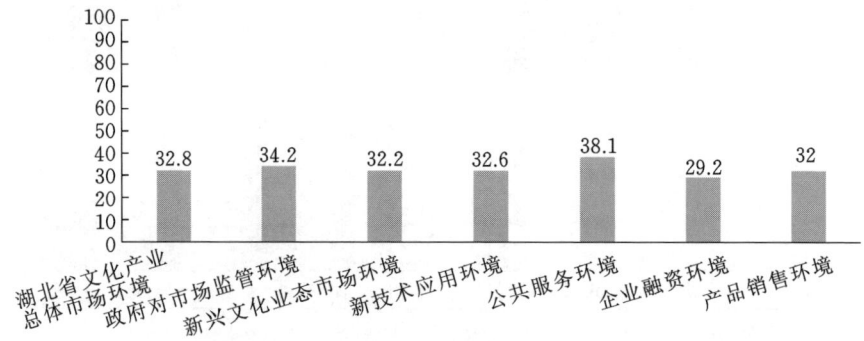

图 4-10　湖北文化产业环境指标满意度评价

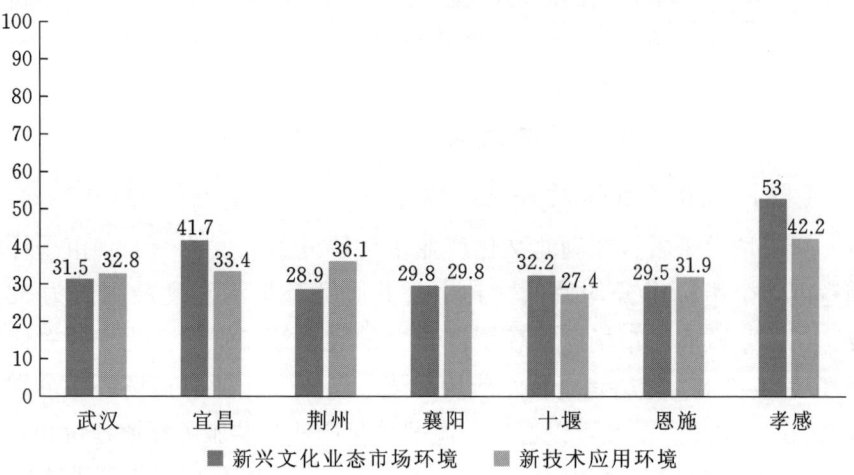

图 4-11　地市（州）新兴文化业态和新技术应用环境排名

第五节　湖北互联网、大数据和人工智能与文化产业融合的问题分析

一、科技创新原创能力不强，成果转化运用存在障碍

（一）文化企业科技创新能力不强

第一，湖北省文化企业在核心技术来源上多采取引进消化，文化领

域的技术研发原创性理论研究基础、核心关键技术积累薄弱,原始创新有限,文化产业尚停留在成熟技术集成应用上,5G、大数据和人工智能等前沿技术应用不够。第二,文化产业在内容、技术、业态等方面自主创新能力不足的问题较为突出,内涵深刻、富有创意、形式新颖、技术先进、科技含量高的知名文化品牌较少。第三,除个别独角兽企业和行业领军企业外,湖北文化企业的技术发展水平在国际和国内居于领先的不多,62.1%的湖北企业仅处于区域领先水平,湖北文化企业在文化科技深度融合方面还有长足的进步空间。

(二)成果转化运用存在障碍

第一,湖北是科教大省,大量的科研成果"养在深闺人未识",而文化企业需要新技术却缺乏科技信息获取途径,原因是基于大数据架构的湖北官方项目库、成果库、人才库、政策库等数据库及服务系统的规模不够大,以及咨询、路演、交易、投融资、创新创业等全方位一站式科技服务平台的不完善。第二,科技成果转化形成的国有股权转让、对外投资等事项,需要按权限逐级报相关部门审批或者备案,产权登记事项需报相关部门办理,链条较长。第三,与科技成果转化有关的国有资产管理制度比较分散,影响了科技成果转化效率。

二、科技资源管理体制不顺,创新服务体系不够完善

(一)科技资源管理体制不顺

湖北各地区仍不同程度存在科技成果管理体制落后,科技投入分散,开放共享程度低,资源使用效率低等问题。第一,湖北相关部门的科技宏观导向和激励作用发挥不够,而在科技项目监管等微观管理上介入过多过细,影响了企业面向市场的自主决策和协同合作,导致文化企业对基础研究的投入偏少,原创能力偏弱。第二,湖北众多高校、科研院所科技成果转化被等同于国有资产处置,事业法人单位没有成果处置权、收益权和支配权,因此缺乏将科研成果转化为新技术、新产品的主动性和积极性。第三,湖北各部门、机构间科技资源配置分散且信息不通,导致科研仪器设备等科技资源重复购置和封闭运行,跨机构、跨地区的

开放共享不足，利用效率低下，闲置现象突出。

（二）创新服务体系不够完善

突出表现为对政府知识产权创造、保护、管理和应用各环节的服务能力不足。第一，网络化、市场化、社会化的科技创新服务体系建设还没引起全社会的足够重视，发展水平较低，服务能力较弱，还不能适应多样化的市场需求。第二，知识产权保护不力，信息社会下的文化产品大多是网络文化产品，高技术产品的知识产权被侵犯和盗用的问题突出。

三、文化科技融合程度不高，新兴文化产业规模较小

（一）新兴文化产业占比不高

当前湖北省文化产业仍以传统的文化生产方式为主，新兴数字化、信息化、数据化的文化产品占比较少，与发达地区相比差距很大。一方面，目前湖北新型文化产业不论是资产比例还是营业收入，总体占比偏低。以文化及相关产业统计中的动漫行业为例，2017年湖北仅有13家动漫企业，总利润5859万元；而广东省则有55家，总利润2.8亿元，动漫产业已成为全省重要增长点。湖北文化企业自身技术能力有限、与科技企业沟通交流不畅，导致文化产品结构相对单一，文化科技含量偏低，产品附加值偏低，市场竞争力不强。另一方面，随着文化和科技深度融合，部分传统文化业态、服务形态以及文化企业还不能适应科技发展和时代要求，转型比较缓慢，生存面临严峻挑战。这是因为湖北文化企业科技发展水平普遍较低，相关主导产业、配套产业发展不完善，不能应对多样化的市场需求。

（二）文化产业中服务业比重偏低

湖北省文化产业中文化服务业的比重偏低，文化制造业比重偏高。一方面，湖北新兴文化服务相关产业规模较小，特别是科技与文化整合创新不足、科技含量较低、盈利能力不足、产业成效不高。如代表"文化产业+互联网"融合水平的新闻信息服务业营业收入占全部文化产业比重仅为4.8%，低于全国平均水平4.3个百分点；代表文化产业传播能

力的文化传播渠道行业占比9.3%，低于全国平均水平2.3个百分点；代表文化科技融合发展能力的文化装备生产和文化消费终端行业占比17.6%，低于全国平均水平10个百分点。另一方面，科技是促进文化制造业向文化服务业转型升级的重要驱动力，但湖北文化企业存在采用新技术的产品（服务）少、新产品占总产品（服务）较低的问题，致使湖北在全局性的文化产品服务向高端转型升级的选择效应中弱点突出，文化产业供给侧结构性改革仍需加强。

四、产业结构布局有待优化，产业集群分布不够均衡

（一）产业发展布局还需优化

第一，文化产业领域在对接省委省政府勾画的以"一芯驱动、两带支撑、三区协同"为主要内容的区域和产业发展战略布局方面还没有出台相关的区域发展布局措施，使得湖北文化产业错位发展、集群发展、协调发展、科技支撑发展和高质量发展的定位还需要进一步明确。第二，在湖北省文化资源的类型与分布，科技创新能力与优势，以及文化产业发展的区域基础与特色优势等方面，各地区存在明显差异，缺乏对各地区符合全省发展定位和当地科技与文化特色的差异化区域发展措施。第三，除武汉东湖高新国家级文化和科技融合示范基地外，其他区域核心竞争力不强且同质化严重。

（二）文化产业集群分布失衡

第一，湖北省目前缺乏优秀的文化企业集中布局，没有形成集聚发展、资源配置共享的文化产业集群发展格局。缺乏专业化、特色化、集聚效应明显的文化产业园区，特别是科技特色支撑园区。第二，湖北文化产业园区的产业融合发展和产业链的完善有待加强，目标主题产业的产业链发掘也有待加强，产业园区的核心竞争力没有形成，呈现出一定程度的产业园区空心化现象。第三，湖北尚未建成线上线下结合的文化产业园区平台，在5G等移动互联网概念的影响下，利用"互联网+"低成本、高效率与突破变革的运营模式，需要建设发展虚拟园区平台，形成线下线上有效补充。

(三) 科技型领军文化企业不多

第一，除了几个与文化科技相关的独角兽企业外，湖北省目前缺乏大型的像百度、阿里巴巴和腾讯等互联网领军企业，且与文化企业的合作不够密切。文化企业往往自主研发运用互联网技术，很少有国内大型的互联网企业与湖北省的文化企业合作，互联网与文化产业融合能力不够强。第二，长江传媒集团、湖北广电集团、中铁第四勘察设计院集团有限公司、中南电力设计院、长江勘测规划设计研究有限责任公司、中煤科工集团武汉设计研究院等骨干企业，主要集中在创意设计、新闻出版、广播电视等行业，对湖北文化和科技融合产业发展起到的支撑作用尚未完全释放出来，没能充分运用互联网、大数据、云计算、人工智能等高新技术，实现更高层次产业转型升级和湖北文化科技产业发展引领。

五、地域文化资源开发不够，文化品牌竞争实力不强

(一) 文化资源优势发挥不充分

第一，湖北省拥有丰富的文化资源，如楚国历史文化、长江三峡文化、武当道教文化、孝文化、红色文化等，但是这些丰富的文化资源并没有利用高新技术打造出强大的文化产品和品牌，没有产生像桂林"印象刘三姐"、云南"云南映象"和西安"梦回大唐"那样可以走出中国、走向世界的文化品牌。第二，恩施大峡谷、十堰武当山、神农架等自然人文景观并没有形成点线面的优势整合，更没有结合现代技术完美演绎荆楚文化的神韵。第三，企业仍采取传统的开发方式，对高新技术手段的运用不足，使文化资源挖掘和研究受到限制，文化资源的产品转化率低，导致文化产业创新动力不足。

(二) 文化品牌竞争实力不强

第一，湖北省无论是全国知名的领军文化企业还是文化品牌都很少，给湖北省在科技创新环境下的文化产业结合地域资源优势，借助科技手段发展文化产业带来了一定困难。第二，当前传统文化市场份额下降，新的文化生产方式和文化品牌依旧缺乏，其代际更新和转型升级造就的

产品和品牌不够，必须以数字技术、物联网、云计算、人工智能等高新技术创新传统文化产业生产方式，通过变革创新来提高文化产业竞争力。

六、政策激励措施落地较难，法规监管体制不够健全

（一）政策激励措施落地较难

第一，从政策落实情况看，呈现"三多三少"不均衡的格局：省属企业享受优惠的涵盖面和额度多，市、县企业少；转制企业享受优惠的额度多，非转制企业少；省级相关部门和国有企业对政策的知晓面多，非公有制企业偏少。第二，尽管"科创20条"的发布在顶层设计上针对性地提出了相关支持措施，但从调研的文化企业反馈中，关于新技术的应用和新兴文化业态以及融资环境三个方面评价均不理想，究其原因在于政策的普适性不够、项目管理介入过多、管理部门职责划分不清等因素直接导致了文化企业创新意愿不强、研发投入不足、创新能力偏弱等问题。

（二）法律法规制度不够健全

第一，针对互联网、大数据和人工智能与文化产业深度融合发展的新特点，科技与文化产业相关立法工作进展不够，适应"互联网+"发展和管理的现行法规及政策规定的研究调整完善不足。第二，发展文化科技产业需要的网络信息保护和信息公开有关规定落实不够，制定网络安全、电子商务、个人信息保护、互联网信息服务管理等法律法规的进展不理想。

（三）监管体制模式尚不完善

第一，信息技术的创新迫使文化生产、消费、传播整个链条呈现新的方式，在传统文化产业的监管范围之外，导致新闻出版、广电等行业的管理体制与新兴文化产业发展形势不相适应。第二，新技术产生的新业态形成了行业交叉管理的空白，多个政府行政部门介入造成管理混乱，使得当前基于传统的文化企业管理结构与新技术整体环境不匹配、不适应。第三，互联网业务的融合性和跨区域性越来越明显，湖北文化企业

开始与其他省市的大型互联网企业合作,过去分业务、分区域等传统监管模式面临着巨大挑战,监管模式亟须调整和创新。第四,信息领域相关企业垄断行为查处不够,导致互联网公平竞争环境仍需改善。

七、科技研发投入强度偏弱,产业政策支持力度不大

(一) 科技研发投入力度偏弱

第一,关键技术研发投入不足。2018年《全国科技经费投入统计公报》显示,湖北R&D经费投入占GDP比重2.09%,全国平均数为2.19%,在全国排名第7位,而强度与美国(2.79%)、日本(3.21%)等相比仍有很大差距,基础性研究、政府资金占比偏低的问题仍然突出,关键技术研发、重要科技成果转换、投入产出率有待进一步提高。第二,科研投入和成果转化不成正比。2018年湖北省R&D经费投入822.1亿元,排在全国第8位。但在调研的企业中,仅13.8%的企业新产品的占比在50%以上,说明部分的传统文化业态的文化企业还没有适应文化科技融合发展的趋势,对技术的研发和运用不够,转型较为缓慢。

(二) 政策覆盖面和时效性不足

第一,政策覆盖面不足,造成行业间差距过大。信息时代对新金融和创新人才需求巨大,市场环境瞬息万变,政策主要关注了产业的总产值和增长速度,而忽视产业创新中资源紧缺等问题,未有效发挥政策对产业结构的即时引导和优化作用。当前,政策偏重对动漫游戏、短视频直播类、数字出版等热门行业进行扶持而忽视其他数字文化产业门类,造成政策和资金扶持力度不均衡,导致行业间差距过大,项目申请难度增加。第二,政策门槛较高,调查中一些中小型企业因规模不大、资质不高、技术实力不强等问题而达不到申报条件,得不到相应的政策扶持;而大中型企业获得的扶持较多,造成了强而更强,弱而更弱的两极分化现象;第三,扶持资金使用期限不合理。政府扶持资金多有严格的使用期限,与企业项目运营需要时间不匹配,也在一定程度上限制优质项目的灵活发展。

八、文化科技平台建设不足，产业资源共享服务不够

（一）文化产业公共技术服务平台建设不足

第一，具有湖北自主知识产权的数字内容制作软件和平台建设不足，使得湖北文化企业需要付出高昂的成本来购买和使用网格渲染技术、特效合成制作技术、虚拟展示技术等，导致湖北数字内容制作产业的技术水平和科技含量不高，数字内容产品的生产方式创新不足。第二，湖北的科技装备展示交易平台建设不足，缺乏高端数字文化展览平台，使得湖北企业难以获得最新的现代化声、光、电、虚拟现实等展览技术及设备，导致基于3D、MPR技术、高清、多媒体、虚拟现实等高新技术与文化内容融合形成的多种新型影视、展览等数字内容产品缺乏，难以提升文化产品质量和文化品牌的号召力。

（二）文化科技资源共享与服务平台建设不足

第一，标准化、易获取、可重用和可扩充的荆楚特色文化资源共享平台的建设和使用不足，导致高质量的、符合制作要求的湖北文化内容素材信息云存储和云管理不够，湖北企业较难获取在线化、精准化、服务个性化、内容可视化和质量评估智能化的资源共享服务。第二，企业参与研发或租用的有自主知识产权、技术尖端且价格低廉的文化资源开发软件和服务平台不多，使得湖北企业数字内容产品的制作技术水平和科技含量不高，企业的资源开发成本过高，特别是中小企业负担过重。第三，政府或领军企业主导构建的湖北文化资源大数据分析和信息服务平台不足，使得湖北企业间很难共享国内外尖端技术和产品动态、用户兴趣和行为分析建模、个性化信息定制和智能推送等信息服务。

（三）文化科技投融资服务平台建设不足

第一，互联网金融等新兴金融平台建设不足，如第三方支付、金融产品线上销售、众筹模式及P2P理财等，湖北文化企业没有享受到互联网金融为文化企业带来的新途径、简单的贷款程序、低廉的融资成本、更直接的金融服务等。第二，湖北省缺少符合文化产业发展的融资平台

包括交流平台、征信平台、支付平台、交易平台、关联平台等，存在信息不实、风险较大与交易难的障碍。第三，文化企业的无形资产（如出版权、播放首映权、版权等）评估平台搭建不完善，评估、登记、抵押、托管、变现、交易的专业化平台与服务体系不健全，难以解决目前条件下文化企业的间接融资与直接融资同样"难"的困境。

九、文化科技产业人才缺乏，留人进人用人环境不优

（一）人才培养与市场需求脱节

"互联网+""智能+"在文化产业的应用可以提高文化产品的制作生产率，但中间需要那些能熟练运用互联网技术、人工智能、大数据、云计算的优质人才。作为全国第三大科教人才培育基地，武汉市拥有79所普通高校，但是文化产业发展整体上却面临极为严重的人才匮乏情况，部分行业陷入"有人而无才、有才而无用"的尴尬处境。此外，当前文化产业专业人才的培养基本都存在着实践能力差、懂技术的不懂文化、懂文化的不懂技术等问题，与各文化行业要求的综合型人才的情况不符。说明高校人才培养尚未形成对文化科技复合型人才的有效供给。

（二）人才服务和配套支撑环境尚待优化

在"互联网+"环境下，文化产业亟需与人才服务相关的配套环境支撑。与北上广等文化企业的人才环境相比，湖北人才服务和配套支撑环境尚待优化。虽然湖北地区高校林立，拥有广泛的人才资源，却因缺乏留人进人用人的优惠政策、优良环境和优质服务，而面临着严重的人才流失问题。根据调研情况来看，所调研的37家企业中仅有国有文化企业设立了与新技术相关的部门，企业一般沿用传统的管理方式，很难适应文化产业发展新形势对文化科技人才的需求。

第六节 推动湖北互联网、大数据和人工智能与文化产业深度融合的对策措施

以习近平新时代中国特色社会主义思想为指导，牢固树立新发展理

念，落实高质量发展要求；贯彻落实习近平总书记视察湖北重要指示精神，奋力谱写新时代湖北高质量发展新篇章；推动湖北互联网、大数据和人工智能与文化产业深度融合，促进文化产业实现高质量发展；以优秀文化科技产品和服务满足人民群众美好生活新期待，为湖北文化强省建设奠定坚实基础。

应从构建湖北"一芯两带三区"文化产业发展布局，加快与互联网、大数据和人工智能等科技创新相关的关键技术攻关和资源协同创新，推进科技创新对传统文化产业升级改造，促进科技创新驱动的创新型企业孵育和新兴文化业态培育，推动科技创新驱动的荆楚特色文化科技生产要素升级，深化科技创新引导的供给侧结构性改革和现代文化市场体系构建，完善科技创新与文化产业深度融合的政策体系和发展保障，强化科技创新引导的文化产业与相关产业融合等出发，最终推动湖北互联网、大数据和人工智能与文化产业深度融合。

一、系统构建湖北"一芯两带三区"文化产业发展结构布局

对接全省"一芯两带三区"区域和产业发展布局，根据湖北省文化资源的类型与分布、科技创新能力与优势、文化产业发展的区域基础与特色优势，适应湖北文化产业与互联网、大数据和人工智能深度融合的新形势和新特点，实施湖北"一芯两带三区"文化产业区域发展布局，奋力推进湖北文化产业特色发展、错位发展、集群发展、协调发展和高质量发展。

（一）实施"一芯引领"战略，强化"一主两副"的核心作用

以武汉国家中心城市为引领，强化武汉"主中心"地位和襄阳、宜昌的省域"副中心"地位，以创新资源利用、创新技术手段，深度融合互联网、大数据和人工智能，实现传统文化产业转型升级、新型文化业态不断发展，文化产业整体提质增效，将武汉、襄阳、宜昌打造成为国家级文化产业创新发展示范区。

武汉市：充分发挥武汉作为国家中心城市的优势，加快文化产业新技术、新品牌、新业态的创建，打造全国新兴文化产业聚集高地；高标

准建设全球创意城市网络"设计之都",大力发展工业设计、建筑设计、时尚设计等"数字+"创意设计产业,打造世界创意设计之都;推动文化产业与互联网、大数据和人工智能深度融合,打造全国文化科技融合示范中心。

襄阳市:依托智慧城市建设,开展云计算、大数据、人工智能、软件服务等示范应用,加快数字化、信息化、智能化等新技术在文化产业中的应用,大力发展数字服务、移动多媒体、3D打印、网络视听等新型文化业态,促进数字文化产业发展;依托唐城和汉城打造全国知名影视拍摄基地、中部地区重要的文化创意产业基地和区域性的工艺品生产基地;培养一批以建设路21号产业园为代表的特色鲜明、服务优质、创业生态圈完善的文化产业孵化平台;推出智慧旅游、夜游等新型旅游产品模式,建设国家级文化旅游名城。

宜昌市:发挥现有文化旅游优势,实施智慧旅游工程,做强、叫响三峡文化旅游品牌;打造"钢琴之城"和"诗歌之城",加快建设长江中上游区域性文化中心城市;发挥宜昌高新区(自贸片区)先行先试体制优势,大力发展乐器制造、视听设备制造、包装印刷等文化制造业;推进文化与相关产业融合发展,大力发展创意设计、群众体育、教育培训、广告传媒、动漫游戏、数字服务等文化产业。

(二)实施"两带支撑"战略,增强绿色发展创新驱动新动能

对接湖北长江、汉江绿色经济和创新驱动、汉孝随襄十制造业高质量"带际发展"战略,以长江、汉江为纽带,进一步融合互联网、大数据和人工智能,打造长江国际黄金文化旅游带核心区、文化科技融合创新驱动发展带、汉孝随襄十国家文化创意产业示范区和文化装备制造业高质量发展带。

1. 大力发展长江和汉江文化旅游经济带

瞄准长江经济带和"一带一路"两大国家战略的有效对接和产业转型升级,依托长江和汉江流域文化资源,突出"长江文明"和"汉江荆楚文化发源地"主题文化战略,建设世界大河文化中心。按照"绿水青山就是金山银山"的绿色生态发展理念,利用科技创新,发展湖北长江

和汉江沿线文化生态旅游，使之成为旅游转型升级的先行区、优质旅游品牌的集中区和文化生态旅游的示范区，把湖北打造成世界大河文化旅游目的地，长江国际黄金文化旅游带核心区。

长江文化旅游经济带。长江因优厚的自然资源禀赋、深厚的历史文化积淀、巨大的经济文化体量、强劲的可持续发展前景，有望成为21世纪中华文明和中华民族崛起的战略性支点。湖北境内的顶级文化资源，如长江三峡、三峡大坝、楚纪南城、荆州古城，重要城市如武汉、宜昌、荆州、黄冈、黄石、鄂州，都集中在长江一线。从区位优势、文化底蕴以及国家中部崛起支点战略看，湖北有可能成为传承、发展、创新长江文明的枢纽。打造长江流域荆楚历史文化品牌、长江文化品牌、红色革命文化品牌、现代工业文化品牌，以品牌建设促进湖北文化产业高质量发展。

汉水特色文化产业带。汉水是长江第一大支流，涉及武汉、十堰、襄阳、随州、孝感、荆门、潜江、天门、仙桃、神农架10个市（林区）和39个县（市、区）。汉水不仅滋养了辉煌的楚文明，而且还是连接长江文明与黄河文明的重要通道，湖北境内有3处世界文化遗产，其中2处武当山和明显陵，就在汉水流域。随着汉江生态经济带建设国家战略在湖北落地，这为汉江流域文化产业发展提供了机遇。汉水流域在推进武汉"中国文谷"、襄阳"中国有机谷"、荆门"中国农谷"、十堰"中国养生谷"建设的基础上，大力发展乡村文化产业，重点发展乡村生态旅游，开发特色文化创意产品和特色饮食文化产业等。

长江和汉水流域要大力发展特色文化产业园区，实现特色文化资源开发和产业优势聚集。建设好木兰文化体验综合体、黄冈卓尔胜利小镇、三峡车溪巴楚民俗文化园、襄阳唐城和汉城文化产业园、宜昌当阳天下关公文化旅游城、鄂东禅宗名人文化旅游区、咸宁中华桂月文化产业园、孝感金卉庄园、天门茶经圣地文化旅游城、仙桃沔街、恩施土家女儿城、长阳巴土文化产业园等一批规模大、成长性好、带动性强的特色文化产业园区，带动旅游、影视、餐饮、娱乐等相关产业的发展，使之成为各地经济发展的新增长点。

2. 促进汉孝随襄十文化制造业高质量发展带

以打造汉孝随襄十传统产业转型升级和先进制造业为重点的产业发展带为契机，以文化科技深度融合创新为驱动，通过新技术和新模式的创新推动，促进传统文化产业转型升级和新兴文化业态加速培育，建设创意设计、数字文化产业和文化装备制造业高质量发展带。

武汉市：大力发展数字化、网络化、智能化新兴文化产业，形成文化产业发展的新技术、新业态、新模式和新动能，打造全国文化科技融合发展文化产业示范中心。

孝感市：推动汉孝一体化，实施产业和武汉对接战略，依托孝文化品牌资源，发挥区位优势文化产业，促进区域文化产业融合协作发展。

随州市：依托曾随文化资源，推进曾随文化资源的创造性转化和创新性发展，叫响编钟文化品牌，打造编钟文化产业基地，推动文化产业提质升级。

襄阳市：以创建国家双创示范基地和国家创新型试点城市建设为契机，依托唐城和汉城打造全国知名影视拍摄基地、中部地区重要的文化创意产业基地和区域性的工艺品生产基地。

十堰市：以十堰中关村科技成果产业化基地建设为契机，依托武当道教文化和丰富的非物质文化遗产资源，通过技术和模式的创新，推动文化产业智能装备制造；建设文化产业创新平台，推进国家级文化产业示范基地建设。

（三）实施"三区协同"战略，形成东中西三大特色板块协调发展格局

落实习近平总书记视察湖北时提出的"绿色发展、振兴发展、转型发展"重要讲话精神，瞄准国家绿色发展、乡村振兴、资源枯竭型城市转型发展等重大战略，围绕区域协同与产业集聚，根据各地的文化资源禀赋和发展战略定位，利用科技创新，推动鄂西绿色生态文化旅游发展示范区、江汉平原乡村文化产业振兴发展示范区、鄂东工业文化转型发展示范区建设，在"多极支撑"区域发展布局中形成文化产业联动优势，形成全省东中西三大片区文化产业差异化高质量竞相发展。

1. 鄂西绿色生态文化旅游发展示范区

随着交通条件的改善，恩施、十堰、神农架等地旅游业快速发展，文化旅游业成为拉动全省经济发展的重要组成部分。坚持以"绿"为本，以文化生态旅游为主攻方向，发展智慧旅游，打造湖北省绿色文化产业发展增长极。

依托鄂西著名的世界文化和自然遗产、丰富的非物质文化遗产、独特的土家族和苗族等民族文化资源，以及美丽的长江和清江自然景观优势，打造以宜昌、恩施、襄阳、十堰为中心的旅游文化、三峡文化、三国文化、武当文化等文化版块，形成鄂西文化产业集群。以"两江两山（长江、清江、武当山、神农架）"为重点，大力发展长江和清江山水文化游、武当历史文化游、神农自然风光游、土家民俗文化游，叫响文化旅游融合发展品牌，加快创建国家旅游改革创新先行区。深度开发珠宝、奇石、盆景等文创产品，走特色化差异化发展道路，使鄂西生态文化旅游成长为湖北文化产业发展重要增长极。

2. 江汉平原乡村文化产业振兴发展示范区

以国家实施乡村振兴战略为契机，坚持以"农"为基调，以乡村特色文化产业为主攻方向，打造湖北省特色文化产业增长极。

坚持以"旅游+科技+文化"为发展方针，实施特色小镇和美丽乡村工程，大力推进武汉、孝感、荆门、随州、仙桃、宜城、老河口等地国家新型城镇化综合试点，有序推进特色小镇、城铁小镇、高铁小镇建设，建设一批康养旅游示范小镇、运动休闲特色小镇；大力发展情景游、集装箱别墅游，打造民俗风情游、红色文化游、绿色农业游等多元化旅游线路，开展文化观光、文化体验、文艺演出等特色文化旅游活动，利用科技创新，开发符合现代生活方式需求的特色旅游产品，形成一批荆楚特色的文化旅游品牌。

从丰富的非物质文化遗产中吸取营养，大力发展当地非物质文化遗产产业，实施"一县一品"工程，如黄梅挑花工艺、仙桃贝雕、孝感雕花剪纸、京山根雕、云梦皮影、阳新布贴、荆州漆器等众多非遗项目的开发。努力办好武汉国际杂技节、屈原故里端午文化节、全省皮影戏调演、襄樊诸葛亮文化节、曹禺文化节、恩施女儿会、江汉蒸菜节等各类特色品牌文化节庆活动，以节兴文、以节兴业、以节招商、以节强市富民，促进文化的繁荣和地方经济的发展。

江汉平原是举世闻名的荆楚文化的发源与兴起地，三国文化的核心区。作为江汉平原核心区的荆州市、仙桃市、潜江市、天门市，还要发挥荆楚文化、三国文化等历史文化资源优势，加强文物大遗址保护利用，加快非遗传承保护基地建设，深度开发特色文创产品和数字内容产品，推动荆楚文化、三国文化、非物质文化遗产文化等特色文化产业的形成。

3. 鄂东工业文化转型发展示范区

以资源枯竭型城市转型发展国家战略为契机，发挥黄石、鄂州等地传统工业文化资源优势，结合本区域其他特色文化资源，打造全省工业文化资源产业发展增长极，促进资源枯竭型城市产业转型。

黄石的矿冶历史前后三千余年，留下了矿冶遗址、矿冶民俗、矿冶精神等极为独特的文化资源。随着现代文化遗产理念的拓展，工业和矿冶遗址已经成为发展文化产业的绝佳场所，要将黄石打造成矿冶遗址世界旅游目的地。将黄石矿冶文化与周边西塞神舟会的非物质文化遗产文化、红安和麻城的红色文化、黄梅的佛教文化、武穴的道教文化等文化名片结合，形成协同效应，大力发展红色旅游、历史文化旅游、工业文化旅游和文化休闲旅游，最终建立起与武汉文化旅游目的地、"1+8城市圈"相配套的文化旅游产业结构。把黄石建设成为长江黄金国际旅游带上的节点城市，促进文旅产业向高质量发展，不断提升本区域文化产业综合实力。

（四）实行"芯""带""区"互融，构建湖北文化产业特色化差异化发展新格局

"一芯两带三区"文化产业发展区域布局是一个有机的统一体，共同构成湖北文化产业发展新格局。"一芯"是从城市核心地位角度确定发展"龙头"，起引领作用；"两带"是从一纵一横自然水路和现代交通动脉带状结构角度，确定发展"台柱"，起支撑作用；"三区"是按自然环境、经济状况和文化资源特点分布的方位构建区域文化板块格局，推

动特色文化产业差异化发展大聚集区的形成。各地从本地文化资源和产业优势出发,大力发展特色文化产业,走特色化、差异化发展之路,"一芯、两带、三区"将各地各区有机组合在一起,形成中心带动、两带强力支撑,在"多极区域联动"发展中,形成产业联动优势,发展壮大更多新的区域增长极,形成"千帆竞发""百舸争流"的生动局面,谱写新时代湖北文化产业高质量发展新篇章。

二、加快互联网、大数据和人工智能关键技术攻关和资源协同创新

我国文化和科技融合的程度随着技术的发展越来越深,已经突破了传统文化发展的局限,文化科技在公共文化服务、文化传播、生产、流通、消费等方面得到了广泛的应用,但与发达地区相比,湖北省的核心技术和关键技术创新能力尤显不足,差距较大。特别是舞台技术、传播技术、智能技术、虚拟现实技术、增强现实技术等,所调研的企业当中,除极小部分企业自主研发外,大部分企业在创新方面还处在引进消化再创新的阶段,因此湖北文化产业要通过互联网、大数据、人工智能等新技术的创新思维和手段,重新审视文化要素资源,着力技术研发、协调攻关、要素融合,推动文化产业与科技深度融合。

(一)加强互联网、大数据和人工智能等文化共性关键技术研发

加强5G、大数据、人工智能、虚拟现实等文化创作、生产、传播和消费等环节共性关键技术研究,开展荆楚文化等文化资源分类与标识、数字化采集与管理、多媒体内容知识化加工处理、VR/AR虚拟制作、基于数据智能的自适配生产、智能创作等文化生产技术研发。开展文化产品多渠道发布、多网络分发、多终端呈现等文化传播技术研发。开展基于大数据的个性化推荐、文化产品与服务质量评测等文化服务技术研发。

发挥湖北科教和人才优势,完善以市场为主导、企业为主体的"政产学研"合作机制,加快建设5G核心器件技术开发中心、产品分析测试平台、产品质量标准和检验检测体系,为关键核心技术创新、核心元器件研发和产业化,营造良好的创新生态,支持国家信息光电子创新中心、国家数字化设计与制造创新中心等创新平台建设,为5G与文化产

业深度融合提供技术基础。

贯彻国家大数据战略,加强顶层设计,加快湖北文化大数据体系建设。依托现有工作基础,对湖北公共文化机构、高等科研机构和文化生产机构的各类藏品数据,分门别类标注湖北荆楚特色中华文化基因,把非物质文化遗产记录成果中蕴含的优秀传统文化的精神标识提炼出来,建设物理分散、逻辑集中、政企互通、事企互联、数据共享、安全可信的文化大数据体系,强化对妥善处理重大突发文化事件的数据支持。

围绕人工智能与文化产业深度融合发展的迫切需求,新一代人工智能关键共性技术的研发部署要以算法为核心,以数据和硬件为基础,以提升感知识别、知识计算、认知推理、运动执行、人机交互能力为重点,形成开放兼容、稳定成熟的技术体系。加快人工智能关键技术转化应用,促进技术集成与商业模式创新,推动重点领域智能产品创新,积极培育人工智能+文化产业新兴业态,布局产业链高端,打造具有国际竞争力的湖北人工智能+文化产业的产业集群。

(二)加快完善湖北科技创新与文化产业协同创新机制

第一,应紧紧围绕湖北现有的人才链、资金链、创新链和产业链,发挥湖北地区科教基础优势,联合政府、科研院所、高校和企业等各类主体,建立权责清晰、协同攻关、优势互补与利益共享的湖北政产学研协同创新联盟。第二,进一步在全省优化和推广武汉"百万校友资智回汉计划""百万大学生留汉创业就业计划"等,把湖北的文化带头企业与当地高校和科研院所统筹起来,协同创新湖北特色文化科技人才培养模式,增加高端人才供给,提高人才与企业匹配度,营造育才引才留才用才的优良软环境,通过政府、社会和企业三方联动来建立多元化的紧缺型高端人才的生活服务、文化建设、发展规划、投入机制、分配奖励制度、股权激励和科技成果转化收益的综合保障体系。第三,要加快推进湖北科技、金融与文化产业的有机融合,积极联系全国知名的科技银行、文化银行、科技小贷和科技保险等新型科技创新投融资平台以拓宽融资渠道,引进全国互联网金融、私募投资、风险投资、上市融资、并购重组、股权和债权投资信托等新金融品种入鄂,改进企业信用评级、小微企业评估、无形资产评估和技术认证的金融中介机构及担保机制，以确保湖北文化领域供需双方沟通效率。

（三）完善湖北科技成果转化机制

探索建立符合科技成果特点和转化规律的管理新模式，破除制约科技成果转化的制度性障碍，打通科技成果向现实生产力转化的通道，加快完善科技成果、知识产权归属和利益分享机制，提高骨干团队、主要发明人成果转化收益比例，在湖北文化领军企业鼓励开展经营性领域股权激励改革试点。

（四）组织实施湖北重大科技成果转化专项

依托全省高新技术产业基地和文化产业示范基地建设，围绕新一代超高速无线局域网、大数据、云计算、物联网、人工智能等领域，推动一批关键核心技术和产品实现产业化。依托高新技术和文化产业孵化器，促进湖北创新链和产业链精准对接，破解技术突破、产品制造、市场模式、产业发展"一条龙"转化的瓶颈，加快文化和科技融合成果从样品到产品再到商品的转化。加强湖北各文化产业集聚区域的中试基地建设，以技术示范带动成果转化。完善湖北文化技术交易市场体系，定期开展湖北文化和科技融合成果展览交易，打造交流对接平台，破解信息不对称难题。鼓励湖北科研院所和高校建立专业化技术转移机构和职业化技术转移人才队伍，畅通技术转移通道。

（五）推进湖北文化科技融合基础设施升级

第一，要大力构建人、机、物泛在互联的"云（云计算、大数据）+网（互联网、物联网、5G）+端（终端、APP）+核（人工智能）"综合基础设施，实现区域云计算、大数据、人工智能基础设施强势突破，5G、互联网和物联网基础设施快速渗透，智能终端和APP应用异军突起。第二，应通过5G和云端互联网吸收各地的优秀产业基地、科研院所、高校同企业等主体成立文化科技融合技术创新设施共享联盟，为一体化的湖北"资源+数据+产品+增值"服务体系提供平台支撑。

（六）实施湖北文化科技资源开放共享服务

第一，依托湖北荆楚文化特色资源优势，积极推动湖北标准化、易获取、可重用和可扩充的海量文化资源共享平台的建设和使用,对高质量的符合制作要求的湖北文化内容素材信息进行云存储和云管理,为更多湖北企业提供在线化、精准化、服务个性化、内容可视化和质量评估智能化的资源共享服务。第二,鼓励和支持企业参与研发或租用有自主知识产权、技术尖端且价格低廉的文化资源开发软件和服务平台,提高湖北企业数字内容产品的制作技术水平和科技含量,极大地降低企业的资源开发成本,减轻中小企业负担。第三,由政府或领军企业主导构建湖北文化资源大数据分析和信息服务平台,让湖北企业共享国内外尖端技术和产品动态、用户兴趣和行为分析建模、个性化信息定制和智能推送等信息服务。

(七)打造文化产品制作技术服务平台

第一,由湖北科技领军企业、独角兽企业、相关高校和科研院所牵头,对文化产品制作技术进行创新性的研究和攻关,研发具有湖北自主知识产权的数字内容制作软件和平台,包括网格渲染技术、特效合成制作技术、虚拟展示技术等,加强现代科技在湖北文化创意领域的集成应用,促进文化与科技双向深度融合,打破国外制作软件的市场垄断地位,全面提高湖北数字内容制作产业的技术水平和科技含量,创造出更多新的数字内容产品的生产方式,通过创意设计的多样化使得数字内容产品的呈现形式更加丰富,推动我国文化产业的快速、健康发展。第二,深刻领会数字内容产品的体验性对于文化品牌营销的重要性,研究及运用现代化的声、光、电、虚拟现实等展览技术,打造高端数字文化展览平台,研发基于3D、MPR技术、高清、多媒体、虚拟现实等高新技术与文化内容融合形成的多种新型影视、展览等数字内容产品,以提升文化品牌的号召力,增加数字内容展示和体验的趣味性和互动性,进而有助于数字内容产品的推广。

三、推进互联网、大数据和人工智能对传统文化产业升级改造

利用物联网、云计算、大数据、人工智能等新技术对出版发行、影视制作、印刷、广告、演艺、娱乐、会展等为代表的湖北传统文化产业

进行全方位、全链条的改造,推动湖北文化数字化成果走向网络化、智能化。

将人工智能运用于新闻采集、生产、分发、接收、反馈中,全面提高舆论引导能力,让个性化定制、精准化生产、智能化推送服务于正面宣传。推动人工智能技术在文化领域的深度应用和创新发展,在文化领域建设人工智能公共服务平台,建立"智能+文化"开源技术开发社区,鼓励双向交流、合作开发、共同体验和社会评测,强化文化领域新一代人工智能技术的有效供给。

鼓励对湖北地方特色文化以及历史、现实题材进行数字化转化和开发,提高数字影视、数字音乐、网络文学、网络视频、在线演出、动漫游戏等数字内容的创作、研发与生产能力,形成一批群众喜闻乐见的数字内容产品。

加快文化服务业智能化升级,推动人工智能技术在文化领域的深度应用和创新发展,支持智能技术和创新服务在出版发行、广播影视、演艺娱乐、印刷复制、广告服务、会展服务等传统文化产业中的应用,完成服务模式和业态创新,实现个性化定制、精准化生产、智能化推送服务。

(一) 加快新闻出版业转型发展

充分发挥"互联网+""人工智能+"效应,推动报纸、期刊、出版与移动网络、移动端等新兴媒体在内容、渠道、平台及业务开发、经营管理等方面深度融合、优势互补。实现出版印刷数字化、传播发行网络化、消费体验虚拟化、消费终端集成化。运用大数据、云计算、人工智能等技术,完成媒体信息采集、内容制作、存储分发的流程再造。推进内容资源的数字化转换和开放,综合运用微博、微信、移动客户端等多媒体表现形式,生产满足用户多样化、个性化需求和多终端传播的出版产品。建设聚合精品、覆盖广泛、服务便捷、交易规范的数字出版内容发布投送平台和出版资源数据库,发展移动阅读、在线教育、知识服务、按需印刷、电子商务等新业态。

做强以湖北日报为旗帜的党报全媒体宣传矩阵,做大以《长江日报》为重点的报刊传媒平台，做活以荆楚网、大楚网为先锋的新媒体集群，做优以武汉理工数传集团的新型数字出版为突破口的多元产业链条。以省级和武汉市、宜昌市、襄阳市主要媒体集团为重点，推动新闻出版资源向大型传媒集团聚集，推进媒体资源聚合、生产流动融合、采编力量整合，着力打造一批形态多样、手段先进、具有竞争力的新型传媒集团。

加快上述党报党刊、通讯社等网络化改造和技术升级，建设"内容+平台+终端"的新型新闻内容生产和传播体系，运用信息革命成果，坚持一体化发展方向，通过流程优化、平台再造，实现各种媒介资源、生产要素有效整合，促进新闻信息、技术应用、平台终端、管理手段共融互通，推动媒体深度融合。探索将人工智能运用于新闻采集、生产、分发、接收、反馈中，全面提高舆论引导能力，让个性化定制、精准化生产、智能化推送服务于正面宣传。推动跨媒体内容制作与呈现，利用VR/AR技术实现内容传播精细化与沉浸化。研究云平台技术，开发分布式云架构，支持融媒体中心建设，创新新闻宣传业务，打造服务社会、服务用户新业态。

支持武汉建设国家数字出版产业基地，支持华中国家版权交易中心打造行业领域的示范平台，支持建设华中国家绿色印刷包装物流产业园。发展网上书店，升级改造实体书店，创新"书店+综合消费体验"新模式。结合武汉数字国家出版基地建设，加快湖北数字出版、数字传输、新型文化装备等新兴产业，尤其是数字内容产业的增值服务。例如武汉理工数传集团以新型数字出版为突破口，致力于传统出版业与互联网融合升级，创造性打造了"现代纸书"模式，在引导用户阅读纸质书和期刊的过程中，通过扫二维码的方式对深度阅读、作者实现语言、视频、问答、课外辅导等多种增值服务进行知识付费，通过大数据抓取用户数据建立人群画像，出版单位能够基于这套系统为读者提供更加精准的服务。武汉理工数传集团通过自主研发实现了"移动互联网+出版"的融合之路，基于大数据、云计算技术，集合出版社、渠道、编辑、作者在内的一套出版产业链条生态系统RAYS系统改变了过去图书从出版到读者购买单向沟通方式，打通了需求和供给的渠道，实现了个性化定制服务。这是出版社第一次精准"找到"了读者，也开创了出版行业增值服务和经济回报路径，带领纸质图书阅读走入了一个全新的发展空间。

（二）推动广电影视业加快发展

构建基于"三网融合"的"内容+平台+终端"的媒体传播链，探索运用音频分享平台、手机电台应用等新媒体终端，实现广播电视产业的转型升级，大力发展IP电视、手机电视、互联网电视，推进电台、电视台、网络互动融合、一体发展。推进湖北电视传媒产业5G、超高清、人工智能发展，构建湖北广播电视媒体融合平台，积极探索融媒体模式，不断延伸广电产业链。

加快高质量广播电视内容供给，推动超高清内容制作、交易、版权保护全产业链条体系建设。加快文化数据采集、存储、清洗、分析发掘、可视化、标准化、版权保护、安全与隐私保护等技术在广电影视领域深度应用。加强文化数据在采集、存储、应用和开放等环节的安全保护，加强文化数据在公开共享等环节的安全评估与保护。

以湖北广电网络集团公司为基础，湖北、武汉和恩施电视台在坚守传统媒体社会责任的同时，积极布局大广电产业，建设智慧广电产业园区，吸纳文化产业相关上下游企业，拓展婴幼儿和养老服务等产业链。

发展壮大影视企业，培育优秀制作团队，推出一批有影响的影视作品。统筹推进重点题材剧拍摄基地建设，配套发展相关产业。加大优质剧本培育和孵化力度，加大对优质电影创作、摄制、发行、放映企业的支持力度，加强网络视听产品开发营销，发展网络影视平台。

（三）激发演艺业发展活力

利用现代声、光、电等高科技表现手段，将虚幻空间与舞台表演融为一体，打造湖北特色的激光演艺、灯光秀、数字舞台剧、COSPLAY Show、3D动漫舞台剧和4D影院等。支持利用5G+4K高清互动直播、VR直播，形成大小屏联动的戏曲演出产品。鼓励利用5G技术，赋能数字剧场，提升直播的沉浸式体验以及互动体验。深化湖北国有文艺院团改革，增强国有文艺院团的发展活力和市场竞争力。支持民营演艺团体发展，鼓励各类演出经纪机构健康发展。打造文艺精品演艺剧目，建设全国地方戏曲演艺中心。支持重点城市和景区做强、做优旅游演艺品牌，鼓励商业综合体引进创新演艺项目。实现优秀剧目海外巡演。打造文化演艺特色品牌，重点打造有荆楚风格、中国气派，在国际市场适销对路的戏曲、曲艺、杂技等文化演艺作品。实施"一市一品"工程，鼓励发展地方戏，力争在国家舞台艺术精品工程、精神文明建设"五个一工程"、文华奖、群星奖等重大艺术评选中取得优秀成绩。组建湖北舞台艺术演出院线，培育戏曲演出市场和年轻消费群体，打响汉剧文化中心品牌。以武汉中央文化区汉秀剧场、武汉欢乐谷文化主题剧场、琴台大剧院等为载体开展应用服务示范，广泛运用自动化的舞台搭建技术、声光电综合集成技术、虚拟现实的舞台布景技术，打造一批体现湖北和武汉特色传统文化的舞台艺术精品，进一步提升武汉现代高技术舞台重镇的地位。

（四）促进会展业升级发展

运用数字技术、修复技术和新材料技术，提高非物质文化遗产保护、重大历史遗址保护和再现、博物馆纪念馆展品陈列的科技水平；运用增强现实及虚拟现实技术、特效视觉展示技术、先进声光电表现技术，提升博物馆、大型文化主题展演的体验效果。推动政府办展向社会办展转变，提升会展业市场化、专业化、国际化水平。举办网络虚拟会展，发展新型会展业态。围绕武汉建设"博物馆之城"，实施高新技术博览服务示范工程，建设数字博物馆体系，充分展示数字博物馆信息实体虚拟化、信息资源数字化、信息传递网络化、信息利用共享化、信息提供智能化、信息展示多样化等科技元素和特点。办好机电产品博览会、"中国光谷"国际光电子博览会、华中图书交易会、长江非遗大展等知名展会，打造区域特点显著、行业特色鲜明的会展品牌。引进一批行业影响力强、带动效益显著的会展品牌落户湖北，培育会展龙头企业。积极申办国内外重大赛会节展活动，提高办展的水平。发挥会展业的辐射带动功能，构建展会策划、申办、承办、宣传一体化的服务体系，促进会展与文化、旅游融合发展。

四、促进互联网、大数据和人工智能驱动的创新型企业孵育和新兴文化业态培育

培育新型信息文化服务业、数字创意产业、动漫游戏产业、先进文化装备制造业,大力发展数字生活、数字娱乐、数字教育、数字文博等新兴业态,鼓励建设数字图书馆、数字博物馆、数字美术馆、数字展览馆等。加强数字内容衍生产品的生产与增值服务,支持集内容制作、技术开发、平台运营和终端服务于一体的数字创意基地建设。支持研发具有自主知识产权、引领文化消费时尚的新型可穿戴智能装备、沉浸式体验平台、伴随式体验平台、APP等新型软件及辅助工具,开拓虚拟直播、超感影院、混合现实娱乐等消费新领域。

(一) 培育发展新型信息文化服务业

以新技术、新业态的示范应用为渠道,大力发展互联网、物联网、云计算、人工智能,以新一代移动通信技术5G为支撑的文化信息服务业,支持发展新信息增值服务,利用数字技术、网络技术提升文化产品多媒体、多终端传播的制作能力。研究网络信息集成传播技术和前沿引导技术,构建专业化媒体超算与协同式信息服务平台,形成社会化信息服务新业态。构建网络文化服务新模式,促进传统文艺和网络文艺创新性融合,大力发展培育网络文学、网络剧、网络音乐、网络动漫、网络艺术品、网络演出等新兴文艺类型。运用物联网、云计算、地理信息等技术构建湖北民俗文化信息库,研发文化主题公园技术及装备系统集成方案,提升文化旅游应用服务效果。推动文化创意与5G的深度结合,大力发展以5G为核心技术的新型文化产业,引领文化新供给,促进文化新消费,大力发展网络影视、动漫、游戏、创意设计,以及网络文学和在线教育等,形成全新的文化产业生态。

完善文化信息服务环境,引导扶持内容集成、服务集成、技术研发平台,积极开发移动文化信息服务、数字娱乐产品服务,为各种移动便携显示终端提供内容服务。实施网络内容建设工程,大力发展网络文艺,丰富网络文化产业内容和形式。发挥新媒体的独特优势,用好微博、微

信、移动客户端等载体，推动优秀作品多渠道传输、多平台展示、多终端推送。组建湖北网络作家协会，加大对网络文艺人才引进、培育和扶持力度，支持武汉打造成为全国知名的网络文艺之都。

（二）培育发展数字创意产业

利用数字技术做大做强文化产业，促进文化产业快速发展带来新动力。大力培育以数字化产品、网络化传播、个性化服务为核心的网络视听、网络游戏、移动阅读、数字出版、手游直播、数字影视、智慧旅游、手机电视等新业态，提升文化产业的数字化、智能化、网络化水平。要积极培育新兴数字娱乐产业，促进数字出版、数字摄影、数字音乐、数字电影、数字电视、卡通漫画、网络游戏、3D动画、Flash动画、基础动图等产业发展，借助推动数字商业传播领域进步与发展的力量，持续推进文化科技融合，扶持动漫设计、互联网信息、大数据服务、人工智能等智慧产业，生产更多优秀影视、动漫、游戏、创意设计、网络文学等"现象级"产品，把武汉打造成数字创意集聚高地，为湖北文化产业发展注入新动能，打造新的增长极。

促进虚拟现实产业健康有序发展，开拓混合现实娱乐、智能家庭娱乐等消费新领域，推动智能制造、智能语音、智慧翻译、3D打印、无人机、机器人等技术和装备在湖北数字文化产业领域的应用，不断丰富产品形态和服务模式，拓展产业边界。培育一批具有较强核心竞争力的湖北大型数字文化企业，进一步强化湖北动漫和直播产业优势，提升湖北动漫游戏、电竞、短视频等数字文化产业文化内涵、技术水平和产品质量，推动相关产业融合发展，延伸产业链和价值链。

（三）培育动漫游戏业新优势

切实把动漫产业和游戏产业作为湖北省文化产业发展的突破口，依托良好的产业基础、丰富的科教创新资源和悠久的历史文化，着力打造动漫精品。把握艺术生产规律，突出原创化、品牌化、本土化、国际化，加强荆楚原创动漫游戏精品创作，打造动漫、游戏行业品牌，加快壮大产业规模，提升湖北动漫业和游戏业的竞争力和影响力。扶持有荆楚文化和湖北地域特色文化的动漫产业，培育属于湖北的地方动漫品牌，将原创精品生产规模推进全国第一方阵。开发动漫游戏衍生品市场，形成完整产业链；加强游戏核心技术研发和提升，大力发展手游、端游、VR游戏等新型业态。推动动漫游戏跨界融合发展，鼓励与设计业、制造业、旅游业等开展合作，促进动漫游戏与影视、直播、文学、体育等深度融合。培育和引进高水平专业运营机构，举办大型游戏赛事活动，打造区域性电子竞技赛事中心。研究网络学习模式与云服务平台技术，促进动漫游戏与虚拟仿真技术在设计、制造、科普、教育、体育、建筑、旅游、商务等领域中的集成应用，加强动漫衍生品综合开发及文化娱乐装备的集成制造，促进动漫创意文化元素与相关产业的融合发展。

以新媒体动漫为先导，以影视动画为核心，以原创漫画为依托，以网络游戏、衍生品产销、外包服务、品牌运营为支撑，形成湖北动漫游戏企业发展梯队和规模效益，通过斗鱼直播节、中国游戏节等活动营造氛围、聚集人气、促进交易，打造一批有影响力的动漫游戏品牌，推进两点十分、太崆动漫、江通动画等湖北典型动漫企业的发展壮大，推动企业积极广泛升级3D动漫内容研发，提高动漫制作管理效率，拓展主题乐园等衍生产业。到2025年，将动漫业和游戏业打造成两个产值或营收超过千亿元，具有更高产业水平与带动力的产业链群，成为提升湖北省经济整体实力的重要抓手。

（四）培育发展先进文化装备制造业

适应大数据、物联网、人工智能等发展趋势，提升文化装备技术水平，瞄准文化领域关键核心技术产品与装备，攻克一批关键瓶颈技术，提升文化企业服务装备制造的能力。加强舞台演艺和观演互动、影视制作和演播等高端软件产品和装备自主研发及产业化，加快广播电视网络升级和智能化建设，支持内容制作、传输和使用的相关设备、软件和系统的自主研发及产业化。加强智能化的文化遗产保护与传承、数字化采集、文化体验、公共文化服务和休闲娱乐等专用装备研制。

推进数字化、智能化、网络化技术在文化装备生产中的应用，加强文化产业与装备制造业、消费品工业对接，支持基于新技术、新工艺、新设备、新材料的应用设计和文化内涵开发，进一步提升实用功能和审美性。在生活消费品制造中引入创意设计元素，提高附加值，引导消费升级。推动文化装备制造与智慧旅游、特色小镇、城市综合体等相结合，发展智能家庭娱乐、智能语音、3D打印等高端制造业，加大可穿戴设备、智能硬件、沉浸式体验平台的推广力度，提升传统制造业水平。鼓励文化企业与制造企业深度合作，通过形象授权、限量复制、加盟制造、委托代理等形式开发文化衍生产品，推动文化创意和设计服务渗透到制造业产品生产、销售流通、宣传推广全过程。

五、强化互联网、大数据和人工智能引导的文化产业与相关产业融合

（一）做强文化产业+工业设计产业

以武汉"设计之都"建设为契机，大力发展创意设计服务产业。利用互联网、大数据和人工智能等技术，实施一批"工业设计提升传统产业"示范项目，鼓励国内外龙头骨干设计企业在湖北建立工业设计创新中心，加强基于新技术、新工艺、新装备、新材料、新需求的设计应用研究，促进工业设计向高端综合设计服务转变。

以人才、企业、品牌、项目等产业发展要素为基础，提高设计产业信息化、国际化、集聚化水平，培育一批全国知名设计企业。依托湖北在制造业、建造业领域的产业优势，搭建设计产业与制造业、建造业合作平台，充分发挥设计产业的引领作用，提供定制服务，形成设计产业与制造业、建造业之间的优势互补，提升设计产品的营销能力和市场占有率。

鼓励设计领军企业提供全产业链设计创新服务，搭建完善产业链服务平台，推动工业设计由产品外观设计向高端综合设计服务转变。积极争取"中国工业设计展览会"永久落户武汉，加快招商引资，跟踪推进一批工业设计项目落地，争取国内外创新资源向湖北转移，提升湖北工业设计的国际竞争力。

依托沿线的中国建筑科技产业园、省广播电视台广电传媒基地、铁四院第二总部基地（高科创新基地）等，打造世界级的设计大道，将其

建设成为武汉"设计之心";规划建设具有武汉特色的创意设计街区,打造集生产、交易、服务、旅游、休闲等为一体的产业轴带。将武汉设计"城、街区、园区"建设与武钢片区转型升级、武汉长江新城、中法武汉生态示范城、智慧生态城等重大城市项目紧密结合,以长江之心、长江之门、长江之珠的高水平规划设计为引领,形成具有武汉特色的设计集聚展示区、设计产业服务区和城市文化新载体,树立新的世界级设计品牌。支持各相关地市州人民政府、企业建设"布局合理、各具特色"的"设计之都示范园区"。

(二) 做大文化产业+建筑设计产业

支持湖北省优质设计企业做强做大,深入发展智慧建筑设计和数字建造技术,形成一批产业带动力强的行业领军企业。发展专业化设计公司和以院所为依托的设计室,支持骨干企业设立独立的设计机构,鼓励和支持公民和法人以设计类知识产权作价出资办企业。拓展国际服务外包业务,支持龙头设计企业走向海外。吸引国内外高端工程设计企业到湖北设立总部,建成全国工程设计交易中心和资源配置中心。

推进"互联网+设计产业",建设武汉工程设计虚拟产业园,为设计企业提供全方位信息服务。推动数字化审图工作的高效运作,进一步提升湖北勘察设计和施工图审查行业信息化管理水平。将新技术运用到工程实践中,大力推进建筑信息模型技术、装配式建筑、"海绵城市"、综合管网等的设计。支持设计、施工企业联合出海,大力开展国际工程承包,带动优质设计产品、优势装备和技术标准输出,共享企业在境外建立的办事机构,针对海外项目开展技术研发与项目合作,扩大海外市场份额。

(三) 创新发展文化产业+时装、珠宝等时尚产业

支持本土服装企业加大技术改造和新产品开发力度,提升产品价值,加快由生产型向服务型企业转变。收集、整理和利用汉派服饰创意、制作、展示、服务、用户和销售大数据,依托服装制造产业基础,建设武汉国际时尚创意产业园、红T时尚创意街区等时尚产业集聚示范区和服装大数据应用示范区。支持湖北美术学院、武汉纺织大学、江汉大学、

中国地质大学打造武汉国际时装周和"武汉·中国宝谷"文化品牌,建设珠宝文化产业基地。培育一批全国性时尚品牌,打造一批拥有自主知识产权、市场竞争力较强的优势企业,将武汉打造成为国内时尚之都。

推动政府、企业、学校紧密合作,共同开展丰富多彩的武汉设计之都系列活动。进一步办好线上线下互动的"武汉设计双年展""大河城市论坛""斗鱼嘉年华""武汉设计之都圆桌会议"等活动,吸引创意网络城市及全球的设计师、设计企业、设计机构、设计院校广泛参与,不断丰富活动内容和形式。

(四) 大力发展数字创意产业

落实国家扩大文化消费试点政策,加快培育发展时尚创意设计、3D打印、软件设计、文化动漫、影视游戏、直播电竞、光影互动体验、数字出版教育等为主的数字内容文化创意设计,以武汉东湖新技术开发区为核心,以中心城区为主体,以新城区为依托,深入推动武汉东湖国家级文化和科技融合示范基地建设,推动文化产业蓬勃发展。支持发展网络视听、网络动漫游戏、网络艺术品交易等新业态。推动广告技术创新,探索跨媒介、跨平台、跨业态的融合发展模式,培养广告创意人才。

(五) 促进文化与旅游融合

充分利用独特的文化资源,坚持全域旅游的理念,大力发展文化旅游产业,高标准推进文化旅游景区内涵建设,体现"世界内容,湖北表达"和"湖北内容,世界表达"相结合。拓展文化旅游产业链,积极发展"科技+旅游",实现传统营销模式向智慧旅游营销模式的转型,提高文化旅游产业的文化品位和影响力。

促进文化旅游业发展,实行"旅游+"发展战略,推动旅游业与工业、商业、金融、物流、影视娱乐等产业互动发展。积极保护、科学开发古村落、古遗迹等资源。策划、推进与城市优秀历史文化风貌有关的舞台艺术、影视作品项目,创新荆楚文化走向世界的传播载体。发展旅游驻场演出,打造中小型、主题性、特色类的文化旅游演艺产品。建设智慧旅游服务体系,建立文化遗产资源数据库,利用地球空间信息、大数据、云计算、三维摄影等技术,全方位展示旅游景区景点。依托文化文物单位的馆藏文化资源，鼓励企业通过限量复制、加盟制造、委托代理等形式参与文化创意产品开发。

促进文化、旅游与现代技术相互融合，发展基于5G、超高清、增强现实、虚拟现实、人工智能等技术的新一代沉浸式体验型文化和旅游消费内容。丰富网络音乐、网络动漫、网络表演、数字艺术展示等数字内容及可穿戴设备、智能家居等产品，提升文化、旅游产品开发和服务设计的数字化水平。

建设智慧旅游服务体系，建立文化遗产资源数据库，利用地球空间信息、大数据、云计算、三维摄影等技术，全方位展示旅游景区景点。推进"互联网+旅游"，强化智慧景区建设，实现实时监测、科学引导、智慧服务。建立文化和旅游消费数据监测体系，加强大数据技术应用，整合共享数据资源，加强趋势分析研判，为促进文化和旅游消费提供决策依据。推广景区门票预约制度，合理确定并严格执行最高日接待游客人数规模。

推动文化与旅游深度融合，聚焦湖北省文化和旅游资源，打造智慧景区、智慧文化场馆，加快建设全域智慧旅游综合服务平台，努力实现"一部手机游湖北"。大力发展文旅产业，支持33个全域旅游示范区建设，沿"长江经济带"打造长江国际黄金旅游带核心区，让湖北旅游有颜值更有内涵。依托全域旅游示范区带动全省各地全域旅游发展。汲取武汉市黄陂区、恩施土家族苗族自治州恩施市、宜昌市夷陵区全域旅游示范区建设经验，结合地方特色探索差异化全域旅游发展模式。构建湖北旅游品牌体系，以目的地品牌创建推动旅游要素、旅游服务配套完善，彰显目的地个性特色，重点打造景区、旅游路线、休闲度假、旅游节庆、旅游美食、旅游商品等六个类别的旅游产品品牌，每年推出新建高质量景区和新旅游线路。精心设计开发一批有创意、有区域文化特色的旅游纪念产品，在主要旅游景区开辟旅游文化产品销售市场，使游客愿意并且能够购买到具有纪念意义的精美文化礼品。在旅游文化演艺产品方面，创作出能够得到广泛认同的精品力作和拳头产品，开展夜游，推出常态化的旅游文娱演艺精品。

启动实施魅力旅游名县培育工程，深入创建湖北旅游名镇、旅游名村和特色文化村。挖掘文化内涵，打造武汉都市之旅、峡江神山之旅、世界遗产文化之旅、三国胜迹之旅、清江民俗风情之旅、大别山红色经典之旅、温泉养生之旅等精品旅游线路。大力实施"文化+""旅游+"战略，积极推进文化产业、旅游产业与体育、医疗、商贸、会展、金融、农业、科技、教育、地质、林业等相关产业的融合发展，培育文旅新业态。

六、推动互联网、大数据和人工智能驱动的荆楚特色文化科技生产要素升级

通过"互联网+"思维，利用互联网、大数据和人工智能驱动等科技创新手段，重新审视生产要素资源，围绕核心荆楚特色文化和科技资源要素升级，打破生产要素资源链中某个环节的制约和壁垒作用，推动荆楚特色文化科技生产要素升级。

（一）挖掘荆楚特色文化资源

利用互联网、大数据和人工智能等技术，深入挖掘湖北地方和民族特色的荆楚文化资源，通过创意转化、科技提升和市场运作，提供具有鲜明湖北区域特点和民族特色的文化产品和服务，在推动荆楚优秀传统文化创造性转化、优化文化产业布局、推动区域经济发展等方面发挥积极作用。通过"互联网+"思维和科技创新手段，重新审视湖北生产要素资源，围绕核心文化和科技资源协同创新，着力掌握技术研发、协同攻关、要素融合和创新要素升级的前沿科技，推动文化生产要素升级。

综合利用多种技术整合湖北文化资源，利用大数据技术，分析并挖掘具有良好发展前景的湖北特色文化资源，梳理湖北文脉和文化资源，智能分析文化资源的核心内涵，提炼湖北文化特色，强化湖北文化资源产业化转化力度，鼓励企业制作湖北特色文化内容产品，加大对非物质文化遗产及传承人扶持力度。

统筹推进湖北省荆楚文化、三国文化、红色文化等文化资源的创造性转化和创新性发展，加快构建数字化生产和服务、开发、保护良性发

展格局。加强文化文物的数字化文创产品开发,新媒体传播与推送,推进湖北特色非遗产品研发、生产和销售。着力打造具有荆楚特色的工艺产品,促进传统工艺提高品质、形成品牌。

(二) 促进先进生产要素的合理配置

第一,进一步发挥利用市场在湖北高新技术、高端人才、新金融和文化资源等各类要素资源配置中的决定性作用,结合湖北文化市场需求,获取更多荆楚特色文化科技生产要素。第二,充分挖掘创新需求和科技要素市场两个方面的潜力,掌握科技成果支配权、处置权和收益权,打通湖北科技与文化产业之间的关卡,使上述荆楚特色文化资源得到高契合度的使用。第三,通过多种形式整合挖掘荆楚特色文化资源,构建湖北公共文化资源5G服务平台,促进荆楚文化资源的共享与开放,使文化资源得到高集约度的利用。第四,要认识到科技创新能推动湖北新的特色主导产业群的形成,有效利用产业集聚带来的创新、外部性、社会资本和规模经济报酬递增等效应,形成更具竞争力的湖北特色价值联盟,鼓励湖北各文化企业以战略眼光开发各种荆楚特色文化资源,使得文化资源在联盟中能够得到新的组合与延展。第五,支持企业自身技术研发平台的建设,通过技术研发,不断提升湖北文化科技企业的科技创新能力,提高文化产品的技术含量,增强湖北文化企业在国际上的核心竞争力。

(三) 加大文化产业人力资源结构调整和高端人才引进力度

人才是文化产业竞争力的重要引擎,特别是分别对文化产业竞争力最弱和最强地区的产业提升作用最大。在产业人才引进方面,湖北文化产业应积极引进战略性新兴产业以及传统优势产业高层次技术人才,提高湖北文化内容创意与产品附加值,使得每个链的价值得到提升,从而提高湖北文化产业的经济效益;引进大数据和新媒体营销人才,延伸湖北文化产业的价值链,拓展高端业务和新型服务;引进文化和科技融合综合型人才,既懂技术、有创意,又善于产业的经营管理,集文化型、产业型、研究型和技术型等多种特质于一体,提高湖北文化产业的综合生产力和经济效益。在人才培养方面,立足湖北优秀高校资源,通过加快湖北人才培养创新力度，进一步完善人才载体建设，通过定向培养、人才交流、产学研合作等模式，增强湖北企业自身的人才造血功能，保障湖北人才资源在湖北省文化产业转型升级方面发挥积极作用。

（四）推动文化科技与金融的深度融合

促进湖北互联网、大数据、人工智能和文化产业深度融合需要充足的资金保障，引导将资金主要用于知识产权、人才资本和核心技术等无形资产方面，尽可能减少不必要的固定资产支出。第一，鼓励湖北各种金融服务创新，积极开辟湖北文化企业融资新渠道，有效引导互联网金融的平稳健康发展，突破金融业时间和地域的约束，缩短资本回收期，覆盖湖北传统金融业的服务盲区。第二，建立适应湖北文化金融的创新机制，形成金融业线上线下良好的竞争态势，促进金融业不断完善，以适应文化金融的内部考核制度。第三，研究制定对湖北文化产业无形资产、项目进行合理评估的机制，将技术成果、软件著作权、外观专利和文化创意与品牌等版权质押引入信贷流程，对文化产业发展中的投资效益率、回收期、风险等因素予以较好的识别，引导湖北文化产业向适应市场的方向发展，增强湖北文化产业的技术水平及市场竞争力。

七、深化互联网、大数据和人工智能引导的供给侧结构性改革和现代文化市场体系构建

紧抓经济体制改革政策红利，利用互联网、大数据和人工智能实现高技术内含的文化产品创意、生产和服务，大力推进湖北文化产业供给侧结构性改革，为文化市场提供高精尖的新文化产品。应通过新兴文化消费市场拓展、多层次文化要素交易市场建设和公共文化服务规模升级来构建湖北的现代文化市场体系，促进文化企业市场占有率的提升。

（一）深入推进供给侧结构性改革

实施湖北文化内容创新、技术改造和商业模式再造工程，缩短湖北各文化企业的原创产品研发周期，增加科技含量高且竞争优势大的产品供给，避免同行业低端产品的恶性竞争，引导和培育以增值服务为导向的新型文化消费结构，刺激潜在的湖北文化消费需求。

(二) 构建个性化与定制化网状生产方式

要紧紧围绕全国消费者的需要，充分发挥湖北乃至全国和全球的代理商、品牌商、生产商、原材料商和 R&D 活动之间网状、并发和实时的协同关系，有效整合文化产业设计端、生产端和市场端，打破价值链上某一个环节的控制和壁垒作用，将原来单向的、紧耦合的文化产业供给方式发展成为个性化与定制化网状的生产。带动湖北文化生产方式从链到网，到变成商品生产的个性化，如在网上定制，通过电商准确送达，原有商场可以变成样品展示店。

(三) 加快培育新兴文化业态消费模式

立足湖北全域，从创新产品技术、延伸产业链以及创造新兴产业三个方面实施湖北文化产业结构的升级和高质量方法，培育和发展融合创意设计、营销推广和增值服务的湖北新兴文化业态。第一，支持企业主动迎合新经济条件下消费者新的或个性化的需求，不断加强5G、大数据和人工智能等技术应用、工艺升级和服务创新，开发、提供新产品和新服务，培育新型文化业态利润增长点。第二，鼓励有新想法、新创意、新技术的创业者或团队大胆突破，通过互联网金融等新型金融模式，推动满足新经济条件下消费者需求的新兴文化业态的出现。第三，进一步扶持武汉已经形成的网络直播、新媒体社交、虚拟现实、游戏游艺和数字演艺等新兴文化业态消费模式，维护新兴文化市场秩序和知识产权保护，进一步拉动居民新的消费增长点，引导居民养成健康向上的新型文化娱乐消费习惯。第四，更进一步降低湖北新业态创业准入门槛，在部分领域放宽监管；实施龙头示范战略，重点培育湖北新兴文化业态品牌企业、科技创新龙头企业；加强对湖北新兴文化业态发展情况的研究、评估和预测，并进行追踪与监管。

(四) 积极建设新媒体环境下文化产品和要素市场

加快完善湖北现代文化市场体制，强化市场机制在产业结构优化升级中的作用。第一，建立健全多层次湖北文化产品市场，以荆楚特色文化资源的合理开发和产业化能力提升为重点，在发展传统文化产品市场载体平台的同时,加快建设依托湖北新媒体服务平台、产品交易与中介平台、外包交易平台、版权交易平台、大数据信息服务平台、云服务平台、产业技术与信息公共服务平台,使得湖北文化产品与科技资源的信息流通顺畅,构建面向不同受众群体的分众化消费市场,拓展湖北文化产品传播分销渠道,降低交易双方的信息不对称风险与交易成本。第二,建设多层次湖北文化要素市场,加强湖北人才、资本、技术成果、软件著作权、专利和文化品牌等文化生产要素市场建设,依托现代产权制度,有效提升湖北文化生产要素市场运行的规范化和法治化程度。第三,完善湖北文化市场准入和退出机制,鼓励各类市场主体公平竞争、优胜劣汰,促进文化资源在全国范围内流动;推动湖北文化企业跨地区、跨行业、跨所有制兼并重组,提高湖北文化产业规模化、集约化、专业化水平,引导创新资源向产业链上下游企业集聚,将集群建设与经济发展、产业转型升级等有效结合起来,保障互联网、大数据和人工智能与文化产业深度融合。

(五)加强知识产权保护

当今原始性创新已成为科技持续创新能力的核心的年代,知识产权已成为重要财富源泉,湖北文化产业与互联网、大数据和人工智能深度融合发展过程中必须加强知识产权保护,实现严格保护和有效运用的平衡,真正实现"有效保护"。一是要构建更加完善的湖北"司法—行政—市场"合作机制。从政策层面来说,要尽快落实湖北相关配套政策,健全监管体系;从行业层面来说,建立湖北行业联盟或行业协会,加强行业交流,形成行业规范。二是要鼓励形成湖北版权保护技术和模式创新。鼓励企业利用区块链技术等从技术端入手强化正版源头管理,提高盗版识别能力,提高反盗版的行政执法能力;在政策环境方面,要进一步降低湖北数字内容产业的进入壁垒,以优惠的政策扩充湖北市场规模;鼓励湖北的中小微企业、个人创意者和专业创意组织,积极开展内容原创,保护商业变现的权利。三是加强市场监管。进一步规范湖北文化市场秩序,打击市场势力对数字内容产业的控制与限制,营造良好的数字内容市场运行环境,加强湖北数字内容产业的市场竞争程度;进一步加大对侵权者的惩罚和对被侵权人的赔偿力度。四是实行严格保护和有效运用结合。要将鼓励版权运用与加强版权保护放在同等重要位置上，设置较为简便的应用程序，拓展合理使用的范围。

八、完善互联网、大数据和人工智能与文化产业深度融合的政策体系和发展保障

湖北省文化产业仍存在科技创新应用水平不高，缺乏核心技术、缺乏激励创新机制等问题，这需要完善与文化产业科技创新水平相适应的湖北制度。在文化科技政策体系上，湖北可优化科技创新体制，夯实文化产业结构优化升级的体制基础；要强化对湖北文化产业的发展起到桥梁、引导和保障作用，就应完善湖北文化科技政策体系，既保障文化产业将社会效益放在首位的基本原则，又激发湖北文化企业的创新动力和文化市场活力。应研究形成实施湖北创新驱动发展战略方案，强化企业在科技创新中的主体地位，鼓励企业设立研发机构，组织实施创新企业工程，引导企业开展相关领域的重大改革和创新，探索建立大型企业创新驱动、转型升级的长效机制。

（一）深化文化体制改革及其顶层设计

从文化事业与文化产业、文化公益性与产业经营性、文化安全与文化融合等关系出发，探索符合实际的文化体制、管理机制和政策体系，做好宏观层面的顶层设计。第一，在政策方向上应进一步深化体制机制改革，由单纯的政府资金扶持向产业发展服务、发展方向引导、知识产权保护、资源配置和产业结构调整等方向转变，加快转变政府职能，实施简政放权，推动政企分开、政事分开、政资分开，加快政府职能转变，强化政策调节、市场监管、社会管理、公共服务职能，推动有关部门与其所属文化企事业单位进一步理顺关系，赋予企事业单位更多的法人自主权。深入推进"简政放权、放管结合、优化服务"改革，继续推进政府职能由"办文化"向"管文化"转变，构建责任清晰、分工明确的跨部门协作机制，建立完善的融合发展督查推进制度，加快文化领域审批制度改革，通过严格规范政府的行权方式，严格执行责任清单和负面清

单制度，做到廉洁、高效、透明、公正、公开。简化项目办理程序，优化服务流程，深化适应新业态、新模式、新产业发展的商事制度改革，减少对企业生产经营和投资活动的干预，发挥好各级政务服务中心的作用。第二，在决策方面，建立跨界协作的决策机制，实行综合性大部制管理，促进文化、科技、产业等相关部门协同与联动。第三，在财政方面，进一步强化和创新财政支持政策，拓宽文化产业资金投入来源，形成多样灵活的财政政策机制。第四，在税收方面，对创意设计、数字出版、数字家庭、数字演艺和动漫游戏等新兴文化产业实施优惠政策，扩大优惠范围，减轻其税收负担。对经认定为高新技术企业、技术先进型服务企业的文化企业，按照规定减按15%的税率征收企业所得税。文化企业发生的符合条件的研发费用，享受国家规定的有关政策。文化企业符合新办软件企业或动漫企业条件的，按照规定享受"两免三减半"企业所得税优惠政策。第五，在投融资机制方面，创建线上线下多渠道投融资体制，推行知识产权质押形式的融资担保，降低融资门槛。

（二）加大科技创新政策力度、覆盖面和时效性

第一，完善企业资格审核机制，细化扶持范围和项目，尽可能覆盖更多文化产业竞争力落后地区和初创期小微文化企业；重点支持5G、大数据和人工智能等科技与文化融合创新的项目；创新基金使用办法、期限和条件，增强科技创新政策时效性。第二，建立支持创业创新和新兴产业发展的市场化长效运行机制，联合上下级政府通过无偿资助、税收优惠、贷款贴息、担保融资、购买服务和股权投入等方式加大文化和科技融合专项资金财政投入。第三，对龙头企业、重大项目和新型业态进行重点扶持，对重大招商引资落地项目、企业上市、"个转企"、"小进规"等按规定给予奖励。全面实施财政资金预算绩效管理，提高资金使用效益。

（三）引导"文化+科技+"融合产业发展

从实际出发探索实施"文化+科技+"各领域跨界融合的一系列制度保障和政策支撑，充分调动先进技术和思维创意来细化全产业链融合模式，为各产业主体提供跨界融合所必需的技术、贸易、信息、投融资等

服务，优化资源配置，引导文化产业向综合创新生态体系延展。

推动 5G 智慧园区建设，加快 5G 在各类园区的部署，重点推进智慧工业园，提高企业生产效率，为园区产城融合提供新路径。将国家级、省级文化产业示范园区（基地）的重大"文化+科技+"产业项目，优先纳入省重点建设项目计划，优先保障供地。对符合湖北省优先发展产业的"文化+科技+"产业类工业项目，按不低于所在地土地类别相对应《全国工业用地出让最低价标准》的 70% 执行。降低生产性文化产业项目的一次性置地投入，其使用的工业用地允许以租赁、先租后让、租让结合的方式供应，可在一年内分期缴纳土地出让价款，首期缴纳比例不低于 50%。利用划拨方式取得的存量房产、土地兴办文化产业的，其用地手续办理符合《划拨用地目录》的，可按划拨方式办理。落实国家关于经营性文化事业单位转企改制的土地优惠政策。鼓励利用闲置的历史文化街区、生产厂房、仓储空间、乡村院落等兴办"文化+科技+"产业园区。

（四）营造创新创业氛围

构建一个良好的、有利于创新的文化环境，这已成为一个民族决胜创新时代的必由之路，也是湖北文化产业与互联网、大数据和人工智能深度融合创新的必由之路。营造创新文化环境关键在于建立起一种和谐一致的"创新氛围"，即有利于创新的湖北文化生态系统。当前数字技术在文化领域创新和转移的力度，要聚焦市场主体和创新主体反映强烈的突出问题，通过改革的办法切实解决影响创新创造的突出体制机制问题，为湖北数字文化产业的创新松绑、为创业加油、为创造助力。进一步提高湖北数字文化的原创能力，创造一种能充分发挥人的创造能力的湖北典型文化环境，既需要充分动员 UGC（User-Generated Content，用户原创生产内容）的力量，同时也要更加重视湖北相关专业创意组织带动的 PUGC（Professional User Generated Content，专业用户生产内容）生产，并鼓励湖北传统文化机构和数字文化企业合作，更好地向全社会开放数字文化资源。要全面梳理湖北现有的政策法规，由涉及部门联合出台相应扶持意见或由省委省政府出台产业发展指导意见，重点突破所有制在数字文化领域障碍，为各类所有制企业和数字文化产业的生产者营造公平、透明、法治的发展环境，建立一体化合法合规合理的激励机制，让湖北广大市场主体提高创新积极性增强发展的信心。

附录1：

推动新时代文化产业高质量发展[*]

习近平总书记指出，要推动文化产业高质量发展，健全现代文化产业体系和市场体系，推动各类文化市场主体发展壮大，培育新型文化业态和文化消费模式，以高质量文化供给增强人们的文化获得感、幸福感。党的十九大报告指出，健全现代文化产业体系和市场体系，创新生产经营机制，完善文化经济政策，培育新型文化业态。这为新时代中国文化产业发展指明了前进方向，提供了根本遵循。我们应深入学习贯彻习近平总书记关于文化建设的重要论述，通过多种途径促进文化产业蓬勃发展，不断满足人民日益增长的文化生活需要。

第一，坚持文化价值导向，贯彻以人民为中心的发展思想。大力推进文化产业高质量发展，是满足人民精神文化需求的重要途径，是我国国民经济和社会发展到新的历史阶段的必然要求。文化产业不同于其他产业，具有意识形态属性。发展文化产业必须坚持正确的文化价值导向，突出文化产品的价值引领，把社会效益放在首位，实现社会效益和经济效益相统一。我们应以习近平新时代中国特色社会主义思想为指导，弘

---

[*] 本文原题《文化产业高质量发展的路径》，原载《中国社会科学报》2019年5月21日。

扬社会主义核心价值观，打造有内涵、高品位的文化产品，提高人民思想道德素质，提升中国文化影响力。同时，坚持和贯彻以人民为中心的发展思想，适应新时代文化生产和消费的深刻变化，通过加快文化产业提质、转型、升级，为人民群众提供更多更好的文化产品和文化服务，满足人民群众的多层次文化需求。

与此同时，注重对传统文化资源进行现代转化，推动特色文化产业发展。文化产业发展的核心是文化，以文化资源创造价值、造福社会是中国文化产业发展的必由之路。我国是一个具有五千多年悠久历史的文明古国，有着丰富的传统文化资源。我们应挖掘提炼中华优秀传统文化的当代价值和世界意义，通过对其进行创造性转化和创新性发展，为文化产业提供深厚的价值基础，并不断提升文化附加值，建构具有中国特色、中国风格、中国气派的文化品牌和文化形态，从而推动文化产业转型升级。另外，还应积极利用各地优秀特色文化资源发展特色文化产业，深入挖掘民间文学、民俗文化、民间音乐舞蹈、民间工艺美术等丰富的非物质文化遗产资源，开展生产性保护；利用地方和民族地区的历史遗迹、文化遗存、建筑特色，以及生态宜居环境等特色资源，建设特色文化小镇和文化名村，打造富有地方和民族文化特色的产业，推动特色文化经济发展。

第二，坚持科技创新驱动，推动文化与相关产业融合，促进文化产业转型升级。实现文化产业高质量发展，应紧跟当代科技进步的步伐，全面推动文化与科技融合，实现技术为文化赋能、文化为产业赋能、产业为个体赋能的良性循环，让科技为现代文化产业发展提供强大动力。一是用现代科技培育传统文化产业新动能。当今云计算、大数据、物联网、人工智能、区块链等技术发展迅速，给文化生产、传播、消费带来了巨大影响，极大开拓了文化产业的发展空间和市场开发潜能。应充分利用高新科技对出版、影视、音乐、演艺、娱乐、文化旅游、工艺美术、会展等传统文化行业进行全流程、全业务、全覆盖的改造升级，推进这些行业在内容创作、传播方式和生产手段等方面创新，使之获得新动能和新的增长点。二是用现代科技催生文化产业发展新业态。未来文化产业发展将依托高新科技与文化产业深度融合,不断重构文化产业全新的内容形态、文化业态和产业生态,并利用互联网信息技术推动网络视听、网络演出、网络文学、网络音乐、网络电影、网络动漫、移动多媒体、数字出版和知识服务等新业态的发展,用高新技术挖掘文化产业的新价值,不断催生新业态、新模式,增强文化产业发展的活力与动力。

文化产业是一个渗透性、关联性很强的产业,随着我国文化产业规模不断扩大,通过"文化+"实现跨界融合,已成为文化产业发展的主要策略。"文化+"战略就是以"文"化产业,以"文"化经济,以"文"化生活,这充分体现了文化产业发展中文化的主体性、开放性和包容性特征。一方面,大力推进文化跨界融合发展,积极寻找文化与相关行业深度融合的契合点,促进文化产业与文化事业、不同文化产业门类,以及与其他产业的融合发展。推进文化产业与传统制造业、农林业和消费品工业融合发展,促进其与信息业、旅游业、金融业、广告业、建筑业、商贸流通业等现代服务业深度融合发展,形成跨界、渗透、提升、融合的多样路径;鼓励地方依托当地自然人文资源,推动文化产业与体育业、康养业、中医药等健康产业融合发展。另一方面,深挖 IP 产业价值。随着文学 IP、影视 IP、游戏 IP 等的大热,挖掘 IP 价值是延长作品生命周期和提高经济价值的关键。我们可以以文学为源头向游戏、影视、衍生品等方向持续布局,通过对"影、视、书、游、漫"的联动营销,打通上下游产业链条,带来基于知名 IP 的持续消费,推动文化产业商业模式的再造,从而带动整个产业发展规模与质量不断提高。

第三,建立现代文化市场体系,壮大文化产业市场主体。促进文化产业高质量发展应健全统一开放、竞争有序的现代文化市场体系,不断壮大文化产业市场主体。首先,培育文化生产要素体系,以完善产权制度和要素市场化配置为重点,实现生产要素的市场化配置,努力实现产权有效激励、要素自由流动、企业优胜劣汰,使各种市场要素最大限度地发挥作用。建立健全现代文化企业制度,使现有文化企业真正成为产权明晰、权责明确、政企分开、管理科学、自主经营、自负盈亏、自我约束的市场主体；完善法人治理结构，健全激励约束机制和风险防控机制，提高企业管理运行的科学化规范化水平。其次，构建市场机制有效、宏观调控有度、微观主体有活力的管理制度体系，建立公开透明的市场准入标准和运行规则，提高市场竞争的充分性、公平性。再次，做强做优做大文化市场主体。深化国有文化企业分类改革，打造一批核心竞争力强的国有独资或控股骨干企业；大力扶持民营文化企业发展，构建国有和民营文化企业齐头并进的发展格局。最后，支持龙头文化企业实施跨地区、跨行业、跨所有制兼并重组，培育跨界融合的产业集团和产业联盟，打造更多竞争力强的"文化航母"。

第四，坚持制度改革创新，创造宽松的文化产业发展环境。推动文化产业高质量发展，应进一步深化文化体制改革，加强文化管理制度创新，为文化产业发展注入新动能。首先，进一步加快文化产业立法步伐，以法律形式明确对文化产业的具体管理和支持政策。加强知识产权保护，通过完善立法和严格执法，使文化企业创造的合法知识产权获得应有的社会效益和经济效益。同时，深入推进文化市场综合执法改革，创新监管方式，加强行业自律，净化文化市场环境。其次，推进文化治理体系的法治化、规范化，创新和完善国家发展规划的战略导向作用，健全财政、货币、产业、区域等经济政策协调机制，深化文化领域"放管服"改革，为文化产业发展创造宽松的市场环境。

第五，对内培育文化消费市场，对外扩大国际文化贸易。一是对内培育文化消费市场。其一，加强文化消费观念的宣传教育，建立全民文化消费意识，引导扩大文化消费支出，培育文化消费主体，扩大文化消费规模。其二，根据消费者多元文化消费结构，探索个性化、精准化的文化消费模式，以更为丰富多彩的文化产品与服务满足不同文化需求。其三，制定和完善文化消费法规，建立扩大文化消费长效机制；加大政策激励力度，创新文化消费补贴方式；推广全国文化消费试点城市经验，扩大政府购买文化产品和服务目录范围；鼓励企业推进积分制、折扣制消费模式,以多种途径促销,撬动大众文化消费。二是对外扩大国际文化贸易。当前,文化产业已经成为全球经济的重要组成部分。我们应坚持中国文化"走出去"战略,深化与世界各国文化交流合作,积极开拓国际文化产业市场,鼓励有条件的企业对外开展文化贸易,支持国家文化出口基地、重点企业和重点项目建设。坚持文化产品的精品化战略,充分挖掘中国文化内涵,讲好中国故事,提升中国文化品牌在国外的知名度。围绕"一带一路"建设,加强文化多边合作,把更多优秀文化产品和服务推向世界,提升我国文化贸易国际竞争力,彰显中华文化自信。

附录2：

文化与文化产业[*]

——学习《文化强国之路——文化体制改革的探索与实践》的体会

党的十八届三中全会明确提出："要紧紧围绕建设社会主义核心价值体系、社会主义文化强国，深化文化体制改革，加快完善文化管理体制和文化生产经营机制，建立健全现代公共文化服务体系、现代文化市场体系，推动社会主义文化大发展大繁荣。"这为在新的起点上加快文化改革发展指明了前进方向。正当全国上下深入学习贯彻落实党的十八届三中全会精神，为建设社会主义文化强国，深入开展文化体制改革之时，李长春同志著作《文化强国之路——文化体制改革的探索与实践》由人民出版社2013年12月出版。全书生动记录了党的十六大以后的十年间我国文化体制改革的历史进程和显著成就，科学总结了新形势下文化建设的内在规律和实践经验，全面反映了我们党领导文化建设取得的理论创新和实践创新成果，具有丰富的思想内涵、独特的理论价值和鲜明的实践色彩，是我们党领导文化建设的重要历史记录，是新时期深入推进文化强国建设的经典教材。该著作此时出版，对于广大干部群众深入学习贯彻党的十八届三中全会精神，推进文化的改革与发展，坚定走

---

[*] 本文原题《文化与文化产业》，原载《文学教育》2014年第8期（上）。

中国特色社会主义文化发展道路、增强建设社会主义文化强国的信心和决心，具有重要意义。我作为一个文化研究者，亲历了这十年中国文化改革与发展的光辉历程，现在拜读此书，倍感亲切，体会颇深。下面，我就建设文化强国与发展文化产业，谈谈学习体会。

一、建设文化强国是实现"中国梦"的必然选择

"文化强国"战略的提出体现了包括李长春同志在内的我国高层对文化在国家的位置，以及对文化的深入认识的过程。建设社会主义文化强国，是我党在新的历史条件下推进文化改革发展的战略任务。一个国家或一个区域的发展，文化是核心竞争力。李长春同志指出："当今世界，文化与经济和政治相互交融，在综合国力竞争中的地位和作用越来越突出。文化的力量，深深熔铸在民族的生命力、创造力和凝聚力之中。"他反复强调："文化越来越成为民族凝聚力和创造力的重要源泉、越来越成为综合国力竞争的重要因素，越来越成为经济社会发展的重要支撑，丰富精神文化生活越来越成为我国人民的热切愿望。"他认为，"文化对促进经济增长，增强综合国力，参与国际竞争，培育民族精神，提高人的素质，推动社会全面进步具有基础性、战略性作用。"

文化是一个国家和民族的生活方式，是赢得其他国家和民族的人民尊重、向往、认同的生活方式。没有文化的崛起是缺乏灵魂的发展，没有精神追求的民族难以立于世界民族之林，一个有文化大国的崛起才能得到其他国家的敬畏。李长春同志指出："从一定意义上说，谁占据了文化发展的制高点，谁拥有了强大的文化软实力，谁就能够在激烈的国际竞争中赢得主动。""我国是文明古国，是文化资源大国，但还算不上文化强国，需要加快建设与我国深厚文化底蕴和丰富文化资源相匹配、与中国特色社会主义事业总体布局相适应、与建设富强民主文明和谐的社会主义现代化国家目标相承接的社会主义文化强国。""从国家发展和综合国力竞争的层面看，提高我国文化软实力是增强民族凝聚力、提高国际竞争力和影响力、更好地参与经济全球化进程的迫切需要，是维护我国意识形态安全和文化安全的迫切需要，是增强我国在国际上的话语

权、增进国际社会对我国了解和认同、为改革发展营造良好国际舆论环境的迫切需要，是树立我国良好国民形象和国家形象，增进与世界各国友好交往、推动建设和谐世界的迫切需要。"

2011年10月，党的十七届六中全会专题研究文化改革发展问题，审议通过《中共中央关于深化文化体制改革推动社会主义文化大发展大繁荣若干重大问题的决定》，提出了坚持中国特色社会主义文化发展道路、努力建设社会主义文化强国的战略任务。提出建设社会主义文化强国的总体要求是：着力推动社会主义先进文化更加深入人心，推动社会主义精神文明和物质文明全面发展，不断开创全民族文化创造活力持续迸发、社会文化生活更加丰富多彩、人民基本文化权益得到更好保障、人民思想道德素质和科学文化素质全面提高的新局面，建设中华民族共有精神家园，为人类文明进步作出更大贡献。从国家层面提出建设社会主义文化强国战略，这是继人才强国、科技强国之后，我们的党提出的又一重大战略思想，体现了我们的党对文化的意义与作用认识的不断深化和更加重视。

2012年11月29日，习近平总书记在参观"复兴之路"展览时，提出了实现中华民族伟大复兴的中国梦。其后，他在十二届全国人大一次会议上的讲话中系统阐发了这个思想，在出访俄罗斯、非洲国家和出席亚洲博鳌论坛等讲话中又进一步作了论述。"实现中华民族伟大复兴的中国梦"对于每个中国人而言是一个承续百年的宏大命题。"中国梦"是在一百余年特殊的国家政治经济环境下产生的中华民族的全民愿景，是我们国家从贫穷落后通过和平发展走向繁荣富强，实现现代化的国家理想。建设社会主义文化强国，是实现"中国梦"的历史必然选择，是实现"中国梦"的一个重要组成部分。2013年11月12日中国共产党第十八届中央委员会第三次全体会议通过的《中共中央关于全面深化改革若干重大问题的决定》中指出："面对新的形势新任务，全面建成小康社会，进而建成富强民主文明和谐的社会主义现代化国家、实现中华民族伟大复兴的中国梦，必须在新的历史起点上全面深化改革，不断增强中国特色社会主义道路自信、理论自信、制度自信。"2013年最后一天习近平总书记在主持中共中央政治局第十二次集体学习时讲话强调要提高国家文化软实力，并希望通过深化文化体制改革，推动中国文化的繁荣和创造力，推动中华民族伟大复兴中国梦的实现，以此来加强中国的文化强国建设。这是对建设文化强国与"中国梦"关系最深刻阐述。

如果说经济水平决定一个国家的强度，那么文化内涵就决定了一个国家的深度；如果说一个国家的实力决定一个国家的力度，那么文化精神就决定了一个国家的高度。军事让我们觉得安全地活着，经济让我们觉得不失体面地活着，文化让我们富有尊严地活着。建设社会主义文化强国，必须坚持社会主义文化发展道路，培养高度的文化自觉和文化自信，增强国家文化软实力。李长春同志认为："文化软实力不仅是一个国家综合国力的重要组成部分，也是一个地区和城市的靓丽名片和金字招牌，是代表一个地区和城市综合实力、竞争力、发展潜力的重要因素。可以说，软实力也是硬支撑。"软实力是一个国家的灵魂，文化不仅是精神的力量，文化软实力本身就是实实在在的存在，文化软实力只有融入强健体魄的硬实力之内才会有生命力，经济建设作为重要的载体将为文化软实力的提升提供坚实的物质基础。我们要以深化文化体制改革、加强文化自身建设、培植厚重的文化根基、弘扬民族精神与时代精神，探索中国特色文化发展道路，来推动中国文化的全面繁荣和快速发展，加快社会主义文化强国建设，促进中华民族伟大复兴的中国梦的早日实现。

二、发展文化产业是建设文化强国的战略支撑

近十年来，我国对文化的认识不断深入和发展。以前，我们对文化的认识是宣传，文化放在宣传之下，讲究的是它的社会效应和意识形态。在新的形势下，我国提出了"文化产业"这个概念，开始重视文化与经济水平和产业水平的关系。然后在"文化产业"的基础上又提出"文化生产力"概念，这些都是我党在文化重大理论上的突破，也是李长春同志对文化发展的一大贡献。李长春同志指出："文化生产力是社会生产力的重要组成部分。文化产品生产中的智力投入和物质投入，具备社会

生产力诸要素的基本特征，文化产品的生产，形成物质形态的生产过程，与其他产品的生产一道，共同构成社会生产力的发展过程。文化产业是新型产业，方兴未艾，它所创造的价值，在国内生产总值构成中占越来越大的比重，在国民经济中占越来越重要的地位。"

近年来，随着"文化强国"成为我国的国家战略，全社会对文化产业的地位、作用和功能的认识逐渐取得了共识。2011年10月，十七届六中全会的召开以及《中共中央关于深化文化体制改革、推动社会主义文化大发展大繁荣若干重大问题的决定》的发布，将文化产业发展成为国民经济支柱性产业首次被中央以文件形式确立。随后中共中央办公厅、国务院办公厅印发了《国家"十二五"时期文化改革发展规划纲要》，提出推动文化产业跨越式发展，实现《规划纲要》提出的文化产业"逐步成长为国民经济支柱性产业"目标。李长春同志十分重视文化产业的发展，他认为："发展文化产业是社会主义市场经济条件下满足人民多样化精神文化需求的重要途径。文化产业是最具发展潜力的新兴产业之一，对推动经济结构战略性调整、加快转变经济发展方式具有重要作用。"他指出："对于一个国家或地区来说，衡量文化产业能否成为国民经济支柱产业，关键要看文化产业能否达到'一个约束性指标'、发挥'四大作用'、拥有'六大要素'。'一个约束性指标'就是，文化产业增加值占国内生产总值的比重达到或超过5%。"他认为，大力发展文化产业是社会主义市场经济条件下满足人民多样化精神文化需要的重要途径；是充分发挥市场在文化资源配置中的积极作用、激发全社会文化创造活力的迫切需要；是加快经济结构战略性调整，为经济发展注入新的强大动力的迫切需要；是加快推动中华文化走出去的迫切需要，是扩大中华文化国际影响力的现实途径，是把我国丰富的文化资源转化为现实的文化生产力和竞争力的基本途径。在文化产业发展上，李长春同志强调要充分发挥文化产业在优化结构、扩大消费、增加就业、促进跨越式发展、实现可持续发展方面的独特优势和突出特点，推动文化产业与旅游、信息、物流等产业融合发展，使之成为转变经济发展方式的重要着力点和国民经济支柱性产业。推动国有经营性文化单位转企改制，成为自主经营、自我发展、自我约束、依法运营、相对独立的合格市场主体。在文化发展格局上，他强调要大力发展国有或国有控股文化市场主体，积极吸收民营资本、海外资本参与文化建设，形成推动社会主义文化繁荣发展的强大合力。在中华文化"走出去"上，他强调坚持"两条腿"走路，在继续推动政府间文化交流的同时，充分积极探索市场化、商业化、产业化的运作方式，打造具有自主知识产权和较强竞争力的知名文化品牌，以企业为主体推动更多文化产品走出去。在文化产品创作生产上，他强调坚持以人民为中心的创作导向，创作生产更多思想性、知识性、艺术性、观赏性有机统一的优秀作品乃至传世佳作，发挥文化引领风尚、教育人民、服务社会、推动发展的作用。在文化产品评价上，他强调人民群众是最终评判者，要坚持把遵循社会主义先进文化前进方向、人民群众满意作为评价作品最高标准，把群众评价、专家评价和市场检验统一起来。这些新思想新观点，来源于对文化改革发展的不懈探索和对基层实践创造的深刻总结，反映了科学发展观对文化建设的根本要求，是中国特色社会主义文化建设理论创新和实践创新的重要成果。

在党中央、国务院的高度重视下，在全社会的大力推动下，我国的文化产业发展势头较好，文化产业整体规模和实力不断壮大，文化产业对国民经济增长贡献率逐年上升，文化产业日益成为经济发展新的增长点，初步显现出成为国民经济支柱性产业的潜力。相关部门的报告显示，我国文化产业增加值从2004年3440亿元增加到2012年的18071亿元，占同期GDP的比重从2.15%提高到3.48%。2012年文化产业对当年经济总量增长的贡献为5.5%。文化产业在满足人民群众精神文化消费需求、促进文化发展和繁荣、加快经济发展方式转变等各个方面发挥了重要作用。我国文化产业近些年发展较快的原因，最首要的是我国的文化体制改革在整合资源、市场竞争、完善制度等方面推动了文化产业的发展，以资本为纽带兼并重组、整合资源，一批文化企业上市融资，涌现出一批总资产和总收入超过百亿元的大型国有或国有控股文化企业，成为文化领域战略投资者和文化市场主导力量。尽管近些年来我国的文化产业取得了很大的成绩，而相比较同期美国、日本、韩国的文化产业分别占到各自 GDP 的 24%、10%、7%，中国文化产业发展与世界发达国家之间还存在明显差距。李长春同志的《文化强国之路》是我们党近十多年来领导文化建设的宝贵记录，它既饱含李长春同志个人的深入思考，又集中反映了全党的集体智慧；既有丰富的理论概括，又总结了全国各地的实践经验。我们要以学习宣传《文化强国之路》一书为契机，认真学习领会书中的精神，全面汲取书中的经验智慧，更好地贯彻落实党的十八大和十八届三中全会精神，按照中央全面深化改革的要求，建设社会主义文化强国，推动社会主义文化大发展大繁荣，为实现中华民族伟大复兴的"中国梦"提供强有力的文化支撑。

附录3：

"泛娱乐"战略让知识产权跨界增值[*]

近年来，以网络游戏、网络文学、数字短片、数字音乐、数字电视电影、动漫和数字出版物等为主题内容的互联网文化产业突飞猛进地发展，泛娱乐的模式日渐丰富化，优秀传统文化与科技的深度融合正在成为一个市场价值越来越大的有机生态系统，泛娱乐文化产业发展潜力巨大。以腾讯为例，在2011年中国动画发展高峰论坛上，腾讯公司在业界首次提出"泛娱乐"构思。2012年，该公司进一步提出了以"明星IP"为核心的"泛娱乐"战略，并根据自身资源优势，在网络游戏业务的基础上，2012年到2014年先后推出了动漫、文学、影视等三大新业务平台，系统布局泛娱乐生态，推动旗下文学、动漫、游戏、电影四大板块资源整合。经过几年的不断发展和创新，腾讯公司逐步构建了一个实现版权多元开发和运营的互联网文化产业商业模式，在游戏、文学、动漫业务等领域处于国内领先地位，"泛娱乐王国"梦想正在逐步变为现实。这一文化创意产业发展模式较好地顺应了文化与科技融合发展的时代需求，其创新具有以下特点。

其一，创新"明星IP"模式，突显内容创意关键。IP即知识产权。文化产业是以"内容为王"的创意产业，说到底是一种知识智慧产业，

---

[*] 本文原题《"泛娱乐"战略让知识产权跨界增值》，原载《中国知识产权报》2015年4月16日。

是通过打造人人喜爱和家喻户晓的人物和故事，将这些好的故事与更多的人分享，从而创造社会效益和经济效益的产业。而"泛娱乐"关键就是创新明星"IP"即以版权为主的知识产权，也就是一个"故事核"或者一个形象符号，比如唐老鸭、孙悟空或者钢铁侠。当今时代，全球文化软实力的竞争很大程度上就是各国强势IP之间的交锋。我国文化产业的发展在打造内容创意本身的同时，开始转向对于版权自身价值及增值服务的探索。腾讯公司提出的"明星IP"模式，就是在同一个文化创意内核的基础上，多领域同时互动共建同一版权，使"明星IP"价值实现几何级壮大和APRU值（每用户平均收入）的大幅提升，从而最终完成互动娱乐产业的扩容和增值。这一模式凸显了文化产业发展中内容创意的关键要素，深入挖掘了"明星IP"品牌的巨大潜在价值，能更好地让一个个拥有数千万甚至数亿粉丝的"明星IP"资源转化为巨大的经济资源，实现明星资源品牌到产业经济品牌的转化，通过产业实现版权值的放大，为文化产业发展真正带来新的活力。

其二，提出"泛娱乐"战略，实现多领域跨界共享。娱乐是人类永远的精神需求，随着人们收入不断增加和物质追求逐渐满足，人们对娱乐的需求更加旺盛，特别是随着移动互联网的普及，人们可以在任何时间、任何地点进行阅读、听歌、观影和游戏，生活就是娱乐，娱乐就是生活，两者之间的界限开始被全面打破，大众的娱乐需求得到空前的释放。在这样的背景下，腾讯提出"泛娱乐"战略，具体来说，就是以互联网为基础，以知识产权为原点，让"明星IP"实现多域跨界共生，形成在文学、动漫、游戏、影视等领域的"泛娱乐"一体化的多元文化产业链，保证知识产权的价值能在各产业领域进行充分地开发，实现知识产权影响力扩散和价值共享、打造多元互动娱乐体验，让用户无论在哪个场景中，都能欣赏自己喜爱的形象，这种"泛娱乐"战略的实施将是一场声势浩大的文化产业变革，为文化产业发展带来前所未有的发展机遇。每个业务平台每个艺术形式有不同的特点，比如用户会看喜欢的小说，很大程度上也会喜欢看相关的漫画、游戏以及高品质视觉体验的电影,"泛娱乐"战略就是通过这种方式实现文化产业增值。

其三,实施"明星IP"计划,实现优质版权价值放大。知识产权保护的对象是"人的心智、人的智力的创造",是人的"智力成果权",是在科学、技术、文化、艺术领域从事一切智力活动而创造的智力成果依法享有的权利。版权是文化创意行业的原点,发展文化产业以版权为核心,是人的价值本身的回归,这就必须高度重视知识产权的保护,重视知识产权培育。腾讯拥有较多的优质版权,实施"明星IP打造计划",就是要保护知识产权,并使其实现价值的放大。据有关媒体介绍,腾讯等公司将成立专门版权团队,主要负责版权的签入与"泛娱乐"的拓展;大力培育优秀的作者队伍,针对有成功创作经历的作家,重点通过系统传播、主题包装以及"泛娱乐"运作,扩大品牌效益;针对新人作家,通过内容专家全程指导和专业团队有针对性运作,有效缩短人气积累周期,让这批作家快速崛起。这些措施不仅为企业未来的发展储备了人才,积累了后劲,而且更重要的是让知识产权得到更好的保护,能让"明星IP"品牌成为产业品牌,发挥出更大更好的效益。

其四,整合多方资源优势,实现跨界互动协同创新。以"明星IP"为核心的"泛娱乐"战略不是简单地把一个知识产权进行授权,要真正实现"明星IP"优质资源在多领域跨界广泛共享,发挥最大效益,必须在大格局背景下实行大统筹和大协同。首先,必须实现本企业内优质资源的大统筹与整合。腾讯互娱是一个有内容、有互动的用户平台,旗下涵盖腾讯文学、腾讯游戏、腾讯动漫和腾讯电影等多个互动娱乐实体业务平台,但文学、游戏、动漫和影视这四大板块从内容制作到运营呈现相差太大,在这多个环节中同时打造IP,这不仅需要生产企业具有很强的综合实力,还需要多个"术业有专攻"的高水平创作者(团队)和策划者对市场的深入把握能力,更需要企业在各个领域和环节上具有超强的统筹和整合能力。没有强有力的统筹和整合,再优质的资源也是不可能被共享和实现其最大价值的。其次,还要与行业伙伴进行广泛互动与协同。整合营销与跨界融合已成为这个时代主流趋势,移动互联网时代的到来，为跨界多方合作提供了更多、更新的方式和可能，腾讯互动娱乐持续基于互联网的多领域共生，为腾讯平台聚拢的数亿用户提供基于特定"明星IP"的优质产品以及围绕这些知识产权展开的多元泛娱乐体验，为不同业务的泛娱乐融合找到新的途径。同时，这些知识产权业务完全可以和外界其他的平台进行充分多组合和跨界互动和融合。立足"泛娱乐"战略，用创新方式打造"明星IP"的粉丝经济，将优质知识产权孵化出更多更好的文化产品，这充满了无限想象空间和美好的期待。

附录4：

黄永林主要学术成果目录
（1985—2022年）

一、专著、编著、作品集等

1. 《中西叙事文学比较研究》（丁乃通著，黄永林等合译），华中师范大学出版社1994年版
2. 《中西通俗小说比较研究》，台湾文津出版社1995年版
3. 《郑振铎与民间文艺》，南京大学出版社1996年版
4. 《中华神谋》，华中师范大学出版社1998年版
5. 《张恨水及其作品论》，华中师范大学出版社2003年版
6. 《20世纪中国大众文学的现代转型及其品格》，珠海出版社2003年版
7. 《民间文化与荆楚民间文学》，华中师范大学出版社2005年版
8. 《大众视野与民间文化》，新华出版社2005年版
9. 《中国民间文化与新时期小说》，人民出版社2007年版
10. 《中国农民工文化问题调查》（合著），中国社会科学出版社2007年版
11. 《中西通俗小说叙事：阐释与比较》，华中师范大学出版社2009年版
12. 《中国独立学院财务管理的理论与实践研究》（合著），高等教

育出版社 2009 年版

13. 《新中国教育财会六十年》，华中师范大学出版社 2010 年版

14. 《从资源到产业的文化创意——中国文化产业发展现状评述》，华中师范大学出版社 2012 年版

15. 《文化产业纵横谈》，湖北人民出版社 2012 年版

16. 《农村文化建设》（合著），湖北人民出版社 2012 年版

17. 《文化传承与文化创新探新——黄永林自选集》，华中师范大学出版社 2013 年版

18. 《20 世纪中国大众文学的现代转型及其品格》，华中师范大学出版社 2013 年版

19. 《教育财会改革探究》，华中师范大学出版社 2014 年版

20. 《比较与阐释：中西通俗小说比较研究》（英文版），德国斯普林格出版社 2018 年版

21. 《网络舆论监测与安全研究》（合著），经济科学出版社 2014 年版

22. 《三峡库区文物（古建筑）迁建区综合价值评估》，科学出版社 2015 年版

23. 《湖北文化与文化产业发展新探》，湖北人民出版社 2016 年版

24. 《荆楚文化视域下的湖北文化发展研究——来自湖北文化改革发展智库的研究报告》（合著），华中师范大学出版社 2018 年版

25. 《中国教育财会三十年》（合著），华中师范大学出版社 2019 年版

26. 《中国节日志·中秋节（上、中、下）》（合著），光明日报出版社 2019 年版

27. 《中国文化产业发展论纲》，华中师范大学出版社 2020 年版

28. 《新中国教育财会发展史（1949—2019）》，华中师范大学出版社 2020 年版

29. 《民间文学导论》（合著），长江文艺出版社 1993 年版

30. 《中国现代文学简史》（合著），华中师范大学出版社 2001 年版

31.《民间文学教程》（合著），华中师范大学出版社2002年版

32.《现代中国文学史》（合著），湖北教育出版社2004年版

33.《中国20世纪文学现代品格论》（合著），武汉大学出版社2007年版

34.《非物质文化遗产学教程》（主编），华中师范大学出版社2021年版

35.《湖北民间叙事长诗、唱本总目提要》（合著），中国民间文艺研究会湖北分会1986年自印

36.《现代家庭美容技巧》（合著），武汉大学出版社1994年版

37.《湖北高校会计学会十年大事记》（副主编），湖北高校会计学会1995年版

38.《学校财务会计手册》（常务副主编），中国经济出版社2000年版

39.《高等教育财务法规选》（主编），华中师范大学出版社2001年版

40.《高校经济活动中主要案例选编》（合著），高等教育出版社2001年版

41.《世纪之交的中国教育财务改革与发展》（总纂），华中师范大学出版社2004年版

42.《教育财务与会计手册》（编著），中国财政经济出版社2005年版

43.《高校领导干部财务工作手册》（主编），华中师范大学出版社2013年版

44.《湖北高校财会研究》（主编），教育财会研究杂志社1995年版

45.《反思与超越——20世纪中国文学与理论批评国际学术研讨会论文集》（副主编），华中理工大学出版社2000年版

46.《火浴的凤凰，恒在的缪斯》（主编），湖北人民出版社2002年版

47.《民间叙事文学研究》（主编），华中师范大学出版社2005年版

48. 《高师财务管理研究（第八集）》（主编），苏州大学出版社 2009 年版

49. 《高师财务管理研究（第九集）》（主编），华中师范大学出版社 2011 年版

50. 《黄曼君学术与人生》（主编），华中师范大学出版社 2011 年版

51. 《农村义务教育经费保障机制实证研究》（主编），华中师范大学出版社 2013 年版

52. 《华中师范大学校友风采：管理、创业、综合篇》（主编），华中师范大学出版社 2013 年版

53. 《华中师范大学校友风采．基础教育、学术篇》（主编），华中师范大学出版社 2013 年版

54. 《〈华中师范大学学报〉（人文社会科学版）论文选萃（2005—2012）》（主编），华中师范大学出版社 2013 年版

55. 《刘醒龙研究》（主编），武汉大学出版社 2016 年版

56. 《学林探胜》（主编），华中师范大学出版社 2017 年版

57. 《文化对话：中美非物质文化遗产论坛》（主编），中山大学出版社 2017 年版

58. 《中国教育财会优秀论文集》（副主编），华中师范大学出版社 2018 年版

59. 《中国教育获奖课题选》（副主编），华中师范大学出版社 2018 年版

60. 《国家新资助政策体系实施十周年主题征文·优秀散文与诗歌选》（主编），华中师范大学出版社 2018 年版

61. 《中国文化国情报告（2018）》（上、下）（总主编），湖北教育出版社 2018 年版

62. 《钱六姐与贱三爷》（选编），华中师范大学出版社 1986 年版

63. 《中国民间故事精选》（合编），华中理工大学出版社 1993 年版

64. 《黄河泰山的诉说》（选编），湖北人民出版社 1994 年版

65. 《中国民间故事精选》（合编），香港明窗出版社 1995 年版

66. 《隋唐演义》（点校），湖北人民出版社 1995 年版

67. 《成语故事》（合编），长江文艺出版社 2004 年版

68. 《大学财务综合评价研究》（合著），中国人民大学出版社 2002 年版

69. 《中国政府预算：制度、管理与案例》（合著），中国财政经济出版社 2002 年版

70. 《为教育提供充足的资源》（合著），人民教育出版社 2003 年版

71. 《荆州民俗文化》（合著），长江文艺出版社 2006 年版

72. 《武汉市文化创意产业发展报告（2013）》（主编），社会科学文献出版社 2013 年版

73. 《武汉市文化创意产业发展报告（2014）》（主编），社会科学文献出版社 2014 年版

74. 《武汉市文化创意产业发展报告（2015）》（主编），社会科学文献出版社 2015 年版

75. 《武汉市文化创意产业发展报告（2016）》（主编），社会科学文献出版社 2016 年版

76. 《武汉市文化创意产业发展报告（2017）》（主编），社会科学文献出版社 2017 年版

77. 《武汉市文化创意产业发展报告（2018）》（主编），社会科学文献出版社 2018 年版

78. 《武汉市文化创意产业发展报告（2019—2020）》（主编），社会科学文献出版社 2021 年版

79. "文化：资源与产业文库·中华文化与产业系列"（共 33 种），华中师范大学出版社 2012—2022 年版

80. "湖北省推进学习型党组织建设丛书·文化建设系列"（10 种），湖北人民出版社 2012 年版

81. "荆楚文化遗产丛书"（共 5 种），湖北人民出版社 2016 年版

二、主编刊物

1. 《教育财会研究》（主编），中国教育会计学会、华中师范大学

主办

2. 《新文学评论》（主编），中国新文学学会主办

三、发表论文

1. 《民间故事与中国小说》，《湖北电大学刊》1985 年第 2 期

2. 《笑与机智》，《黄冈师专学报》1985 年第 2 期

3. 《浅谈荆州地区机智人物故事的喜剧特色》，《荆州师专学报》1985 年第 4 期

4. 《浅谈荆州地区机智人物故事的喜剧特色》，中国民间文学研究会湖北分会编《湖北民间文学论文集》，1986 年版

5. 《孟姜女传说在湖北》（1986 年全国孟姜女学术讨论会交流论文），《江汉论坛》1986 年第 10 期

6. 《得道者与美女蛇》（合译），《民间文艺季刊》1987 年第 3 期，上海文艺出版社 1987 年版

7. 《播种笑声的人》，《中国文化报》1987 年 8 月 26 日

8. 《接家家——鄂西长阳风俗散记》，《湖北电力报》1987 年 1 月 5 日

9. 《冠军和心理学教师》，《文化报》1987 年 8 月总 207 期

10. 《我国南方民间文化现状及发展趋势》（署名华民社），《中国民间文艺界通讯》1987 年第 6 期

11. 《异曲同工，交相辉映——傣族〈娥并与桑洛〉与汉族〈双合莲〉比较研究》（合作），《黄冈师专学报》1988 年第 1 期

12. 《民间文学民间办——一个新生事物在中国》（合译），《中南民族学院学报》1988 年第 3 期

13. 《多侧面运用比较研究方法的尝试》（署名黄鹤），《民间文艺研究》1988 年第 1 期

14. 《鄂西婚丧嫁娶中得哭与笑》，《湖北电力报》1988 年第 4 期

15. 《成功的探索——湖北第四届"百花书会"观感》，《湖北曲艺通讯》1988 年第 1 期

16.《民间故事的分类》(翻译),《民间故事资料选》,中国民间文学研究会湖北分会 1989 年编印

17.《论高校有偿服务的"度"》,《湖北高教》1989 年第 2 期

18.《高校医疗费超支的原因及改革的建议》,《湖北高校财会通讯》1989 年第 2 期

19.《端午节采艾蒿菖蒲习俗考》,《华中师范大学学报》1989 年第 6 期

20.《笑的思考——选编〈钱六姐与贱三爷〉散记》,中国民间文学研究会湖北分会编《湖北民间文学论文选》,1989 年编印本

21.《"挪亚方舟"与"努哈方舟"——〈圣经〉与〈古兰经〉中洪水神话比较研究》(合作),《外国文学研究》1990 年第 4 期

22.《论神话中的死亡观》,《高师函授学刊》1990 年第 4 期

23.《论"适当集中财权"与"分级管理"的关系》,《高等学校财务管理论文集》1990 年版

24.《兔民俗与中国文化》,《华中师范大学学报》1990 年第 6 期

25.《兔民俗与中国文化》,《中国人民大学复印报刊资料·文化卷》1990 年第 6 期

26.《论民间文学与通俗文学的关系》,中国民间文学研究会湖北分会编《民间文学论文集》(第四集),1990 年编印本

27.《高校实行责任会计初探》,《教育财会研究》1990 年第 4 期

28.《浅谈财务决算文字说明的写作方法》,《教育财会研究》1991 年第 2 期

29.《浅谈高校人才成本核算》,《教育财会研究》1991 年第 6 期

30.《论通俗文学与民间文学的分野》,《文艺争鸣》1991 年第 6 期

31.《论楚辞与古江汉民歌的关系》,《楚艺术论集》,湖北美术出版社 1991 年版

32.《从信息论看民间故事的讲述活动》,《中国民间文化》1991 年第 4 集

33.《论高校会计的决策职能》,《事业会计》1992 年第 1 期

34.《论通俗文学与民间文学的分野》,《新华文摘》1992 年第 2 期摘要转载

35.《高校人才成本核算中的几个问题》,《教育与经济》1992 年第 2 期

36.《古江汉民歌,楚辞产生的摇篮》,《华中师范大学学报》1992 年第 4 期

37.《财神杂谈》,《采风月刊》1992 年第 11 期

38.《论高校实行责任会计》,收入《高师财务管理研究》,陕西师范大学出版社 1992 年版

39.《试论高校改革的模式及其特征》,《党务工作研究》1994 年第 1 期

40.《面部化妆的审美原则》(合作),《医学美学美容》1994 年第 4 期

41.《中国"公案小说"与西方"侦探小说"的比较研究》,《外国文学研究》1994 年第 3 期

42.《师范院校办学经费困境及改革思路》,《教育财会研究》1994 年第 4 期

43.《自然美与艺术美、社会美的结合——试论风物与风物传说的关系》,载《黄河泰山的传说》,湖北人民出版社 1984 年版

44.《张恨水论》,《通俗文学评论》1994 年第 3 期

45.《〈霍桑探案〉与〈福尔摩斯探案〉之比较》,《通俗文学评论》1995 年第 2 期

46.《论郑振铎俗文学的理论特征与实践倾向》,《华中师范大学学报》1995 年第 4 期

47.《褚人获和他的〈隋唐演义〉》,《隋唐演义》,湖北人民出版社 1995 年版

48.《论郑振铎俗文学的理论特征与实践倾向》,《中国人民大学复印报刊资料·现代文学卷》1995 年第 9 期

49.《自然美与艺术美、社会美的结合——试论风物与风物传说的

关系》,《中国民间文化》1995 年第 2 集

50.《图文并茂雅俗共赏——读〈诗文书画说生肖〉》,《民俗研究》1995 年第 2 期

51.《笑的思考》,《〈贱三爷〉作品研讨会论文集》,1995 年编印本

52.《国家教委直属师范大学"七五"以来办学经费状况及改革的建议》,《教育财会研究》1996 年第 1 期

53.《张恨水论》,《张恨水研究》1996 年第 1 期

54.《论中国大众文学的现代品格》,"20 世纪中国文学与理论批评国际学术讨论会"交流论文集,1997 年 4 月编印

55.《论智谋》,《中华神谋》,华中师范大学出版社 1998 年版

56.《论中国大众文学的现代品格》,《通俗文学评论》1998 年第 3 期

57.《中国的武侠小说与西方的骑士文学之比较》,《外国文学研究》1999 年第 2 期

58.《大众传播与当代大众世界——论大众传媒的社会功能》,《华中师范大学学报》1999 年第 2 期

59.《论中国大众文学的现代品格及其特征》,《中国人民大学书报资料中心·文艺理论文摘》1999 年第 1 期

60.《美国教育财务管理——赴美国高校行政管理考察团考察报告》,《教育财会研究》1999 年第 6 期

61.《澳大利亚、新西兰高校的财务管理考察——教育部赴澳、新高校财务管理考察报告》,《教育财会研究》2000 年第 1 期

62.《"小说界革命"与"启蒙大众"》,《华中师范大学学报》2000 年第 2 期

63.《论高等教育消费》(合作),《湖北农村金融研究》2000 年第 4 期

64.《"小说界革命"与"启蒙大众"》,《高等学校文科学报文摘》2000 年第 3 期

65.《关于〈魏国贞的故事〉的评价》,《魏国贞的故事》,中国文联

出版社 2000 年版

66. 《大众文学的现代特征》，《语文教学与研究》2000 年第 7 期

67. 《论中国大众文学的现代特征》，收入《反思与超越》，华中理工大学出版社 2000 年版

68. 《论高校理财宏观背景的变化》，《教育财会研究》2000 年第 5 期

69. 《在现代与传统之间——论余光中诗歌创作的特色》，余光中暨香港沙田文学国际学术研讨会交流论文集，2000 年 10 月编印

70. 《在现代与传统之间——论余光中诗歌创作的特色》，《华中师范大学学报》2001 年第 2 期

71. 《高校后勤社会化新模式探讨》，《教育财会研究》2001 年第 2 期

72. 《"王朔现象"的现代性》，《荆州师范学院学报》2001 年第 4 期

73. 《琼瑶言情小说的特色》，《语文教学与研究》2001 年第 9 期

74. 《常讲常新的民间故事家》，《今日湖北》2001 年第 11 期

75. 《从"日白佬"到"民间故事家"》，《民俗研究》2001 年第 4 期

76. 《从"日白佬"到"民间故事家"》，《中国民间文学年鉴》2001 年卷摘要

77. 《在现代与传统之间——论余光中诗歌创作的特色》，《中国人民大学书报资料中心·现当代文学文摘卡》2001 年第 3 期

78. 《中国高等教育投入的政策选择及国际比较》，《教育财会研究》2001 年第 5 期

79. 《民族民间文学的辉煌、危机与发展——关于五峰土家族自治县民间文艺的调查报告》（合作），2001 年炎黄文化研讨会交流论文

80. 《中国高等教育投入的政策选择及国际比较》，《中国人民大学书报资料中心·高等教育》2002 年第 2 期全文转载

81. 《三个女婿讲形势》，载《民间文学教程》华中师范大学出版社

2002 年版

82.《高僧与蛇女——东西方"白蛇传"型故事比较研究》(丁乃通著)(合译),《民间文艺季刊》1987 年第 3 期

83.《一个机智人物故事的原型与流传——AT1635A 型故事的中国原型探寻》,《华中师范大学学报》2002 年第 3 期

84.《一个机智人物故事的原型与流传——AT1635A 型故事的中国原型探寻》,《中国民间文学年鉴》2002 年卷

85.《20 至 40 年代中国武侠小说的现代转型及其特征》,《海南师范大学学报》2002 年第 3 期

86.《高等学校财务管理模式研究》,载《教育财会改革探索——中国教育会计学会科研课题论文选》,北京师范大学出版社 2002 年版

87.《在现代与传统之间——论余光中诗歌创作的特色》,收入《火浴的凤凰恒在的缪斯—余光中暨香港沙田文学国际学术研讨会论文集》,湖北人民出版社 2002 年版

88.《评祁连休〈智慧与妙趣——中国机智人物故事研究〉》,《湖北民族学院学报》2002 年第 5 期,

89.《评祁连休〈智慧与妙趣——中国机智人物故事研究〉》,《中国民间文学年鉴》2002 年卷

90.《〈三言〉和〈十日谈〉中爱情婚姻故事的比较》,《外国文学研究》2002 年第 4 期

91.《在改革中求生存在创新中求发展》,《教育财会研究》2002 年第 5 期

92.《部门预算改革对高等学校财务会计制度的影响研讨会综述》,《教育财会研究》2002 年第 6 期

93.《中国高等教育投入的政策选择及国际比较》,《高师财务管理研究(第五集)》,南京大学出版社 2002 年版

94.《部门预算编制案例》,《中国政府预算:制度、管理与案例》,中国财政经济出版社 2002 年版

95.《视野开阔的中国大众文学研究——评〈20 世纪中国大众文学

的现代转型及其品格〉》（署名王青），《文艺报》2002 年 4 月 5 日

96.《当代中国先进文化应具有的品格》，《学习月刊》2003 年第 1 期

97.《"报告"游戏的韵味》，《作品与争鸣》2003 年第 1 期

98.《中国高等教育投入的政策选择及国际比较》，收入闵维方主编《为教育提供充足的资源——教育经济学国际研讨会论文集》，人民教育出版社 2003 年版

99.《民间荤故事的功能及文化意义》，《华中师范大学学报》2003 年第 3 期

100.《民间诗歌在新时期小说中的广泛运用》，《兰州大学学报》2003 年第 4 期

101.《加入 WTO 与中国高校财务改革》，《教育财会研究》2003 年第 5 期

102.《论师范教育的改革与师范院校的筹资》，《高师财务管理研究》（第六集），广西师范大学出版社 2004 年版

103.《论新时期小说创作中的民俗化倾向》，《江汉论坛》2004 年第 2 期

104.《三星堆青铜直目人面像的历史文化意义研究》，《武汉大学学报（哲学社会科学版）》2004 年第 5 期

105.《精英文学与通俗文学的分野》，《文艺理论与批评》2004 年第 5 期

106.《20 世纪中国文学对民间语言价值的发现与运用》，《广西师范大学学报》2004 年第 2 期

107.《改善投资环境·诚信是立国行政之本》，《湖北日报》2004 年 8 月 4 日

108.《左传之预言叙述模式》（合作），《华中师范大学学报》2004 年第 5 期

109.《"硬着陆"与"心理调适"》，《作品与争鸣》2005 年第 1 期

110.《平时的文风，洋溢的真情——评马夫的散文集〈不敢声

张〉》,《文艺报》2005年1月13日

111.《论马夫散文的荆楚文化特色》,《文艺报》2005年2月24日

112.《民间语言在新时期小说创作中的作用》,《文艺报》2005年4月14日

113.《五篇〈读一首小诗〉比较评析》,《教授评点新世纪作文三百篇》,长江文艺出版社2004年版

114.《灵魂的审视唯美的追求——评电影〈恋爱中的宝贝〉》,《岳阳学刊》2005年第3期

115.《黄永林文学研究的新维度》(张君玲),《文艺报》2005年6月16日

116.《论民俗文化教育》,《文艺报》2005年8月11日

117.《在雅俗之坚守望文学——黄永林教授访谈录》(王青),《文学教育》2005年第3期(下)

118.《论性行为越轨的边界》(合作),《华中师范大学学报》2005年第6期

119.《婚姻需要情感,更需要理性——对电视连续剧〈中国式离婚〉婚姻主题的思考》(合作),《高等函授学刊》(哲学社会科学版)2005年第3期

120.《贺敬之文学创作国际学术研讨会闭幕词》,《挥毫顶天写真诗——贺敬之文学创作国际学术研讨会论文集》,中国新文学学会2005年编印

121.《谁更能顶天写真诗——贺敬之文学创作国际学术研讨会综述》(曾庆江等),《文艺报》2005年4月28日

122.《大众视野与民间立场》,《长江日报》2006年4月14日

123.《神秘文化与新时期小说创作》,《长江大学学报》2006年第4期

124.《要重视民间文化在新农村文化建设中的作用》,《光明日报》2006年5月15日

125.《重视民间文化在新农村文化建设中的作用》《今日浙江》

2006 年第 12 期

126. 《英国高等教育国际化的动因、特点及其启示》，《国家教育行政学院》2006 年第 2 期

127. 《英国大学办学理念、资金筹措及国际化战略的特点——中国高校领导赴美国培训团的报告》（执笔），《教育财会研究》2006 年第 4 期

128. 《不断变法境界常新——感受尹维新的"冰竹画"艺术境界》（合作），《文艺报》2006 年 6 月 3 日

129. 《农村文化建设与传统民间文化》，《学术月刊》2006 年第 10 期

130. 《文化的冲突与传统民俗文化的挽歌——从民俗学视角解读齐诺瓦·阿切比的小说〈崩溃〉》，《非物质文化遗产保护国际学术研讨会论文集》2006 年 7 月 20—26 日编印

131. 《文化的冲突与传统民俗文化的挽歌——从民俗学视角解读齐诺瓦·阿切比的小说〈崩溃〉》（合作），《外国文学研究》2006 年第 5 期

132. 《文化视野中的民间文学研究》，《文艺报》2006 年 10 月 19 日

133. 《中国农村文化建设的现状分析与战略思考》（合作），《华中师范大学学报》2007 年第 7 期

134. 《民间传说文化意蕴的二重性》，《文化遗产》2007 年创刊号

135. 《云南省农村中小学布局结构调整的现状及改革建议》，《教育财会研究》2007 年第 5 期

136. 《利用民间文化资源发展文化产业应处理好的主要关系》，2007 两岸文化创意产业趋势论坛学术报告，台北教育大学 2007 年 10 月 17 日编印

137. 《春节文化与和谐社会的构建》，《家园》2007 年第 7 期

138. 《"湖北作家与外国文学"全国学术研讨会致辞》，《"湖北作家与外国文学"全国学术研讨会论文集》，《外国文学研究》编辑部 2007 年编印

139.《黄永林：民间文化：保护"原生态"不是开发"伪民俗"》，《特别关注·八艺节·新华每日电讯》2007年11月9日

140.《黄永林：文化并非都可以开发》（记者：魏梦佳、刘畅），《文化报》2007年11月9日

141.《网络游戏管理需要全社会的合力》，《学术月刊》2008年第3期

142.《简评晓苏短篇小说〈麦芽糖〉》（合作），《语文教学与研究》2008年第7期（中）

143.《论民间文化资源与发展文化产业的主要关系》，《华中师范大学学报》2008年第2期

144.《关于民俗学与民间文学教学问题》，《文学教育》2008年第5期（下）

145.《利用民间文化资源发展文化产业应处理好的主要关系》，收入韩永进主编《2006—2007中国文化创新年度报告》，科学出版社2008年版

146.《论民间文化资源与发展文化产业的主要关系》，《人大报刊复印资料·文化研究》2008年第7期

147.《重视民俗学与民间文学研究与教学》，《文艺报》2008年5月8日

148.《端午文化的过去与现在——访华中师范大学黄永林教授》，《湖北日报》2008年6月9日

149.《民俗文化与语文教学——黄永林访谈录》（韩成艳），《语文教学与研究》2008年第6期（上）

150.《〈查太莱夫人的情人〉和〈金瓶梅〉性描写比较》，《外国文学研究》2008年第3期

151.《高校民俗学与民间文学教学有待加强》，《中国教育报》2008年7月19日

152.《评〈大学经营的财务视角〉》（署名黄鹤），《教育财会研究》2008年第4期

153. 《大学经营的价值取向》,《中国教育报》2008 年 9 月 9 日

154. 《论新农村文化建设中的现代与传统》,《民俗研究》2008 年第 4 期

155. 《论我国独立学院"合理回报"的依据》,《教育财会研究》2008 年第 6 期

156. 《民间文学的重要传承人的特征及采录技巧》,《云梦学刊》2008 年第 6 期

157. 《〈中国民间文化与新时期小说〉评介》(署名徐剑),《湖北社会科学报》2008 年 10 月 10 日

158. "新时期小说"的文化寻根——《读〈中国民间文化与新时期小说〉》(署名肖远平),《文艺报》2008 年 11 月 4 日

159. 《论独立学院"合理回报"的经济属性与财务操作》,《教育财会研究》2009 年第 3 期

160. 《新中国 60 年经教育经费的筹措与管理体制与机制的改革与创新》,《教育财会研究》2009 年第 5 期

161. 《新中国 60 年教育财会制度体系的改革与创新》,《教育财会研究》2009 年第 6 期

162. 《新中国成立年高校财务管理体制的改革与创新》,《会计之友》2009 年第 12 期(上)

163. 《非物质文化遗产保护语境下的新农村文化建设》,《文化遗产》2010 年第 2 期

164. 《民族文化永远是土壤和根基:让世界风吸引世界目光——谈正确处理民族文化与外来文化的关系》,《光明日报》2010 年 6 月 20 日

165. 《中国社会转型期网络舆论的生成原因》,《华中师范大学学报》2010 年第 3 期

166. 《网络传播与网络舆论的生成及其特征》(合作),《华中师范大学学报》2010 年第 3 期

167. 《文化产业人才培养要解决四个"脱节"》,《光明日报》2010 年 3 月 4 日

168.《文化金融复合型人才呼之欲出》,《光明日报》2010 年 5 月 10 日

169.《文化产业人才问题研究》,收入文化部产业司编《国家文化产业课题研究报告》(2009 年度),云南大学出版社 2010 年版

170.《我国文化产业人才队伍现状分析》,收入向勇主编《文化产业前言报告之五,北大讲坛:金融视野下的产业融合与文化振兴》,金城出版社 2010 年版

171.《黄永林:人才瓶颈制约国产〈阿凡达〉出世》(记者:纪爱玲),《中国高新技术产业导报》2010 年 1 月 18 日

172.《黄永林:网游分级期待完美坐标系》(记者:王可),《北京商报》2010 年 1 月 25 日

173.《黄永林:提高领导文化科学发展的能力》(记者:张孺海、易飞),《湖北日报》2010 年 8 月 20 日

174.《〈楚辞〉中恋爱习俗描写及文化阐释》,《民俗研究》2011 年第 1 期

175.《新时期民俗学研究范围与方法的探索》,《民俗研究》2011 年第 4 期

176.《文化产业发展核心要素关系研究》(合作),《社会主义研究》2011 年第 5 期

177.《论网络舆论引导与网络突发事件应对》(合作)《战略与风险管理》2011 年第 10 期

178.《民俗学的当代性建构》,《华中师范大学学报》2011 年第 2 期

179.《民俗学的当代性建构》,《新华文摘》2011 年第 12 期全文转载

180.《民俗学的当代性建构》,《人大复印报刊资料·文化研究》2011 年第 6 期全文转载

181.《网络舆论引导与网络突发事件应对》,《中国社会科学前沿论坛》2011 年 9 月号

182.《中国产动漫民族化的成功之道及启示》(合作),《云梦学刊》

2011 年第 6 期

183.《民间文学资源对于国产动漫艺术的价值》（合作），《文化遗产》2011 年第 3 期

184.《生产性保护是最好的保护》，《光明日报》2011 年 10 月 7 日

185.《文化自觉：文化大发展的重要基础》，《中国教育报》2011 年 11 月 8 日

186.《文化大发展大繁荣的人才基石如何夯实——专家献言建设宏大的文化人才队伍》（记者孙忠法），《中国人才报》2011 年 11 月 28 日

187.《论网络舆论引导与网络突发事件应对》，《战略与风险管理》2011 年第 10 期

188.《论美国动漫〈MULAN〉对中国木兰传说的创造型转化》（合作），《思想战线》2012 年第 1 期

189.《民间文学与国产动漫的不解之缘》（合作），《民族艺术研究》2011 年第 6 期

190.《中国非物质文化遗产数字化保护与开发研究》，2011 年 11 月"首届中美非物质文化遗产论坛：政策比较"国际学术研讨会上的主题报告

191.《中国非物质文化遗产数字化保护与开发研究》（合作），《华中师范大学学报》（人文社会科学版）2012 年第 2 期

192.《非物质文化遗产传承人保护模式研究——以湖北宜昌民间故事讲述家孙家香、刘德方和刘德培为例》，2012 年 4 月在美国纳什维尔市举办的"第二届中美非物质文化遗产论坛：案例研究"国际学术研讨会主题报告（外文版）

193.《中国非物质文化遗产数字化保护与开发研究》（合作），《新华文摘》2012 年第 11 期

194.《文化园地的耕耘者》（程晓毅），《今日湖北》2012 年第 9 期

195.《湖北文化产业发展状况分析》，《中国文化产业评论》2012 年 9 月版

196.《论美国动漫〈MULAN〉对中国木兰传说的创造性转化》（合

作),《思想战线》2012年第1期

197.《新机制实施效果较显著展望新阶段亦有新期待——义务教育经费保障机制改革黑龙江教育厅尹晓岚副厅长访谈录》,《教育财会研究》2012年第5期

198.《筚路蓝缕玉汝于成——〈教育财会研究〉入选"全国中文核心期刊"》,《教育财会研究》2012年第2期

199.《非物质文化遗产传承人保护模式研究——以湖北宜昌民间故事讲述家孙家香、刘德方和刘德培为例》,《中国地质大学学报》2013年第2期

200.《借文化提升一座工业城市的价值》,《中国文化报》2013年3月1日

201.《文化和科技融合与文化产业发展》,于平、傅才武主编《文化创新蓝皮书中国文化创新报告》,社会科学文献出版社2013年版

202.《试论作为"双刃剑"的网络舆论》,高翔主编《走向世界的中国学术》,中国社会科学出版社2013年版

203.《湖北地方特色文化与文化产业融合存在的问题与对策研究》(合作),《理论月刊》2013年第4期

204.《我国文化消费存在的问题及引导对策研究》(合作),《兰州大学学报(社会科学版)》2013年第1期

205.《根植区域文化,培育产业特色》,《光明日报》2013年3月21日

206.《一部探索湖湘文化的力作——评〈洞庭湖水神信仰研究〉》,《云梦学刊》2013年第3期

207.《目前我国文化消费存在的主要问题》,《新华文摘》2013年第13期

208.《中国民间文学、民俗学科学归属及地位的历史与现状》,《华中师范大学学报》2013年第3期

209.《在"周立波研究与文化繁荣"学术研讨会上的讲话》,邹理主编《周立波评说——"周立波研究与文化繁荣"学术研讨会文集》,

长江文艺出版社 2013 年版

210.《"文化生态"视野下的非物质文化遗产保护》,《文化遗产》2013 年第 5 期

211.《数字化传承视野下我国非物质文化遗产分类体系的重构》(合作),《西南民族大学学报》2013 年第 8 期

212.《传统文化与现代城市文化价值建构》,2013 年 10 月 16 日第八届海峡两岸文化创意产业高校研究联盟论坛上的主旨报告

213.《学术评价应走多元化道路——"学术评价与当代学术发展论坛"致辞》,《云梦学刊》2013 年第 4 期

214.《我国高校科研经费管理政策与制度存在的主要问题及其对策建议》(合作),《教育与经济》2013 年第 3 期

215.《高等教育财会十大热点问题》,《教育财会研究》2013 年第 6 期

216.《近五年武汉文化产业发展的成就、困境与未来展望》(合作),《武汉文化创意产业发展报告(2013)》,社会科学文献出版社 2013 年版

217.《政府在发展文化产业中的引导、服务与监管职能》,《文化湖北》2013 年第 3 期

218.《黄冈红色文化资源特质与文化产业发展》,《湖北大学学报》2014 年第 2 期

219.《论网络游戏暴力与暴力指数的建构》(合作),《华中师范大学学报》(人文社会科学版)2014 年第 1 期

220.《网络游戏暴力与暴力指数的构建》(合作),《中国社会科学文摘》2014 年第 5 期

221.《网络游戏暴力与暴力指数的构建》(合作),《人大复印报刊资料·文化研究》2014 年第 4 期

222.《我与恩师刘守华先生》,《语文教学与研究(教师版)》2014 年第 7 期

223.《我与恩师刘守华先生》,《湖北日报》2014 年 8 月 2 日

224. 《文化与文化产业》,《文学教育》2014 年第 8 期（上）

225. 《中央直属高校财政拨款模式的历史变迁与改革思路》（"改革完善中央高校经费投入机制研究"课题组，本人执笔），《华中师范大学学报》2014 年第 6 期

226. 《黄永林：中国城市建筑奇葩太多，得治》（本报记者蒋太旭），《长江日报·文化新闻》2014 年 10 月 14 日

227. 《学者为非遗保护与民俗研究建言献策》,《中国社会科学网》2014 年 6 月 24 日

228. 《"文化生态"视野下的非物质文化遗产保护》,高翔主编：《生态文明与美丽中国——"第七届中国社会科学前沿论坛"论文集》,中国社会科学出版社 2014 年版

229. 《反思当代中国城市建筑追高崇洋逐奇现象》,《武汉宣传》2014 年第 12 期

230. 《三峡湖北库区文物建筑保护经验模式》,刘英姿等主编《工程·文化·景观——"ICOMS-WUHAN 无界论坛"论文集》,东南大学出版社 2014 年版

231. 《中央直属高校财政拨款模式的历史变迁与改革思路》,《新华文摘》2015 年第 19 期全文转载

232. 《数字化背景下非物质文化遗产的保护与利用》,《文化遗产》2015 年第 1 期

233. 《数字化背景下非物质文化遗产的保护与利用》,《新华文摘》2015 年第 9 期

234. 《民俗文化发展理论与生态规律阐释及其实践运用》,《民俗研究》2015 年第 2 期

235. 《民俗文化多元呈现民众生活百科全书——〈中国民俗志·湖北宜昌市卷〉评述》,《中国艺术报》2015 年 6 月 29 日

236. 《湖北文化体制改革现状分析与对策研究》（合作），《中国地质大学学报（社会科学版）》2015 年第 4 期

237. 《对我国网络舆论研究的回顾及展望》（合作），《新闻界》

2015 年第 7 期

238.《中国文化产业发展战略的历史选择及其特征与经验》,《同济大学学报(社会科学版)》2015 年第 5 期

239.《我国公派出国留学人员资助政策现状研究》(执笔人),《华中师范大学学报》2015 年第 6 期

240.《互联网众筹对音乐文化产业发展的影响作用》(合作),《文化科技创新发展报告(2015)》,社会科学文献出版社 2015 年版

241.《冯梦龙"薛录事鱼服证仙"与卡夫卡"变形记"叙事艺术比较研究》,《外国文学研究》2015 年第 5 期

242.《个人极端暴力事件的网络舆情传播研究——以"成都女司机变道被暴打"事件为例》(合作),《情报杂志》2015 年第 10 期

243.《移动互联时代的非物质文化遗产对外传播研究》(合作),《广西民族研究》2015 年第 5 期

244.《北宋文化演绎下开封中秋节民俗的传承与发展》(合作),《社会科学家》2015 年第 8 期

245.《"泛娱乐"战略让知识产权跨界增值》,《中国知识产权报》2015 年 4 月 17 日

246.《推动义务教育更高层次均衡发展》,《中国教育报》2015 年 12 月 18 日

247.《把握文化与科技融合的正向价值》(作者郝日红,引述观点),《中国社会科学报》2015 年 11 月 16 日

248.《谈教育财会论文选题》,《会计之友》2015 年第 1 期

249.《互联网众筹对中国音乐产业发展的影响作用》(合作),《深圳大学学报(人文社会科学版)》2016 年第 1 期

250.《互联网众筹对中国音乐产业发展的影响作用》(合作),《中国人民大学报刊复印资料》2016 年第 3 期

251.《社交网络媒体的传播方式考量》(合作),《重庆社会科学》2016 年第 1 期

252.《关于社交网络的青少年媒介素养提升路径》(合作),《湖北

民族学院学报（哲学社会科学版）》2016 年第 2 期

253.《地域作家群研究的新样本——关于〈桂西北作家群的文化诗学研究〉》，《南方文坛》，2016 年第 4 期

254.《民间文学资源向动漫产业资本的创造性转化》（合作），《民俗研究》2016 年第 4 期

255.《湖北省文化体制改革现状分析与对策研究》，入选《湖北高校优秀决策咨询研究成果十大成果》，2016 年 9 月发布

256.《黄永林：思想在文学中如何体现》，《光明日报·文艺评论周刊·文学评论》2016 年 7 月 25 日

257.《湖北省国有文化资产管理体制机制创新研究》，中共湖北省委政策研究室、湖北全面深化改革领导小组办公室编《湖北改革智库成果汇编（2016）》（2017 年版）

258.《关于全省文化及文化产业发展的报告》，中共湖北省委办公厅编发《参阅件》（第 9 期）2017 年 3 月 23 日（此报告由华中师范大学国家文化产业研究中心提供，以省委宣传部名义呈报）

259.《"影视文化产业研究"专栏主持人语》，《歌海》2017 年第 3 期

260.《非物质文化遗产保护视域下的城市社区博物馆研究》（合作），《文化遗产》2017 年第 4 期

261.《以促进教育公平为导向的中国义务教育投入研究》（合作），《教育财会研究》2017 年第 6 期

262.《新资助政策体系实施创造学生资助新辉煌——写在国家新资助政策体系实施十周年之际》（本刊评论员），《教育财会研究》2017 年第 5 期

263.《〈小康之路——襄阳市文化小康建设研究〉序》，《小康之路——襄阳市文化小康建设研究》，华中师范大学出版社 2017 年版

264.《非物质文化遗产的现代传承创新与"襄阳实践"》，《小康之路——襄阳市文化小康建设研究》，华中师范大学出版社 2017 年版

265.《中国非物质文化遗产数字化技术运用研究》，《文化对话：中

美非物质文化遗产论坛》，中山大学出版社 2017 年版

266.《非物质文化遗产传承人保护模式研究——以湖北宜昌民间故事讲述家孙家香、刘德方和刘德培为例》，《文化对话：中美非物质文化遗产论坛》，中山大学出版社 2017 年版

267.《博弈与坚守：在传承与创新中发展——关于中国传统节日中秋节命运的多维思考》（合作），《民俗研究》2018 年第 1 期

268.《非物质文化遗产特征的文化经济学阐释》，《文化遗产》2018 年第 1 期

269.《非物质文化遗产特征的文化经济学阐释》，中国人民大学书报资料中心《复印报刊资料·文化创意产业》2018 年第 3 期

270.《论非物质文化遗产资源在文化产业中的创造性转化和创新性发展》（合作），《华中师范大学学报》2018 年第 3 期

271.《论非物质文化遗产资源在文化产业中的创造性转化和创新性发展》（合作），《新华文摘》2018 年第 17 期

272.《从中秋民俗中看优秀传统文化》，中国网 2018 年 9 月 25 日

273.《我国文化产业何以从弱到强》，《人民日报》2018 年 9 月 16 日

274.《用文化的灯塔引领科技发展的方向》，《加快构建中国特色哲学社会科学努力开创宣传思想工作新局面》，《湖北日报》2018 年 9 月 26 日

275. 智库调研报告《湖北省国有文化企业法人治理结构研究》，入选中共湖北省委政策研究室、湖北全面深化改革领导小组办公室编《湖北改革智库成果汇编（2017）》，2018 年印发

276.《黄曼君先生的惜才与浪漫》，武汉市洪山区政协文史学习委员会主办：《洪山文史》（第 25 辑），湖北人民出版社 2018 年版

277.《"抬头是山，路在脚下"——恩师邢福义先生治学的故事》，《华中师大报》2018 年 12 月 30 日

278.《学缘、情感、学术与创新》，收入程秀莉、陈希昌主编《我们的故事——2017 "华师故事" 主题宣传教育活动纪实》，华中师范大

学出版社 2018 年版

279.《在邢福义先生〈寄父家书〉出版座谈会上的发言》,《文学教育》2019 年第 1 期（中）

280.《刘守华：把中国民间故事"点石成金"》,《光明日报》2019 年 1 月 21 日

281.《聚焦问题 重质求效 加快湖北文化产业高质量发展》,《湖北日报》2019 年 3 月 30 日

282.《论村规民约治理的形成及其与现代法治的关系》（合作）,《湖北民族学院学报（哲学社会科学版）》2019 年第 2 期

283.《论村规民约的德治功能及其当代价值——以建立"三治结合"的乡村治理体系为视角》（合作）,《社会主义研究》2019 年第 2 期

284.《文化生态视角下的湖南地区民间信仰的传承与保护》（合作）,《长江大学学报》2019 年第 3 期

285.《追踪民间故事，建构故事学体系，刘守华教授民间故事研究评述》,《民族文学研究》2019 年第 2 期

286.《乡村文化振兴与非物质文化遗产的保护利用——基于乡村发展相关数据的分析》,《文化遗产》2019 年第 3 期

287.《文化与旅游融合发展的文化阐释与旅游实践》,《学术前沿》2019 年 6 月（上）

288.《文化产业高质量发展的路径》,《中国社会科学报》2019 年 5 月 21 日

289.《访黄永林，文化贸易助力文化走出去》（记者丁贺）,《中国社会科学报》2019 年 7 月 19 日

290.《智能媒体技术在非物质文化遗产传播中的运用》（合作）,《华中师范大学学报》2019 年第 6 期

291.《新中国成立 70 年农村文化的现代性探求及历史经验》（合作）,《民俗研究》2019 年第 5 期

292.《不忘初心 牢记使命 永远奋斗》,《学术前沿》2019 年 6 月（下）

293. 《新中国 70 年我国农村文化的历史变迁》,《贵州师范大学学报》2019 年第 5 期

294. 《荆河戏的文化渊源与传承发展——〈荆河戏研究〉序》,贵州民族大学学报(哲学社会科学版)2019 年第 4 期

295. 《新冠肺炎疫情对湖北文化企业影响的调研报告》,"新冠肺炎疫情对湖北文化企业影响研究"课题组(课题负责人),《人民论坛·学术前沿》2020 年第 5 期(上)

296. 《5G 技术助推文化产业创新发展》(合作),《理论月刊》2020 年第 4 期

297. 《5G 技术助推文化产业创新发展》(合作),《新华文摘》2020 年第 15 期

298. 《5G 技术助推文化产业创新发展》(合作),《人大报刊复印资料·文化创意产业》2020 年第 4 期

299. 《新中国 70 年我国农村文化的历史变迁》,《新华文摘》(网络版)2020 年第 2 期

300. 《新中国成立 70 年农村文化的现代性探求及历史经验》(合作),《新华文摘》(网络版)2020 年第 3 期

301. 《文化生态视域下非遗社会传承与发展路径——以电影〈百鸟朝凤〉为例》(合作),《长江大学学报(社会科学版)》2020 年第 3 期

302. 《近 20 年教育内部审计改革发展的历史回顾》(合作),《教育财会研究》2020 年第 1 期

303. 《加强文化与科技融合的价值引导》,《光明日报》2020 年 6 月 4 日

304. 《刘守华先生的民间文学学术人生》,《武汉文史资料》2020 年第 3 期

305. 《数字文化产业发展的多维关系与时代特征》,《人民论坛·学术前沿》2020 年第 9 期(上)

306. 《中秋节的历史渊源与文化意义》,《中国民族报》2020 年 9 月 25 日

307. 《黄永林：在文化与经济之间构筑高地》（记者：李建宇、张月），《中华儿女（海外版）》2020 年 5 月号（中）总第 709 期

308. 《黄永林微传》（作者徐金龙），《文学教育》（中）2020 年第 5 期

309. 《1993—2018 年普通高校教育经费投入的深度分析》，《教育财会研究》2020 年第 6 期

310. 《加强文化教育 坚定文化自信》，《贵州民族大学学报（哲学社会科学版）》2020 年第 5 期

311. 《明代汾州地区乡贤文化的形成机制与影响特征》，《湖北民族大学学报（哲学社会科学版）》2020 年第 6 期

312. 《"礼俗传统与中国社会建构"笔谈·构建中国民俗学"田野学派"的思考》，《民俗研究》2020 年第 6 期

313. 《我国民间文学对国外理论的借鉴与创新（1979—2000）》（合作），《文化遗产》2020 年第 6 期

314. 《推动数字文化产业高质量发展》，《中国社会科学报》2021 年 2 月 9 日

315. 《高校财务治理结构的多重关系与现代化建构》，《会计之友》2021 年第 5 期

316. 《要素传承与功能重构：中国传统节日重阳节的当代变迁》（合作），《节日研究》2021 年第 1 期

317. 《深厚的学术涵养 无私的助人精神——我与熊铁基教授的学术故事》，范军主编《熊铁基的学术人生》，华中师范大学出版社 2021 年版

318. 《乡村文化建设中农民主体意识建构与作用发挥》（合作），《理论月刊》2021 年第 3 期

319. 《网络社区社交的新特征、面临的社会风险及其防范》（合作），《社会主义研究》2021 年第 3 期

320. 《论双循环新发展格局下的数字文化产业链现代化》（合作），《江汉论坛》2021 年第 4 期

321. 《非物质文化遗产文化空间的特性》（合作），《华中师范大学学报（人文社会科学版）》2021 年第 4 期

322. 《中国非物质文化遗产学形成的历史背景与学科定位》（合作），《民俗研究》2021 第 5 期

323. 《论公民言论的自由度与网络舆论引导的有效性》（合作），《理论月刊》2021 年第 12 期

324. 《改革开放初（1978~2000）中国民间小戏理论研究的转型与创新》（合作），《长江大学学报（社会科学版）》2021 年第 4 期

325. 《中国非物质文化遗产数字化保护与开发》（合作），中山大学非遗研究中心主编《非物质文化遗产保护标准研究资料汇编》，中山大学出版社 2021 年版

326. 《关于建立"非遗"代表性传承团体（群体）认定制度的探索》，《文化遗产》2022 年第 2 期

327. 《文化强国战略背景下的中国文化遗产保护与利用》（合作），《理论月刊》2022 年第 3 期

328. 《中华民族共同体视域中的少数民族戏剧理论研究（1978—2000）》（合作），《民族文学研究》2022 年第 1 期

329. 《非物质文化遗产特征的文化经济学阐释》，康丽主编《非物质文化遗产学术精粹·理论卷》，中国社会科学出版社 2022 年版

330. 《技术视角下非物质文化遗产的发展向度与创新表达》（合作），《宁夏社会科学》2022 年第 3 期

331. 《数字经济时代文化消费的特征与升级》，《人民论坛》2022 年第 9 期

332. 《非物质文化遗产文化空间的特性》，《人大报刊复印资料·文化研究》2022 年第 2 期

333. 《数字经济时代文化消费新特征》，《北京日报》2022 年 6 月 13 日

334. 《端午节文化的创造性转化与创新性发展》，《创意世界》2022 年第 6 期

335.《破圈与聚焦：非物质文化遗产学发展的现实选择》，《民俗研究》2022 年第 6 期

336.《中国神话"元叙事"的"元背景"与中华文化"元基因"》，《广西民族大学学报（哲学社会科学版）》2022 年第 4 期

337.《论中国民间文学理论研究的转型（1979—1999）》，《民间文化论坛》2022 年第 4 期

338.《非物质文化遗产产业利用意义和发展模式研究》，《中国文艺评论》2022 年第 8 期

339.《论中国民间文学理论研究的转型（1979—1999）》，《民间文化论坛》2022 年第 8 期

注：以上成果不包括非学术性的文章。

四、科研获奖

1.《民间文学导论》（集体项目），1996 年获原国家教委优秀教材一等奖

2.《中西叙事文学比较研究》（合译），1995 年获得中南地区优秀图书奖

3.《高等学校财务评价指标体系研究》（集体项目），1995 年获中国教育会计学会主办的"教育财会改革与探索论文奖大赛"二等奖

4.《国家教委直属师范大学"七五"以来办学经费状况及改革的建议》，1998 年获中国教育会计学会优秀论文二等奖

5.《高校财务管理模式研究》，2000 年获中国教育会计学会优秀论文二等奖

6.《郑振铎与民间文艺》，2001 年获得中国民间文艺学"山花奖"学术著作奖

7.《郑振铎与民间文艺》，2001 年获湖北省社会科学优秀论著（1994—1998）三等奖

8.《中国政府预算：制度、管理与案例》（集体项目），2003 年获第六届国家图书奖提名奖

9.《民间文化与荆楚民间文学》，2007 年获中国民间文艺学术著作奖（2004—2006）二等奖

10.《民间文化与荆楚民间文学》，2009 年获第六届湖北省社会科学优秀成果二等奖

11.《大众视野与民间立场》，2007 年获武汉市第十次社会科学优秀成果学术著作二等奖

12.《中国民间文化与新时期小说》，2009 年获第五届教育部高等学校科学研究优秀成果奖（人文社会科学）二等奖

13.《中国民间文化与新时期小说》，2009 年获第九届中国民间文艺"山花奖"学术著作奖

14. 主持的国家"211 工程"三期建设项目《中华民族文化保护、创意与数字化工程》，2012 年获第四届文化部创新奖

15. 主持的教育部哲学社会科学研究重大课题攻关项目《网络舆论的监测与安全研究》，2012 年结项获优秀级

16.《新中国教育财务六十年》，获 2009—2010 年度中南地区大学出版社优秀专著二等奖

17.《中西通俗小说叙事：比较与阐释》，2013 年获第六届教育部高等学校科学研究优秀成果奖（人文社会科学）二等奖

18.《湖北省文化体制改革现状分析与对策研究》，2016 年入选"湖北高校优秀决策咨询研究成果十大成果"

19.《比较与阐释：中西通俗小说比较研究》（英文版），德国斯普林格出版社 2018 年版，2019 年获湖北省翻译协会第九届优秀学术成果（译著）一等奖

20. 指导学生创业实践项目《武汉木子岚文化传播有限公司》，2018 年获共青团中央、教育部、人力资源和社会保障部等主办 2018 年"创青春"全国大学生创业大赛银奖

21.《数字化背景下非物质文化遗产的保护利用》（论文），获 2017 年湖北省第一届非物质文化遗产保护与传承优秀科研成果一等奖

22. 2010 年，入选国务院政府特殊津贴专家

23. 2014 年，入选首届武汉市黄鹤英才文化人才

24. 2014 年，被中国文化创意产业网评为"中国文化创意产业最具贡献度的十大名人"提名

25. 2018 年 10 月，中国教育会计学会授予"中国教育会计学会三十年突出贡献奖"

26. 2020 年 6 月，主持的华中师范大学国家文化产业研究中心与九通电子音像出版社联合出品的系列专题片《荆楚国家级非物质文化遗产精粹》，第四届湖北出版政府奖

27.《非物质文化遗产保护与利用研究》（系列论文），2020 年获得第十二届湖北省社会科学优秀成果奖三等奖